本书受兴义民族师范学院"教授基金"项目《民族地区职业教育扶贫政策执行监督机制研究》（编号：17XYJS13）的资助

国 | 研 | 文 | 库

农村职业教育服务
西南民族地区脱贫振兴研究

李华玲　张　珍——著

光明日报出版社

图书在版编目（CIP）数据

农村职业教育服务西南民族地区脱贫振兴研究 ／ 李华玲，张珍著 . -- 北京：光明日报出版社，2021.7

ISBN 978 - 7 - 5194 - 6068 - 6

Ⅰ.①农… Ⅱ.①李… ②张… Ⅲ.①民族地区—乡村教育：职业教育—贫困问题—研究—西南地区 Ⅳ.①G725

中国版本图书馆 CIP 数据核字（2021）第 085328 号

农村职业教育服务西南民族地区脱贫振兴研究
NONGCUN ZHIYE JIAOYU FUWU XINAN MINZU DIQU TUOPIN ZHENXING YANJIU

著　　者：李华玲　张　珍

责任编辑：周文岚　　　　　　　责任校对：叶梦佳
封面设计：中联华文　　　　　　责任印制：曹　净

出版发行：光明日报出版社

地　　址：北京市西城区永安路 106 号，100050

电　　话：010 - 63169890（咨询），010 - 63131930（邮购）

传　　真：010 - 63131930

网　　址：http：// book. gmw. cn

E - mail：zhouwl@ gmw. cn

法律顾问：北京德恒律师事务所龚柳方律师

印　　刷：三河市华东印刷有限公司

装　　订：三河市华东印刷有限公司

本书如有破损、缺页、装订错误，请与本社联系调换，电话：010－63131930

开　　本：170mm×240mm

字　　数：215 千字　　　　　　印　　张：15.5

版　　次：2021 年 7 月第 1 版　　印　　次：2021 年 7 月第 1 次印刷

书　　号：ISBN 978 - 7 - 5194 - 6068 - 6

定　　价：95.00 元

序

自我踏上西南民族地区这片土地工作伊始，便萌发了对这片热土的思索与遐想。历时数年，我终于将这部名为《农村职业教育服务西南民族地区脱贫振兴研究》的著作杀青。时光荏苒，岁月催人老。白发徒生了不少，但总算完成了一个多年的夙愿。

蓦然回首，多年的岁月搓揉成绳。在这些走过的岁月里，有喜有忧，有明有暗。我平凡地工作和生活在这片大地上，忙碌的工作之余常常孤独地行走在这片神奇的山水之间。固然可享独特自然风景之眼福，但更多的是默默地思索这片土地的未来，理智地探索解决这里"三农"问题的新路径……数千个日夜的行与思，凝结成这部20余万字的书稿。付梓之际，不禁感慨万千。

我一直怀疑是大自然的能工巧匠刻意将这片土地装扮得如此美丽醉人。或许你走南闯北也难得见到这样的地方，这里山高水长、山水相依、山海相连、山环水绕，山清水秀、风景如画。

在外人看来，这是贫穷绝望之地。穷山恶水，土地贫瘠，刀耕火种，"天无三日晴、地无三尺平、人无三分银"是这里的真实写照。

在外人看来，这是一片闭塞落后之地。这里山高谷深，峰回路转，交通闭塞，观念落后，思想守旧。山里的人一辈子也难走出大山，更不知飞机是何物，错将飞机当大鸟。我清楚地记得，初来乍到，一位家乡的同学兼密友疑惑道："怎么去那么穷的地方了？""你那有水喝吗？""买生活用品方便吗?"……

　　从那时起,我开始寻思并试图破解这些疑惑:西南民族地区为什么如此贫穷?为什么如此落后?难道就没有加速发展、后发赶超的可能吗?

　　进入新时代,党和政府越发重视"三农"问题的解决。每年的中央一号文件越来越清晰地明确要通过提高农民素质、增加农民收入来解决"三农"问题。为让贫困地区农村人口全部脱贫,与全国人民一道迈入小康社会,实现"两个一百年"奋斗目标和中华民族伟大复兴的中国梦,中央吹响了脱贫攻坚冲锋号角,开启了乡村振兴的新征程,并将此作为解决新时期"三农"问题的"两大"战略。集"老、少、边、穷"于一身的西南民族地区自然成了"两大"战略实施的主战场,也因此成为全国普遍关注的焦点。近年来,经济学、民族学、教育学、社会学等学界学者也纷纷对此投以注视的目光。作为学界同行,我有我的使命,而有幸受聘为"哲学社会科学专家人才数据库专家人才"及"科技专家服务团专家",更倍增了我深入"三农"问题研究的使命意识。于是,我常常思考这样的问题:在过去解决西南民族地区"三农"问题实践中,人力、物资、资金、技术等方面都进行了大量的投入,但贫困人口为何仍然如此之多?贫困程度为何仍然如此之深?其原因究竟何在呢?突破传统扶贫和解决"三农"问题的思维模式,剖析西南民族地区贫困根源,审视和探索实现西南民族地区脱贫振兴的新路径自然成为我研究的聚焦点。

　　2017年,在我所工作的高校"教授基金"的资助下,我们课题组与南京邮电大学教授李峻、研究生张珍等人开始合作。我们不辞辛劳,不畏酷暑与寒冬,跋山涉水,行程数万公里,历时三年,走访上千农户深入调查和了解西南民族地区农村、农业、农民的真实情况。这些收集的第一手资料,为本书写作准备了基础和前提。

　　本书从农村职业教育的属性特征和功能特性出发,通过透视农村职业教育发展轨迹,剖析其服务"三农"的价值目标,立足深入细致的西南民族地区农村、农业、农民现实情况调查,破解西南民族地区"三农"问题,提出必须依托农村职业教育，培育新型职业农民，同时创新农村职业教育发展方式，提升服务效能，实现"脱贫振兴"的新路径。

总体上说，本书体现了两方面的创新之处。一是紧扣富有时代感的"脱贫攻坚"与"乡村振兴"两大战略，突破扶贫和解决"三农"问题的传统思维模式，从分析农村职业教育服务"脱贫振兴"的独特功能与价值皈依出发，立足深入细致的西南民族地区农村、农业、农民问题现实情况调查，剖析西南民族地区贫困根源，提出通过发展农村职业教育，培育新型职业农民实现"脱贫振兴"新构想。二是以"脱贫振兴"与农村职业教育的内在逻辑为主线，通过对"脱贫振兴"背景下农村职业教育发展的反思，揭示其弊端，从宏观、中观和微观三个层面创造性地提出改革农村职业教育发展方式、增强服务效能的实现路径。

诚然，该专著并非完美无缺、尽善尽美，在"三农"问题调查的广度、深度以及理论探讨的程度等方面还有较大的提升空间，对其中一些问题分析和论述还不够深入透彻。特别是在理论与实践结合方面，在对西南民族地区"三农"问题实际体验与感受方面，在西南民族地区"脱贫攻坚"的特色方面，都需要进一步加强学术历练。因为"脱贫振兴"是一项伟大而艰巨的历史性工程，特别是西南民族地区的"脱贫振兴"，更需要因地制宜、量体裁衣，确立实践思维路径和研究取向，并在有充分的实践感悟和体验的基础上，潜精研思、磨砥刻厉，方可取得"顶天立地"的学术成果。作为一名学者，我有责任在未来的学术研究生涯中深稽博考、极深研几，出版和发表更丰富、更高质量的学术论著，为促进西南民族地区经济社会发展和农村职业教育事业繁荣做出更大贡献。

李华玲

2020 年 4 月 20 日

前　言

　　西南民族地区是汉族与少数民族形成的大杂居区域，各民族居住纵横交错，集"老、少、边、穷"于一身，也因此被列为21世纪实施"西部大扶贫、大开发战略"的重点区域之一。长期以来，党和政府高度重视西南民族地区的扶贫开发、农村发展、农民致富，在过去的实践中，无论是在人力、物力方面，还是在资金、技术等方面国家都给予了大量的投入，给政策、给物资、送资金、送技术都没有让该地区摆脱贫困束缚、摘掉"贫困帽"、实现脱贫致富。进入新时代，我国为实现"两个一百年"奋斗目标和中华民族伟大复兴的中国梦，让贫困地区农村人口全部脱贫，与全国人民一道迈入小康社会，实现农业强、农村美、农民富，吹响了脱贫攻坚冲锋号角，开启了乡村振兴的新征程。因此，西南民族地区成为"两大"战略实施的主战场和聚焦点。此时，我们不得不思考这样的问题：西南民族地区为何贫困人口如此之多？贫困程度如此之深？其原因究竟何在呢？……我们不得不突破传统扶贫和解决"三农"问题的思维模式，剖析西南民族地区贫困根源，重新审视和探索实现西南民族地区"脱贫振兴"的新路径。

　　现代经济学、教育学和科学发展观等理论为农村职业教育服务西南民族地区"脱贫振兴"实践提供了理论基础和指导。人力资本理论认为，经济发展的客观基础和条件是科技进步和劳动力素质的提高，影响现代农业经济发展的主要因素是农业从业人员的知识、技能和职业素质，即人力资本，而不再是土地、金钱和人口数量等物质资本。教育的基本规律要求教育必须通过培养全面发展的人为社会发展服务，为社会政治、经济和文化发展服务。科学发展观的第一要义是发展，全面建成小康社会和实现社会主义现代化国家的关键在发展。以人为本是科学发展观的核心，即"发展为了人民、发展依靠人民、发展成果由人民共享"。因此，现代科学理论和发展观要求西南民族地区"脱贫振兴"必须注重通过教育提升人力资本，依靠农民，尊重农民的主体性。

农村职业教育与传统教育相对立，排斥精英教育，强化"人人成功"的目标，具有大众性的基本特性，对农村劳动力素质的提高最为直接有效，对促进农村经济社会发展的作用最为明显，是教育与农村经济的最佳结合点。它具有增进农民劳动生产技能，提高农民素质和劳动生产率，促进经济增长，提高社会经济效益的价值。发展农村职业教育，培育新型职业农民，可以把农村的人口负担变为丰富的人力资源。这就必须将服务"三农"作为农村职业教育实现其价值的皈依。因此，实现脱贫攻坚和乡村振兴"两大"战略目标的关键是发展农村职业教育，提高西南民族地区农村人口素质和智力技术水平，增强贫困群众脱贫致富的内生发展力，培养有文化、懂技术、会管理的新型职业农民。

从我国农村职业教育发展历程来看，并未充分实现服务"三农"的价值目标。中华人民共和国成立以来，我国农村职业教育发展轨迹经历了以农业发展为中心的农村职业教育（1949—1977）、以农村经济全面发展为中心的农村职业教育（1978—1992）、以培育新型农民为中心的农村职业教育（2003—2012）、以精准扶贫和乡村振兴为中心的农村职业教育（2013至今）几个发展阶段。在发展过程中，受制于经费投入不足、多头化管理、师资力量薄弱的外部之限和教育形态的模式单一、涉农专业的"缺位"、培训方式单一的内部之困，形成了职业教育以城市为中心、农村职业教育"边缘化"的格局，导致了大量优质教育资源不断流向城市，农村职业教育在"先天基础薄弱"的情况下，地位日趋式微，农村职业教育的现实与理想需求仍存在较大差距，农村职业教育服务"三农"的功能未能充分发挥。

　　"脱贫振兴"战略的实施，为农村职业教育服务"三农"的价值目标提出了更高要求的同时，也为其发展提供了新的机遇。但西南民族地区农村职业教育未能有效地将"脱贫振兴"目标转化为自身发展目标，农村职业教育服务"脱贫振兴"的理想需求与现实差距凸显。一方面，农村职业教育自身发展"短板"多，难以满足脱贫振兴的理想需求。突出地表现为农村职业教育既受经费投入不足、管理多头化、师资力量薄弱的外部发展之限，又囿于教育形态模式单一、涉农专业"缺位"、培训方式单一的内部发展之困，难以满足服务农村脱贫振兴的需要。另一方面，西南民族地区现有传统农民文化程度和劳动技能水平低，返乡农民多、参加培训少、务农意愿强、内生发展能力弱、农村职业教育需求大，因此迫切需要创新农村职业教育发展方式，培育新型职业农民。

　　西南民族地区要实现"脱贫振兴"，一方面，必须依托农村职业教育，培育新型职业农民。脱贫振兴的关键是人才，需要培养有文化、懂技术、会管理的新型职业农民。农村职业教育是培育新型职业农民、提高农民素质最有效的途径。然而，新型职业农民培育中，干部群众认识存在偏差，法规制度"缺位"，机制保障不力，培养制度体系不健全，使得培养目标难以如愿。因此，需要加强宣传力度，提升新型职业农民的社会认可度，合理定位政府角色，积极发挥政府职能，强化新型职业农民培育和管理力度，精准遴选培育对象，创新培养方式，改善新型职业农民的创业环境，注重"留守女农民"的培养。

　　另一方面，必须创新农村职业教育发展方式，提升服务效能。目前，农村职业教育发展既存在着思维理念滞后的价值取向之困，又存在着政府投资责任层层转嫁、政策效度逐级衰变、社会资金的引导责任"缺位"导致经费投入机制不畅、办学主体单一化的办学机制之困，还存在着重法规政策制定、轻执行监督的政策环境之困。因此，要多管齐下，采取综合行动措施，提升农村职业教育服务"脱贫振兴"的能力和水平。一要采取宏观行动：完善和落实农村职业教育政策，创新省级政府统筹的农村职业教育管理体制，完善终身化的农村职业教育体系，强化政府经费投入机制，建立多元化的投资回报机制，加强国家对农村职业教育的顶层设计。二要实施中观行动：建设涉农专业群，提高专业与产业的"吻合度"，优化课程内容，提高课程与职业衔接的精准度，加强乡村教师队伍建设，提高人才培养质量，深化农村职业教育供给侧改革。三要创新微观行动：要明确培训对象，分层次地开展培训活动，重构农村职业教育培训方式，提升培训效果，创新农村职业教育的培训方式。

目　录
CONTENTS

第一章

概　述

第一节　研究缘起

一、政策背景：新时代"两大"战略的提出

（一）脱贫攻坚战略的提出

党的十八大以来，中国共产党把扶贫开发工作纳入"四个全面"战略布局，作为实现第一个百年奋斗目标的重点工作，摆在更加突出的位置，大力实施精准扶贫，不断丰富和拓展中国特色扶贫开发道路，不断开创扶贫开发事业新局面。2015 年 11 月，习近平总书记在中央扶贫开发工作会议上强调："消除贫困、改善民生、逐步实现共同富裕，是社会主义的本质要求，是我们党的重要使命。脱贫攻坚战的冲锋号已经吹响。立下愚公移山志，咬定目标、苦干实干，坚决打赢脱贫攻坚战，确保到 2020 年所有贫困地区和贫困人口一道迈入全面小康社会。"① 2017 年 10 月，在十九大报告中习近平总书记又提

---

① 习近平. 脱贫攻坚冲锋号已经吹响　全党全国咬定目标苦干实干 ［EB/OL］. 新华网，2015-11-28.

出坚决打赢脱贫攻坚战。"要动员全党全国全社会力量,坚持精准扶贫、精准脱贫,坚持中央统筹省负总责市县抓落实的工作机制,强化党政一把手负总责的责任制,坚持大扶贫格局,注重扶贫同扶志、扶智相结合,深入实施东西南扶贫协作,重点攻克深度贫困地区脱贫任务,确保到 2020 年我国现行标准下农村贫困人口实现脱贫,贫困县全部摘帽,解决区域性整体贫困,做到脱真贫、真脱贫。"① 因此,脱贫攻坚是当前我党和各级政府工作的重中之重和第一要务,必须振奋精神、凝心聚力夺取胜利。

目前,中国扶贫开发已进入啃硬骨头、攻坚拔寨的冲刺期。西南地区一些省(自治区、直辖市)贫困人口规模依然较大,剩下的贫困人口贫困程度较深,减贫成本更高,脱贫难度更大。到 2020 年要实现让 7000 多万农村贫困人口摆脱贫困的既定目标,时间十分紧迫、任务相当繁重。因此,必须增强打赢脱贫攻坚战的使命感、紧迫感,在现有基础上不断创新扶贫开发思路和办法,坚决打赢这场攻坚战。在脱贫攻坚战略顶层设计中要求坚持群众主体,激发内生动力。继续推进开发式扶贫,处理好国家、社会帮扶和自身努力的关系,发扬自力更生、艰苦奋斗、勤劳致富精神,充分调动贫困地区干部群众的积极性和创造性,注重扶贫先扶智,坚持贫困人口自我发展能力的基本原则。要坚持因地制宜,创新扶贫开发机制、体制和模式,由偏重"输血"向注重"造血"转变,着力加强教育脱贫。加快实施教育扶贫工程,让贫困家庭子女都能接受公平有质量的教育,阻断贫困代际传递,率先从建档立卡的家庭经济困难学生实施中等职业教育免除学杂费,让未升入普通高中的初中毕业生都能接受中等职业教育。加强有专业特色并适应市场需求的中等职业学校建设,提高中等职业教育国家助学金资助标准。在解决好"怎么扶"的问题上,提出要按照贫困地区和贫困人口的具体情况,实施"五个一批"工程。其中特别强调要坚持治贫先治愚,扶贫先扶智的理念,教育经费

---

① 习近平. 决胜全面建成小康社会夺取新时代中国特色社会主义伟大胜利——在中国共产党第十九次全国代表大会的报告 [EB/OL]. 新华网,2017-10-28.

要继续向贫困地区倾斜、向职业教育倾斜,通过发展教育脱贫一批。

与其他地区相比,西南民族地区是我国贫困人口最为集中的地区,贫困面积最广,贫困人口众多,贫困程度最深,贫困发生率高。十八大以来,尽管在党中央、国务院的领导下,精准扶贫推进如火如荼,脱贫攻坚成效斐然,但据不完全统计,贵州、云南、广西等西南民族地区仍有数百万少数民族生活在国家贫困线以下。据国务院扶贫开发领导小组办公室 2016 年统计的数据表明,我国西南少数民族地区贫困人口约占全国贫困人口的 28.6%。① 西南民族地区在过去的扶贫开发中,尝试过把功夫下在给政策、给资金、给项目上,企图改变山河的面貌、加强基础设施建设、推动产业扶贫、实施移民搬迁,可都难以奏效。可见,西南民族地区的贫困除了受自然、历史、民族、宗教、政治、社会等客观因素的制约,根本上还是人口素质不高、缺乏技能的“素质型贫困”所致。因此,在此背景下要求开展本课题的研究,认真总结脱贫攻坚实践经验,尝试发展农村职业教育,提升农民素质和脱贫能力,探索一条我国西南民族地区特色的脱贫攻坚新路子,为西南民族地区脱贫攻坚、决胜全面建成小康实践提供智力支持和理论支撑。

(二) 乡村振兴战略的实施

2017 年 10 月,习近平总书记在党的十九大会议上明确提出实施“乡村振兴”战略,优先发展农业农村,按照“产业兴旺、生态宜居、乡风文明、治理有效、生活富裕”的总要求,建立健全城乡融合发展的政策体系,加快推进农业农村现代化。“乡村振兴”战略追溯其源头,实际上是我国的“三农”问题,它关系到我国实现中华民族伟大复兴的中国梦,关系到我国全面建成小康社会以及我国城乡均衡发展的实现。所以,党和政府要始终把解决好“三农”问题作为今后工作的重中之重,从而更好地实施“乡村振兴”战略。

我国是一个农业大国,在这个有 13 亿人口的大国中,有 7 亿多人口居住

---

① 张健翎. 西部少数民族地区的精准扶贫何以更给力 [J]. 人民论坛, 2018 (16): 112.

在乡村。乡村是具有自然、社会、经济特征的地域综合体，兼具生产、生态、生活、文化等多重功能，与城镇互促互进、共生共存，共同构成人类活动的主要空间。① 因此，长期以来，我国在发展城市经济的同时始终注重农村建设，自 2004 年至今，我国连续 15 年发布以"三农"（农业、农村、农民）为主题的中央一号文件，"中央一号文件"已然成为党中央重视农村问题的专有名词。具体地说：在中华人民共和国成立后，我国农村发展战略经历了由重工业优先发展到城乡区域统筹协调发展和城乡一体化发展，再到"四化同步"发展战略的转变，而目前正在实施的"乡村振兴"战略是我国农村发展战略的"升级版"，意味着农村发展从原来的"挽救三农"向"发展三农"的转变。农村发展战略的每一次转变，都具有连续性和承接性，都是在前一个发展战略基础上的升华，而不是重新开始。

党的十八大以来，随着我国经济发展进入新常态，我国农情也发生深刻变化。一方面，从国内外的宏观环境来看，在经济全球化的背景下，我国农业的竞争力处于弱势，主要农产品价格出现"倒挂"现象（中国粮食作物的价格高于国际市场）。此外，高质量、专业化和多样化的农产品在国内外存在严重的供给不足。对此，我国必须要深化农业供给侧改革，构建现代农业产业体系，实现农业设备、生产技术和生产方式的现代化，提升科技在农业中的应用广度与深度，促使传统农业生产模式从粗放化向集约化、产业化与规模化转变，不断增强我国农业的创新力和竞争力。另一方面，我国社会主要矛盾已经转化为人民日益增长的美好生活需要和不平衡不充分的发展之间的矛盾，在此现实背景下，"三农"问题也面临新的变化，它不仅仅体现为城乡经济、居民收入和社会地位的差距，还包括"农村空心化""乡村文化衰落"和"留守儿童"等社会民生方面的困境。所以，要实现农业农村的可持续发展迫切需要针对其内外部环境的变化，及时调整农村发展战略，实施"乡村

---

① 中共中央，国务院. 乡村振兴战略规划（2018—2022 年）［EB/OL］. 中国政府网，2018 -09-26.

振兴"战略。那么"乡村振兴"战略要如何应对好农业农村发展中内外部环境的变化？如何实现让农业成为有奔头的产业，让农民成为有吸引力的职业，让农村成为安居乐业的美丽家园？要解决好以上两个问题，根本出路在于提升农村的各种生产力要素，而农村最活跃、最有效的生产力要素是人力要素，而提升农村人力要素的根本在于发展农村职业教育。因此，农村职业教育要立足人才培养、科学研究、社会服务和文化传承之功能，主动担责、主动融入、主动升级，为乡村振兴战略的实施提供高素质技术技能人才保障、智力支持和技术支撑。

二、服务"三农"：农村职业教育的价值皈依

人力资本理论的创建者舒尔茨认为："人力资本就是体现在人身上的体力、知识、技能和劳动熟练程度等综合能力和素质。"它由教育资本、健康资本和迁移与流动资本三大要素构成。人力资本是一种生产要素，与其他非人力资本一样，都是促进经济和生产发展的一个重要变量。重视和强调人力资本在社会经济增长中的核心作用和动力之源，强调加强人力资本投资对促进经济增长和增强竞争力的重要性是人力资本理论的核心要义。人力资本投资就是所有在人身上所进行的旨在提高劳动者生产能力的投资。教育投资是一种生产性投资，"是人力资本投资的主要组成部分，是提高人力资本知识存量和技能存量的主要途径，也是推动经济发展的重要途径"。[1] 因此，人力资本理论在政策上的核心主张就是必须加强教育投资，提高人力资本存量和人口整体素质、优化人力资本结构。农村职业教育作为让受教育者获得某种职业或生产劳动所需要的职业知识、技能和职业道德，与社会联系最紧密，是促进经济和生产发展最直接、最有效的教育形式，职业教育是提高劳动生产率、社会经济效益和增加国民收入的重要途径。因此，大力发展农村职业教育促

---

① 高芳. 对新时期农村职业教育发展策略的思考［J］. 职教论坛，2012（14）：12.

进农村社会经济发展理应成为实现农村职业教育服务"三农"价值的应有之义。

农村职业教育的价值在于可以增进农民劳动生产技能，提高劳动生产率，促进经济利益、社会效益的提高。按照人力资本理论，将人看成是一种资本，通过教育可以提高人的价值。而农村职业教育与传统教育相对立，排斥精英教育，强化了农村职业教育的"人人成功"的目标。因此，农村职业教育具有大众性的基本特性，通过发展农村职业教育把农村的人口负担变为丰富的人力资源。这就必须将服务"三农"作为农村职业教育实现其价值的皈依。农村职业教育作为一种面向农村地区的专门性职业教育，肩负着重要的历史使命。首先，农村职业教育有利于培育新型职业农民，提高农民综合素质。目前，我国正在步入全面实现小康社会的关键期，农业和农村经济正处在转型阶段，走可持续发展的道路，这对农民素质提出了前所未有的要求，迫切需要大批懂技术、善经营、会管理的人才，要求农民具有市场意识、科技意识、竞争意识和竞争能力。这些使普通教育无法独立完成这一任务，只有将知识教育与职业技能培训结合起来，在增进农民知识、品德和能力的同时，加强对农民某个领域专业知识和技术技能的传授，形成专业化人力资本，才能使他们有能力参与到农村各项建设中来。其次，农村职业教育有利于促进农村剩余劳动力的转移，增加农民收入，致富于民。目前，农村劳动力严重过剩，农村发展乏力，外出劳务人员都集中于建筑等劳动密集型行业，与接受过职业培训的人员相比不仅工资收入相对较低，同时职业岗位也缺乏稳定，难以实现深层次的转移。因此通过开展各种形式的职业技能培训和创业培训，提高农民的就业能力、工作能力、职业转换能力以及创业能力，就成了农村职业教育的重要功能体现。农村职业教育有利于发展现代农业、改造传统农业、转变农业增长方式，作为知识和技术载体的农村职业教育不仅培养了现代农业所需要的技术人才，而且研究、引进、开发和应用先进的生产与管理知识为新技术的引进、推广和普及提供了平台，造就出了有文化、懂技术、会经营的新型农民，从而有力地推动了现代农业的发展。再次，发展农村职业教育有利于农村和谐社会环境的构建。通过大力发展农村职业教育，对农民进行先进思想的灌输与教育，将城市文明的社会生活方式传播到农村，能够丰富农民的精神文化生活，引导农民讲科学，讲文明，指导他们懂技术、懂经营，组织农民利用当地文化资源开展"除陋习，树新风"活动，让他们真正感受到文明生活方式所带来的好处，从而革新他们的落后观念，改变农民的各种陈规陋习，这些都将有利于营造和谐文明的社会环境。因此对农村职业教育促进农村经济社会发展的独特价值的追寻是进行本研究的另一重要诱因。

第二节　研究综述

一、关于扶贫研究

（一）扶贫的理论渊源

1954 年联合国成立之初就认识到贫困是制约世界各国经济社会发展的大敌，并将"消除贫困"作为全人类共同承担的社会责任写进了《联合国宪法》。随后，世界各国政府致力于探寻解决贫困问题的路径，学者们纷纷从不同的角度提出了消除贫困的理论见解。从 20 世纪 60 年代开始，国内外关于扶贫开发理论的研究先后大致经历了"贫困文化理论"—"资源要素理论"—"人力资本贫困理论"—"系统贫困理论"的发展阶段。

1. 贫困文化理论

美国学者奥斯卡·刘易斯（Oscar Lewis）认为产生贫困的原因是贫困人口因为贫困而居住在一起形成贫困人口之间的集体互动，进而在社会生活中与社会其他人相对隔离，产生出一种脱离社会主流文化的贫困亚文化。这些生活在这种亚文化圈里的贫困人口有着独特的生活方式、行为准则和文化价值观念，并在"圈内"交往，使得亚文化不断得到强化、制度化，不断维持着贫困生活状态。而且受这种亚文化环境影响成长的下一代会自然习得这种贫困文化，并世代传递、维持和导致新的贫困。在他看来，贫困文化是贫困人口群体生活方式在与环境相适应的情况下产生的行为反应而内化成的习惯和传统文化。其特点就是听天由命、对自然的屈服和对社会主流文化价值的怀疑和排斥，表现为安于现状、不思进取的生活状态和严重的"坐等靠要"的懒惰思想。

2. 资源要素理论

这一理论主要由纳克斯（R. Nurkse）的贫困的"恶性循环理论"，马尔萨斯（T. Malthus）的"土地报酬递减理论"及莱本斯坦的（H. Leibonstein）的"临界最小努力理论"为代表的三大理论构成。纳克斯认为发展中国家陷入长期贫困的根源和经济发展的主要障碍就是资本形成不足，根本原因在于人均收入水平过低、生产效率不高、生活困难、市场容量小、经济发展停滞不前，导致供给循环和需求循环运行不畅，相互影响并相互制约从而造成贫困恶性循环。要打破贫困恶性循环，必须大规模增加储蓄，扩大投资，形成各行业的相互需求，供给创造需求，才能使恶性循环转为良性循环。马尔萨斯认为在技术条件不变的情况下，在一定面积的土地上连续追加劳动或资本，其增加的收获量不能与劳动或资本的追加量保持同一比例，即劳动或资本的追加量超过一定界限以后，其收获量增加的比例呈现下降趋势，甚至成为负数。"临界最小努力"理论认为发展中国家要打破低收入与贫困之间的恶性循环，根据其人口多且增长率高的特点，必须首先保证足够高的投资率以使国民收入的增长超过人口的增长，从而使人均收入水平得到明显提高，这个投资率水平即"临界最小努力"，没有这个最小努力就难以使发展中国家的国民经济摆脱贫穷落后的困境。这三大理论都从经济学的角度出发，认为土地、劳动力、资金等生产要素配置失调是产生贫困的原因。因此，有学者认为要加大"对贫困地区的资本投入力度，使其达到国民收入增长的速度，强调资本的积累和形成，以期推动社会的经济增长①"。

3. 人力资本贫困理论

20 世纪 60 年代，美国经济学家舒尔茨明确提出在影响经济发展的诸因素中人的因素是最关键的，人力资本是当今时代促进国民经济增长的主要原因。经济发展主要取决于人口的质量的高低，而不是自然资源的丰瘠或资本的众寡，人口质量和知识投资在很大程度上决定了人类未来的前景。人力资本的积累是社会经济增长的源泉，人力资本在各个生产要素之间发挥着相互替代和补充的作用。人力资本投资收益率超过物力资本投资的收益率，人力资本可以使经济增长，增加个人收入，从而使个人收入社会分配的不平等现象趋于减少。舒尔茨认为，现代经济发展已经不能单纯依靠自然资源和人的体力劳动，生产中必须提高体力劳动者的智力水平，增加脑力劳动者的成分，以此来代替原有的生产要素。教育可以提高人的知识和技能，提高生产的能力，从而增加个人收入。由教育形成的人力资本在经济增长中会更多地代替其他生产要素。例如，在农业生产中，对农民的教育和农业科学的研究、推广、应用，可以代替部分土地的作用，促进经济的增长。并且他通过具体数量化计算，测算了美国 1929—1957 年国民经济增长额中，约有 33% 是由教育形成的人力资本做出的贡献。因此，舒尔茨认为贫困的根本原因不在于物质的匮乏，而在于贫困人口受教育程度的低下、人力资本投入的不足，导致个人收入的增长不足，与别人收入差别扩大。我国学者王小强等在 20 世纪 80 年代进行的人的"进取心"测量，其结果也表明贫困地区人口素质低是贫困的根源。

4. 系统贫困理论

系统贫困理论认为，贫困的产生不是某一单因素影响的结果，而是由诸多综合因素组成的系统运行的结果，贫困产生的根源用系统论解释就是由"陷阱—隔离—均衡"所构成的一个"低层次、低效率、无序、稳定型区域经

---

① 谢君君. 教育扶贫研究述评［J］. 复旦教育论坛，2012，10（3）：66.

济社会运转体系，这种区域经济社会运转体系决定了贫困延续的路径和轨迹"。在这个贫困区域系统中，社会的能力机制、资源基础与求变能力之间未能参与整个外部区域经济全面增长与社会持久进步的过程。在发展的内部关系上，三者之间需要构成一定的相互适应关系。因此，脱贫的正确方法就是要"打好组合拳"，与其他的社会政策一起，构成一个系统的"社会政策组合"，使得其达到"1+1>2""整体大于部分之和"的效果。可见，系统贫困理论已经超越了对贫困的平面、静态的认识，而是从更立体、动态、多元、广阔的角度来认识和探讨贫困问题。

可以说，世界各国对扶贫开发的研究衍生出由单一的贫困文化发展到系统观的贫困理论，学者们的观点也由分化逐渐走向了共融。随着对扶贫开发理论研究的深入，学者们认识到扶贫开发已经不再仅仅是一个部门的问题，而是不同学科和不同部门协同研究和管理的问题，不同的扶贫机制不断产生，新的扶贫理论发展趋势也将会呈现。

（二）国外扶贫研究

1. 关于贫困原因

大多数的经济学家对致贫原因和解决贫困的措施进行了探讨，认为资源相对欠缺是阻碍经济社会发展的最主要原因，要想消除贫困，就必须要提高资源的利用率和投资的效率。1956年，美国经济学家纳尔逊在对发展中国家的资本人均构成与人口增长速度之间的关系，以及产业产出和人均增长的关系进行对比研究的基础上，提出了"低水平均衡陷阱理论"。

2. 关于扶贫模式

一是美国政府主导的通过以工代赈资金来支持实施工程模式：改善人口就业缓解失业人口压力，改善生态环境，进行公共服务设施建设和基础设施建设，完善立法来巩固扶贫成果。二是平等福利模式：美国、法国、荷兰、新西兰等国，通过财政政策和法律法规在失业保险、养老金计划、医疗卫生等方面确保全体社会成员都平等享有福利。三是政府主导公众参与扶贫模式：

如韩国开展的新村运动，实现人口、就业、收入分配、社会保障、生态环境各方面的全面协调发展。四是均衡发展消除贫困模式：通过政府的积极干预、实现经济社会均衡发展，在发展中消除贫困。五是区域发展模式：对不同的区域制定不同的发展政策以实现经济社会的均衡发展，坚持以人为本的扶贫方针，开展健康、教育、文化和职业技能的培训，制定救助制度，重点提高贫困家庭的文化素质和劳动技能，让贫困家庭获得更多的发展机会。

3. 关于扶贫经验

如美国的经验，首先由国家立法把扶贫开发的项目通过扶贫法案确定下来。其次，扶贫内容比较全面，既有在国家财政主管的医疗卫生、养老、教育、就业、住房保障等方面的直接救济，也有非营利性机构对贫困人口进行援助。最后，在保障贫困人口基本社会保障的同时，保证贫困家庭的儿童得到较好的教育、注重对贫困人口的能力培养。巴西经验是政府制定一系列以实现整个经济社会、资源和环境协调发展为目标的扶贫措施，完善了税改政策和社会保障体系；借助世界银行等外部合作，重点解决农村的贫困问题；制订均衡的农村发展规划，调动贫困农村农民自己脱贫致富的能力，从根本上来解决贫困问题；重视加强国民素质教育，不断增加对贫困家庭入学儿童的资助；整合城乡全面发展制度。

（三）国内扶贫研究

我国已经历了 30 多年的扶贫历程，学者们的研究主要集中在以下几方面：

1. 关于扶贫意义

学者们普遍认为贫困问题是制约我国经济社会发展的重要因素，只有解决好贫困问题，缩小贫富差距，才能够保证经济社会长远发展，让人民生活幸福，民族团结、边疆稳定、社会和谐发展。范增玉认为："扶贫是发展成果由人民共享的生动体现，是中国特色社会主义优越性的生动体现。"龙先琼认为："倾力解决特殊人群的贫困问题，是追求社会公正的体现，整个社会的扶贫工作是全民道德文明的重要体现，是人间真情与爱心这一正能量的传播。"

2. 关于扶贫经验

刘娟认为我国扶贫工作与农村本身的改革发展相融互进，共同发展，注重调动贫困群众和社会组织参与扶贫项目的积极性。范小建认为我国扶贫的经验是："政府主导，社会参与，开发扶贫，自力更生和科学发展。"金明亮认为："围绕解决好改善基本生活条件、拓宽基本增收门路、提高基本素质；突出重点提高扶贫开发工作的针对性；注重调动全社会的扶贫积极性，以构建大扶贫格局。"张瀚时认为，"把产业项目与农民意愿相结合、造血式扶贫与输血式救济相结合、近期脱贫与长远致富相结合这三者有机融合，打开扶贫开发新局面；把企业带动、滚动扶贫与扶智为上这三种模式联动起来，以彰显扶贫开发新面貌"是我国扶贫工作的基本经验。

3. 关于扶贫途径

扶贫途径可以总结如下：一是制定好当前目标和长远规划的有机统一，推动具体任务落实；二是树立贫困人口自我发展的理念，改"输血"为"造血"；三是加快贫困地区产业结构调整，大力发展地方特色优势产业；四是推进城镇化，拓宽贫困地区的综合发展空间；五是开展专业技能教育培训，提高劳务输出劳动力的专业技能；六是加大基础设施建设，努力改善贫困地区自然环境和贫困人口的生存条件；七是推进发达地区和西南合作，提高扶贫与开发并举的效率；八是走科技扶贫之路，增强扶贫的可持续性。

4. 关于扶贫对策

学者们主要在扶贫工作机制创新、扶贫对象思想文化素质、特色产业发展、扶贫资金管理等方面有着深入研究。赵晓晨认为要把扶贫和扶智结合起来，加大在文化教育等精神层面的投入。王金艳提出要坚持政府主导，动员一切可以动员的社会力量共同参与，并在扶贫过程中不断完善相关的制度体系。

目前，国内外扶贫研究具有不断深化、延伸拓展的发展趋势。一是研究视域更为广阔。学术界从单一学科理论研究到多学科理论综合研究，以问题和现象为出发点，系统深度分析贫困成因，全景式反映扶贫的意义、方式、途径、过程和效果。二是内容研究更为丰富。不仅重视对扶贫客体的物质层面的关照，而且注重扶贫客体生存技能需要、生存环境、人文关怀和向上流动的渠道等精神层面的关照。三是扶贫对象研究更具针对性。从粗放扶贫研究到精准扶贫研究，更注重对不同贫困区域环境、不同扶贫对象状况实施精确识别、精确帮扶、精确管理的研究。四是扶贫方式研究更具科学性。从"授之以鱼"到"授之以渔"，从"输血"到"造血"，扶贫方式转变，更关注教育尤其是职业教育的智力扶贫功能的研究。

二、关于教育扶贫的研究

（一）经济学视域下的教育扶贫

教育扶贫是指在农村普及教育，使农民有机会获得必要的教育，通过接受教育提高农民的思想道德意识和掌握先进的科技文化知识来达到摆脱贫困的目的。学者们大多从教育具有促进当地经济发展、增加贫困人口的经济收入的功能出发，从加大教育投入力度、提高贫困地区人口素质等方面去阐述教育扶贫。20 世纪 50—60 年代，美国经济学家西奥多·W. 舒尔茨（Theodre W Schultz）创立了人力资本理论，明确指出：人力资本的收益高于物质资本，并估算出，1929—1956 年，美国国民收入增长的 21.4% 应归功于教育。舒尔茨指出，把传统农业改造成现代化农业关键是靠人力资本，他强调教育投资对开发人力资本的重要性。经济学家加里·S. 贝克尔指出，要实现国家或地区经济持续发展，就必须进行人力资本投资。刘易斯的"二元经济结构"模型，从数量方面说明人力资本的作用。速水佑次郎和拉坦的诱致创新理论认为："被用来提高一般公众达到知识水平和促进制度变迁的私人成本更好理解的教育的扩散，可以减少政治企业家采用社会合意的制度成本。"马歇尔认为"教育作为国家投资"可以带来巨额利润。

在我国，1996 年，随着《中共中央、国务院关于尽快解决农村贫困人口温饱问题的决定》中"要把扶贫开发转移到依靠科技进步，提高农民素质的轨道上来"的明确提出，教育脱贫的功能受到学者们的广泛关注，并丰富了扶贫开发的内涵，教育促进经济发展、改变贫困人口的收入水平、促进贫困人口脱贫致富的功能得到学者们的认可。20 世纪 90 年代末，林乘东（1997）学者认为教育可以斩断贫困恶性循环链，具有脱贫功能，应该将公共教育资源向贫困地区倾斜，增加教育投资，实施多元化的教育投资，但要构建系统化的社会扶贫机制才能发挥教育扶贫功能。集美大学严万跃学者认为，现代社会的贫困问题都是知识与能力贫困的表征和结果，发挥教育的扶贫功能不仅能增强贫困人口脱贫致富的能力，还可以带来巨大的社会效益。严万跃认为，贫困的实质是贫困人口的基本能力被剥夺，造成他们无法利用所占有的资源来实现目标生活方式，贫困与收入低下的实质也是致富能力缺乏的表征与结果。在现代社会，特别是在知识经济的条件下，经济的发展途径在很大程度上还取决于对人力资源本身的开发和利用程度，取决于人力资源本身所具有的知识与科技含量。贫困地区物资质源十分匮乏，生产要素极度短缺，只有增加劳动力自身的技术含量，才能在市场经济的条件下参与生产要素的组合与竞争，才能取长补短，通过发挥人力资源的优势摆脱贫困。现代教育可以让贫困地区的贫困人口掌握脱贫致富知识与技能；可以培育贫困人口的思变意识和脱贫致富的真正本领；可以产生一定的经济效益和较好的脱贫示范效应。因此，国家应当加大对贫困人口的教育投资，以各种形式资助贫困人口接受教育，摆脱贫困[①]。厦门大学杨能良认为，教育是一种特殊的社会公共产品，教育是家庭脱贫、政府扶贫最有效、最持久的扶贫方式。政府应加强对教育的投入，提高贫困地区人口的教育水平，使教育成为能帮助贫困群众摆脱贫困的持续有效的途径和办法。

---

① 严万跃. 论现代教育的扶贫功能 [J]. 深圳职业技术学院学报，2006（4）：77-80.

（二）社会学视域下的教育扶贫

从社会学的角度来看，贫困问题既有个人问题，又有文化、传统习俗和观念等深层次的社会问题，是由诸多要素组成的复杂社会问题。教育可以提高贫困地区人口的素质，打破传统落后的思想观念，优化社会层次，促进人口社会阶层流动和公权力均衡分配，推动经济发展，是改变贫困地区的关键。从贫困地区实际情况来看，多数贫困群众因"人穷志短，家贫身懒"、思想观念落后、生活习俗陈旧、社会生存能力弱而致贫、返贫。因此，在扶贫中，应从"扶贫先扶志，致富先治心"开始，充分发挥宣传舆论作用，充分利用广播、报纸杂志、电视、网站等宣传媒体，采取广播播音、报刊刊文、举办文艺演出、刷写墙体标语等多种形式开展教育活动，转变群众思想观念、引导群众"愿脱贫"。沈红教授在《中国历史上少数民族人口的边缘化：少数民族贫困的历史》一文中指出：中国少数民族地区的形成与贫困地区的形成是一个相互关联的过程，民族问题和贫困问题的普遍性和特殊性不是孤立存在的，无论在社会、经济、文化领域，还是在时间、空间领域都是一个一体化的过程。贫困是地区人口的技术、资源含量低下、现代的组织制度和行为规则缺失、民族文化的存在感难以承受对外来文化冲击等因素综合的结果。欧文福博士综合了社会学、教育学、民族学，认为影响西南民族贫困地区发展的因素归根到底是人的因素，一切扶贫方式与手段的运用都须从根本上解决人的问题。为此，必须实现由以往主要依靠"外部输血式"扶贫发展模式，向注重以地区产业发展与人力资源能力建设为核心的可持续发展的"内生造血式"机制的根本转变，以发展适应地区经济社会民族文化等特殊性的产业为重心，以构建同地区产业发展相适应的人力资源能力为根本，实施教育与人力资源开发优先发展战略。① 这从产业发展和人力资源能力建设的角度探讨了贫困地区的教育扶贫，揭示了民族教育与经济发展的规律，为教育扶贫提

---

① 欧文福. 西南民族贫困地区的教育与人力资源开发——基于产业发展与人力资源能力建设 [D]. 成都：西南大学，2006.

供了不同的视角。钟秉林认为教育可以使贫困人口掌握脱贫致富的知识和技能，可以通过提高贫困人口的科学文化素质，促进贫困地区的经济和文化发展，并最终摆脱贫困。但教育扶贫不是一个简单的教育问题，更是一个社会问题、一个系统工程，需要充分考虑贫困地区地理、经济、文化、民族等特点，需要财政、制度等多项配套措施的有效保障，需要国家和地方管理部门合作协调，建立系统有效的配套设施才能发挥其作用。①

（三）教育学视域下的教育扶贫

在教育的扶贫功能得到普遍认可的情况下，我国学者试图建立包括两方面内容的独立的教育扶贫理论。一是扶教育之贫，对教育事业进行扶贫；二是通过教育对其他事业进行扶贫。其中，扶教育之贫是建立在教育能促进社会经济发展、提高社会经济效益的基础上，应该加大对教育的投入，大力发展教育科技事业，提高劳动者的科学文化技术水平，促进经济社会发展，从而使得贫困地区群众摆脱贫困。在 20 世纪 80 年代，在"经济要发展，教育要先行"，"科学技术是第一生产力"的感召下，学者们就科技进步、经济发展与发展教育之间的关系展开过热烈的讨论，各种思想和观点可谓铺天盖地。发展教育实现对其他事业的扶贫是实质意义上的教育扶贫理论。教育扶贫的理论和方法指导的依据是对教育扶贫的意义、内涵、功能和模式的研究成果。20 世纪 20 年代，我国职业教育先驱黄炎培先生创立的中华职业教育社，曾力图通过教育解决民生问题。现代平民教育家晏阳初的平民教育和乡村改造思想都是我国教育扶贫理论的先导，也是这一理论在实践中的尝试，对当今贫困地区农村扶贫工作具有重要的启示作用。20 世纪末，我国学者林乘东首次提出教育具有脱贫功能，教育可以斩断贫困恶性循环链，教育是反贫困的一种资源。社会公共教育资源应向贫困地区倾斜。随后，学者们在强调教育扶贫是脱贫致富的重要途径的基础上，对基础教育、高等教育、职业教育等不

---

① 钟慧笑. 教育扶贫是最有效、最直接的精准扶贫——访中国教育学会会长钟秉林［J］. 中国民族教育，2016（5）：22.

同类型和层次的教育展开深入的研究。尤其是在脱贫攻坚阶段，将"教育脱贫一批"作为脱贫的一种重要途径，强调要采取切实措施，扎实推进教育扶贫工作，把改善贫困地区教育发展环境和条件作为教育发展规划的重要内容，在资金、项目等方面向贫困地区倾斜。

第三节 关于农村职业教育的研究

一、国外的研究现状

（一）关于农村职业教育体系的研究

相较于国内薄弱的农村职业教育来说，国外已基本建构起从初级到高级，学历教育与职业培训相互贯通的农村职业教育体系。如法国的农村职业教育体系主要由中等农业职业学校、高等农业职业学校及农民职业技能培训三部分构成。① 刘颖（2015）认为，中等农业职业教育主要由农业职业高中和农业技术高中组成，前者偏向于培养农业生产经营者，后者侧重于培养具有农业技能专长的农业生产者，而且，这两种高中均开设了进入高等农业职业教育的高中会考课程。此外，高等农业教育的最高学历达到了研究生层次。② 张雅光（2008）指出法国针对不同社会群体的培训需求，开展多层次的培训活动，如：针对农村无业青年进行基础的技能培训；对有实践经验的转业农村生产经营者开展转业培训活动；对高层次的专业农民进行知识与技能并举的专业培训。③ 马吉帆、曹晔（2012）指出支撑法国农村职业教育体系的是融

---

① Development of Vocational education Systems and Fields ［EB/OL］. Springer, 2011-06-27.

② 刘颖. 发达国家农村职业教育研究述评及对我国的启示 ［J］. 职教论坛, 2015（18）：86.

③ 张雅光. 法国农民培训与证书制度 ［J］. 中国职业技术教育, 2008（3）：27-28.

教育、科研与推广"三位一体"的农村职业教育系统，该系统以农民农业生产中遇到的难题为研究对象，以科研机构为研发单位，以农业技术推广为主要任务，三方共同协作为法国农村职业教育提供质量保证。① 澳大利亚的农村职业教育体系由学历教育和职业培训共同构成，学历教育主要涵盖中、高等职业教育，承担中等职业教育的机构主要是职业和技术高中，培养合格的农业生产者，高等职业教育机构主要包括职业技术专科、高等教育学院及 TAFE 学院等，培养的是专业化农业高级人才，而且涉农专业的硕士和博士学位也得到国家的认可。农业职业培训主要通过成人教育、远程教育和社区教育等形式开展职业培训活动。② 此外，发达国家为了鼓励农民积极参与职业技能培训，对参与培训的农民进行政策倾斜，免除农村培训的费用，并向农民发放培训补贴，在某种程度上，这些措施有效调动了农民学习的积极性。

（二）关于职业教育办学特色的研究

无论是西方发达国家，还是发展中国家，在职业教育发展的过程中都形成了鲜明的办学特色，如以市场需求为导向，多元主体参与办学，理论与实践并重，根据教育对象的特点制定相应的课程与教育培训方式等。这些都对我国职业教育的发展有着重要的借鉴意义。教材是学校人才培养的载体，它关系到培养什么样的人及为谁培养的问题。德国作为职业教育相对发达的国家，具有丰富的职业教育教材建设经验。徐涵（2018）分析了德国职业教育教材建设与管理经验，以期为我国职业院校教材建设提供借鉴价值。③ 宋保兰（2018）则从澳大利亚 TAFE 职业教育体系出发，总结其办学特点：发挥政府在职业教育的作用；强化行业、企业在职业教育中的功能；构建"学习—工

---

① 马吉帆，曹晔. 法国现代农业职业教育体系及对我国的启示 [J]. 教育与职业，2012（32）：19-22.

② Determinants of course completions in vocational education and training: evidence from Australia [EB/OL]. Springer, 2015-12-30.

③ 徐涵. 德国中等职业教育教材建设与管理及启示 [J]. 比较教育研究，2018，40（4）：101-107.

作—再学习—再工作"的终身化教育模式；建立职业教育高质量的评估体系；完善学历资格框架教育模式。① 张能云（2018）着重介绍了美国农业职业教育的发展模式，即注重于知识与技能教学的农业课堂、注重于实践教学的农业经验指导，以及提升农民职业能力的 FFA 组织培训。② 良好的职业教育制度可以有效促进国民经济的发展，杨文杰、祁占勇（2018）从职业教育的制度出发，通过梳理法国职业教育制度的历史演变历程，总结出法国职业教育制度的特点，其主要表现为："层进式"的职业教育体系改革、终身化的办学理念，以及严格有序的职业资格认证制度。③

二、国内的研究现状

笔者以农村职业教育为主题，中国（CNKI）学术文献总库为搜索工具，发现相关文献数千条，经过对 CSSCI 和核心期刊的文献进行梳理和筛选，发现最早的农村职业教育起源于 1929 年，但是仅有一篇文献，而且只是对当时农民生计情况的调查报告。其后一直到 1983 年再无学者进行研究，1983—1994 年的 12 年之中也只有零星几篇。1995 年之后，文献数量成正态分布，2007 年文献数量达到迄今最高值 346 篇，后逐年递减，2017 年降至 108 篇。其中研究内容主要集中在农村职业教育的困境与对策、政策研究、办学模式、精准扶贫和新型职业农民的培育等方面。统计结果如图 1-1 所示。

（一）关于职业教育政策理论和应用的研究

第一，关于职业教育政策理论的研究。刘爱青（2005）从职业教育政策的内涵与外延出发，将职业教育政策定义为"由党和政府制定的，以解决职

---

① 宋保兰. 澳大利亚 TAFE 职业教育对我国的启示［J］. 教育与职业，2018（12）：110-112.

② 张能云. 美国中等农业职业教育的历史演进与发展模式［J］. 继续教育研究，2018（4）：97-101.

③ 杨文杰，祁占勇. 法国职业教育制度的发展历程、基本特征及启示［J］. 教育与职业，2018（3）：30-36.

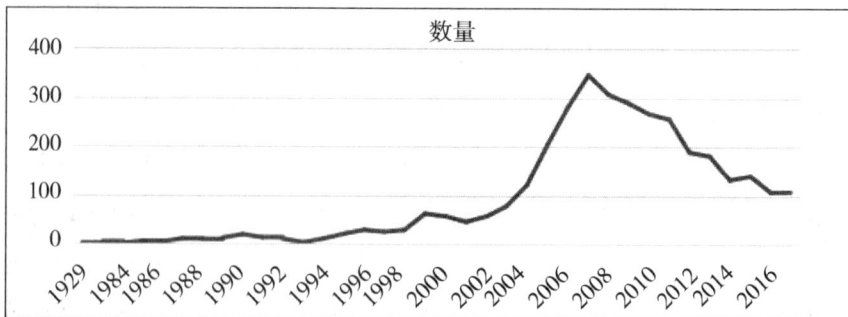

图 1-1　1929—2017 年 CSSCI 和核心期刊农村职业教育相关论文数量统计

业教育问题、达到职业教育目标、实现职业教育可持续发展而采取的规范和引导职业教育相关机构及个人行为的准则和行动指南"①。米靖、王琴（2014）从职业教育政策的价值取向出发，将其分为三类，一是以服务国家发展需要的价值取向，二是以人为本的价值取向，三是以国家和个人发展并重的价值取向。② 郑程月（2016）从教育政策伦理学视角分析不同时期职业教育政策价值的演变取向，将其分为三个阶段，第一阶段是以国家权力为主导、以社会发展为本位；第二阶段是国家权力下放，鼓励社会各界力量参与办学，注重社会与个人本位相融合；第三阶段是在注重社会与个人本位价值的同时，兼顾科学与内涵发展为本位的多元价值取向。于海燕、祁占勇（2015）则对2000—2013 年来我国职业教育政策研究现状进行量化分析，发现近年来职业教育政策研究一直呈上升趋势，主要围绕职业教育的政策分析、价值取向、政策保障、校企合作政策和师资队伍政策等问题进行研究，并不断衍生出新的研究热点。③

---

① 刘爱青. 对职业教育政策的界定和划分［J］. 职业技术教育，2005，26（13）：32-34.
② 米靖，王琴. 回顾与反思：我国当代职业教育政策学的研究［J］. 中国职业技术教育，2014（30）：28-32.
③ 于海燕，祁占勇. 我国职业教育政策研究热点的领域构成与拓展趋势［J］. 教育与职业，2015（7）：5-9.

第二，关于职业教育政策应用的研究。21 世纪以来，为了大力发展职业教育，从中央政府到地方政府都出台了诸多政策来推进职业教育的发展。但是，在职业教育政策实施的过程中仍存在很多问题。查吉德（2017）从治理现代化的角度出发，指出我国职业教育治理存在政策边界模糊、各主体责任不明，以及政策制定机制不足等问题，严重影响了职业教育政策的效度。① 胡文燕（2018）从新生代农民素质出发，指出我国新生代农民工职业教育政策存在户籍壁垒导致农民工受教育机会不足，供求脱节导致职业教育市场结构性失衡，政策单一导致经费投入不足等困境。② 李运华、王滢淇（2018）依据"政策工具—三螺旋"理论，指出当前我国职业教育的权威工具过满，激励工具不足，导致政策工具整体失衡；政策工具与三螺旋（政府、高校、产业）的组合存在错配，阻碍职业教育政策效力的发挥；相对于中等职业教育，针对高等教育的政策颇少。③ 针对以上问题，祁占勇、王佳昕和安莹莹（2018）认为，在未来，职业教育政策在动力机制上应由"权责不明"向"统一协调"转变，价值取向上应由"单一功利"向"多元取向"转变，政策执行上应由"监管与保障缺乏"向"强化监督与保障"转变，政策制定要由"官方主导"向"民意参与"转变。④

（二）关于农村职业教育政策的研究

通过对已有农村职业教育政策文献的分析和归纳，笔者发现农村职业教育政策的研究角度呈现多元化，如农村职业教育政策研究价值、农村职业教育政策史研究、农村职业教育政策的评价，以及相应的对策研究。

---

① 查吉德. 治理现代化视角下的职业教育政策供给分析 [J]. 河北师范大学学报（教育科学版），2017，19（1）：67-73.

② 胡文燕. 新生代农民工职业教育的政策困境与政策选择 [J]. 成人教育，2018，38（2）：63-66.

③ 李运华，王滢淇. 新时代我国职业教育政策分析——基于政策工具视角 [J]. 教育与经济，2018（3）：24-30.

④ 祁占勇，王佳昕，安莹莹. 我国职业教育政策的变迁逻辑与未来走向 [J]. 华东师范大学学报（教育科学版），2018，36（1）：104-111.

第一，关于农村职业教育政策价值的研究。周洁（2010）从政策价值的三个维度（价值选择、合法性、有效性），分析了我国农村职业教育政策的价值问题，并对现阶段我国农村职业教育政策进行了价值定位，揭示了我国现阶段农村职业教育存在的价值偏差问题，并为我国目前农村职业教育政策的价值实现提出了自己的建议。① 马建富（2011）认为农村职业教育要适应未来农村社会的发展，就必须积极地进行政策的创新，也就是说，政策在制定的时候要讲究创新，并且提出政策制定创新的时候必须要有利于人的发展、有利于提升农村职业教育的服务效能和增强农村职业教育的吸引力。②

第二，关于农村职业教育政策的演变历程研究。张琳琳（2016）基于目标定位的视角，将我国农村职业教育政策的演变过程划分为三个阶段，1949—1977 年，农村职业教育仅以培养初中级技术人才为单一目标；1978—2000 年，农村职业教育的价值目标开始微调，注重培养农村就地转移劳动力；2000 年至今，农村职业教育的价值目标双元化，兼顾培养新型职业农民和市民。③ 魏峰、张乐天（2017）从农村职业教育的价值取向出发，将中华人民共和国成立以来的农村职业教育政策划为四个阶段，第一阶段（中华人民共和国成立后的前 17 年）：提高农民文化水平和服务于无产阶级政治；第二阶段（"文化大革命"期间）：为农村"文化大革命"服务；第三阶段（改革开放前期）：为社会主义建设服务；第四阶段（21 世纪以来）：通过培养新型职业农民服务于新农村建设。④ 王坤（2017）利用文献法，对 1949—2016 年农村职业教育政策文本进行梳理与分析，将其划分为三个阶段，分别是以"教"

---

① 周洁. 我国农村职业教育政策价值研究［D］. 开封：河南大学，2010.
② 马建富. 我国农村职业教育发展政策的创新［J］. 教育与职业，2011（18）：5-8.
③ 张琳琳. 我国农村职业教育政策的演变——基于目标定位的视角［J］. 职教论坛，2016（22）：69-71.
④ 魏峰，张乐天. 中华人民共和国成立以来农村教育政策价值取向的嬗变［J］. 教育科学研究，2017（11）：19-24.

带农的探索阶段，到以"教"兴农的调整阶段，再到以"教"富农的转型阶段。① 祁占勇、杨文杰（2018）将改革开放以来的农村职业教育分为四个时期，即初创期（1978—1990年）：以发展中等职业教育为主，多种职业学校并存的农村职业教育体系；成长期（1991—1999年）：注重"三教统筹""农科教结合"和法制化建设的农村职业教育体系；改善期（2000—2012年）：整合各类职业教育资源和加大资助力度的农村职业教育体系；完善期（2013年至今）：着力构建新农村建设需要的农村职业教育体系。②

第三，关于农村职业教育政策评价与相应对策的研究。农村职业教育政策的颁布与实施，虽然有促进农村职业教育发展的作用，但由于一些客观或主观方面的因素，农村职业教育政策还存在诸多不足。纪文婷（2015）从新型职业农民培育的角度出发，认为新型职业农民政策在修订过程中农民参与度不高、政策宣传力度不到位及后期政策落实保障不足。对此，她提出要完善新型职业农民培育的扶持政策，建立健全新型职业农民培育的激励机制，并加大经费投入，增强政策落实过程中的后期保障。③ 刘燕鸣（2016）从公平的角度出发，认为职业教育的政策与具体实施相矛盾，与实施中的价值相冲突，提出要构建职业教育政策执行的监督管理体系，继续加大对职业教育政策的倾斜度。④ 祁占勇、杨文杰（2018）认为，在农村职业教育政策中存在众多问题，如中央与地方政府的权责模糊，以人为本和以社会发展为中心的价值取向难以协调，农村职业教育的经费投入和师资队伍建设缺乏有效制度保障。基于此，要完善农村职业教育政策体系，明确中央和地方政府之间的权责，坚持以农民的现实需求为本位的政策价值取向，并注重加强适用性

① 王坤．农村职业教育发展重点的变迁——基于1949—2016年农村职业教育政策文本分析［J］．当代职业教育，2017（5）：36-39.
② 祁占勇，杨文杰．改革开放40年来农村职业教育政策的演进逻辑与展望［J］．中国职业技术教育，2018（27）：43-50.
③ 纪文婷．我国新型职业农民培育政策的萌发与完善［D］．长沙：湖南农业大学，2015.
④ 刘燕鸣．政策视角下职业教育公平问题探析［J］．职教论坛，2016（5）：86-88.

23

和有效性并行的制度建设。①

（三）关于农村职业教育发展的困境、影响因素与对策研究

《2016 年国民经济和社会发展统计公报》数据显示，目前我国农村人口总数达到 58973 万人，占总人口的 42.65%。② 大量的农村人口决定了我国农村职业教育的重要性。发展农村职业教育作为推动我国"三农"发展、提高农村劳动者素质的最有效方式，已成为众多研究者关注的焦点。

首先，我国农村职业教育面临的困境。许媚（2017）从精准扶贫的角度出发，提出当前农村职业教育存在基础薄弱、教师队伍数量不足及教育供给与社会需求相脱节等问题。③ 唐智彬、石伟平（2012）从发展角度提出，当前农村职业教育存在基层办学体系破坏严重，教育功能难以发挥；民众的认可度不高、办学质量难以满足当地经济建设需求等问题。④ 王欢（2012）从农村职业教育的结构出发，提出了我国农村职业教育内部结构不完善，类型结构单一，各层次结构失衡；同时，农村职业教育外部结构失调，与普通教育、成人教育沟通不畅。⑤ 李延平、任雪园（2016）指出当前我国农村职业教育发展面临公共性危机，如农村职业教育价值存在"离农""去农"与"轻农"现象；教育教学质量不高，导致认可度差；涉农专业数量少且水平低，服务新农村建设能力弱；以及职业教育培育新型职业农民的效能低等公

---

① 祁占勇，杨文杰. 改革开放 40 年来农村职业教育政策的演进逻辑与展望 [J]. 中国职业技术教育，2018（27）：43-50.

② 国家统计局. 2016 年中华人民共和国国民经济和社会发展统计公报 [EB/OL]. 国家统计局，2017-02-28.

③ 许媚. 基于精准扶贫的农村职业教育问题审视与发展路径 [J]. 教育与职业，2017（18）：25-31.

④ 唐智彬，石伟平. 农村职业教育发展现状及问题分析 [J]. 职业技术教育，2012，33（28）：60-65.

⑤ 王欢. 中国农村职业教育结构存在的问题及优化策略 [J]. 河北学刊，2012，32（2）：232-235.

共性危机。① 王晓雪、任喜臣、夏文清（2017）从城乡一体化的角度指出我国农村职业教育社会认可度低，教育经费投入不足、涉农专业及课程安排不合理等问题日益凸显，对此，必须统筹规划，大力发展农村职业教育；发挥政府引导作用，鼓励社会各界力量参与办学，确保教育经费充足；依据当地特色产业合理设置专业和课程内容；构筑线上和线下的职业教育办学模式，以便更好地培养新型职业农民，服务于城镇一体化发展。② 李少伟（2018）从农村职业教育的资源配置角度提出，目前我国农村职业教育资源配置体系中，存在师资和教育经费等资源总量投入不足，配置过程中出现城乡、区域、供需结构失衡，以及资源整合度不高等问题。③ 综上所述，当前农村职业教育面临的困境主要包括：社会认可度不高、内外部结构失衡、教学质量差及教育资源不足等。

其次，针对上述问题，许多研究者对问题产生的原因进行了深层次分析。徐露诗、张力跃（2014）指出当前我国农村职业教育发展的阻力主要源于四个方面，一是"普教化"的价值取向阻碍农村职业教育的发展；二是农村职业教育人才缺乏流通渠道，不能满足学生多样化的升学需求；三是农村职业教育的功能沦落为生存教育，失去应有的吸引力；四是无序的劳动市场准入制度。④ 范红（2015）认为，目前我国农村职业教育相应的政策法规、资金投入和师资的不足，都制约着农村职业教育的发展。⑤ 李小琼（2017）认为，管理主体复杂，经费投入不足，培训供需不平衡，师资力量薄弱，这些因素

---

① 李延平，任雪园. 农村职业教育的公共性危机及其法治保障 [J]. 陕西师范大学学报（哲学社会科学版），2016，45（6）：144-151.

② 王晓雪，任喜臣，夏文清. 城镇一体化背景下农村职业教育发展问题探索 [J]. 河北旅游职业学院学报，2017，22（3）：59-62.

③ 李少伟. 中国农村职业教育资源配置问题及其优化策略 [J]. 中国职业技术教育，2018（21）：59-65.

④ 徐露诗，张力跃. 我国农村职业教育发展的阻力与动力分析 [J]. 职业技术教育，2014，35（22）：58-62.

⑤ 范红. 基于新型城镇化的农村职业教育发展 [J]. 教育与职业，2015（29）：8-12.

严重影响我国农村职业教育的可持续发展。刘军（2018）认为"普教化"倾向、代际跃迁功能的沦落、价值取向的异化、社会认同度低，这些因素导致农村职业教育发展陷入了"公共性危机"的旋涡。① 综观，上到国家宏观政策层面，下到农村职业教育自身，都存在阻碍农村职业教育发展的原因。

最后，农村职业教育实现可持续发展的路径研究。李华玲（2013）从国家宏观政策层面出发，提出完善农村职业教育法律体系，加大中央与地方政府的财政投入力度，创新财政投入机制，建立财政投入的监督机制。② 张胜军、马建富（2016）认为，农村职业教育要转变思维和观念，以顶层设计引领面向农村现代化的职业教育；充分发挥政府的主导作用，为农村职业教育营造良好的外部环境；加快推进农村职业教育供给侧改革，提升其发展水平。③ 从职业教育和培训的角度来说，李小琼（2017）认为要立足培训对象和市场需求，农村职业教育要创新人才培养模式；并通过宏观调控，理顺职业培训管理体制，建立统一的培训管理制度。④ 喻涛（2017）从现代化角度出发，提出农村职业教育要统筹各类教育资源，实行联网式办学；结合区域特色产业，优化专业与课程设置；营造良好的外部环境，保障农村职业教育可持续发展；利用现代技术，构建灵活、开放和多样化的农村远程教育模式。⑤ 张俊（2018）从精准扶贫的角度出发，认为农村职业教育要服务于精准扶贫，必须以脱贫技能为培养目标，采取多元化、个性化的教学方法；构建政府主导的教育机制，拓展多元化的资金引入渠道，推动区域教育协同发

① 刘车. 乡村振兴战略下农村职业教育的公共性危机及破解路径［J］. 教育与职业，2018（13）：12-19.
② 李华玲. 对我国农村职业教育财政政策的回顾与建议［J］. 职教论坛，2013（31）：35-39.
③ 张胜军，马建富. 城镇化进程中的农村职业教育三问［J］. 教育发展研究，2016，36（11）：61-65.
④ 李小琼. 可持续发展理念下的农村职业教育改革创新［J］. 继续教育研究，2017（6）：38-40.
⑤ 喻涛. 现代化视野下的农村职业教育可持续发展［J］. 继续教育研究，2017（5）：41-43.

展平台，以及健全相关法律法规制度，推动农村脱贫致富。①

（四）新型职业农民培育的问题与路径研究

新型职业农民作为促进农业现代化、服务"精准扶贫"战略和"乡村振兴"战略的重要实施主体，在近几年一直受到广泛关注。但是，在其培育过程中也出现了一系列问题，如培训对象、实施培训教育的主体及外部保障制度等方面。

首先，培训对象方面。祝士苓、王素斋（2017）指出，培育新型职业农民的对象多为在家务农的农民、返乡创业的农民工以及涉农专业的大学生，然而，随着新型城镇化的快速发展，新生代农民工（"80后""90后"）不愿从事农业生产，纷纷转移到城市从事非农产业，这导致新型职业农民培育的后备力量严重不足。据统计，35岁以上的新型职业农民达到98%，16—35岁的农村劳动力仅占2%。而且，98%的新型职业农民中有77.7%的农民只有初中文化水平。这表明现有的新型职业农民总体文化水平不高。② 肖海燕、沈有禄（2015）认为新型职业农民的培训对象的主要问题是生源受限、农民对政策的认知程度偏低以及农民学习的积极性不高。③

其次，实施主体方面。杨成明、张棉好（2014）认为农村职业教育内容与新型职业农民的现实需求相脱节，而且也忽视了农民内部素质分化的情况。还有单一化的课堂教学方式，与农民群体的分散性、学习时间的限制性及流动性等特征相背离，无法适应农民多元化的需求，导致新型职业农民的培训效果大打折扣。④ 吕莉敏（2018）认为培育新型职业农民的资源分散，农村

---

① 张俊. 精准扶贫背景下农村职业教育的发展 [J]. 教育与职业, 2018 (5)：55-59.

② 祝士苓, 王素斋. 基于适应现代农业需求的新型职业农民培育对策 [J]. 职教论坛, 2017 (21)：61-64.

③ 肖海燕, 沈有禄. 我国新型职业农民培养的实施困境及其对策 [J]. 继续教育研究, 2015 (8)：22-25.

④ 杨成明, 张棉好. 多重视阈下我国新型职业农民培育问题研究 [J]. 职业技术教育, 2014, 35 (28)：76-82.

普通教育、职业教育和成人教育各自开展农民培训活动，缺乏有效的交流共享机制，导致重复培训，培训质量不佳。① 马明、梁智慧、闵海燕（2018）基于师资结构，认为培育新型职业农民的师资力量薄弱，培训教师以退休的或返乡的普通教师为主，抑或是大中专院校的老师、农业技术人员兼任，培训教师数量严重不足，而且教师专业素质参差不齐。②

最后，外部保障机制方面。张凤玲（2016）认为阻碍新型职业农民培育的主要有两方面因素。一方面，缺乏对新型职业农民培育的有效政策措施，且现有措施也没有真正得到落实；另一方面，经费不足严重制约农村职业教育发展，前期培训重点的偏差和培训机制的不完善都在经费不足的情况下暴露无遗。③ 翟炎东（2015）指出新型职业农民培育政策的缺失和保障制度的不完善，导致了新型职业农民培育难以满足当前市场的需求。④ 沈红梅（2014）认为新型职业农民培育机制的滞后、经费的短缺，以及外部社会环境的制度约束，是新型职业农民培育陷入困境的原因。⑤ 吕莉敏、马建富（2015）从政府层面分析指出，法律政策保障不够、成人学校的硬软件设施不达标，以及经费投入不足等问题，阻碍了新型职业农民培育。⑥

面对上述新型职业农民培育过程中的困境，学者们从不同角度，提出了众多突围之策。赵艳艳（2015）认为，首先，营造良好的外部环境，是新型职业农民培育的核心；其次，构建"以人为本"的新型职业农民体系，提高

---

① 吕莉敏．乡村振兴背景下新型职业农民培育策略研究［J］．职教论坛，2018（10）：38-42.
② 马明，梁智慧，闵海燕．新型职业农民培育问题思考［J］．农业经济，2018（8）：70-71.
③ 张凤玲．新农村建设中新型职业农民培育路径探究［J］．继续教育研究，2016（12）：33-35.
④ 翟炎杰．我国职业农民培养的现实困境和路径选择［J］．高等农业教育，2015（8）：119-121.
⑤ 沈红梅，霍有光，张国献．新型职业农民培育机制研究：基于农业现代化视阈［J］．现代经济探讨，2014（1）：65-69.
⑥ 吕敏莉，马建富．农业现代化背景下新型职业农民培训的问题及策略研究［J］．中国职业技术教育，2015（4）：44-48.

其科技文化素质；最后，通过增加经费投入和政策支持，保证新型职业农民培育的效能。① 陈瑜、陈俊梁（2014）也认为首先要完善土地流转制度、打破城乡二元结构等外部环境，为新型职业农民培育提供成长的土壤。② 许译心、沈亚强（2015）从办学角度出发，提出要实现农村职业教育办学模式的多样化、办学主体的社会化与办学规模的区域化。办学模式的多样化，即"分层次、分类别、分对象"，对农村劳动者因材施教；办学主体的社会化，即"学校、社会、企业、行业"共同参与办学，拓宽培训经费的来源渠道；办学规模的区域化，即农村职业教育要联合城市职业教育，按照优势互补、共同发展的原则，统筹规划城乡教育资源，实现资源利用的最大化。③ 陈春霞、石伟平（2017）基于对江苏省新型职业农民试点县的实地调查和数据分析，从政府角度提出相应的措施，一是加强顶层设计，鼓励各类教育培训机构和涉农企业参与新型职业农民培训的政策规划或制度建设；二是分类设计，创新职业农民培育模式；三是新型职业农民的相关利益主体要协同创新，提升培训的有效性；四是优化新型职业农民培育的外部制度环境，为其打下坚实的物质基础。④ 马建富、马欣悦（2017）从供给侧改革的角度出发，提出培育新型职业农民，首先要树立"以人为本"的终身教育理念；其次，构建具有现代性、社会性和人本性的新型职业农民培训体系，提升教育培训效能；最后，创新新型职业农民培训的成本补偿制度、公益反哺制度和市场调节制度，激发农村职业教育的办学活力。⑤

---

① 赵艳艳，姚秋菊，原玉香，等．推动新型职业农民培育的思考与实践［J］．农业科技管理，2015，34（2）：59-61，88.
② 陈瑜，陈俊梁．新型城镇化背景下职业农民的培育探索［J］．农村经济与科技，2014，25（1）：188-189.
③ 许译心，沈亚强．新型城镇化背景下农村职业教育发展再审视［J］．教育与职业，2015（27）：14-18.
④ 陈春霞，石伟平．新型职业农民培训供给侧改革：需求与应对——基于江苏的调查［J］．职教论坛，2017（28）：53-58.
⑤ 马建富，马欣悦．基于新型职业农民培育的农村职业教育供给侧改革［J］．河北师范大学学报（教育科学版），2017，19（6）：54-59.

三、关于乡村脱贫振兴的研究

（一）国外研究现状

1. 关于国外乡村振兴的实践研究

中国"乡村振兴"战略提出的时间较短，国内还没有对此进行专门的研究，但是国外乡村建设、乡村发展及乡村再造的经验教训对我国"乡村振兴"战略的实施具有重要的借鉴意义。在借鉴国外乡村建设经验时，必须因地制宜、因时制宜，结合我国各地农村经济发展的实际情况。

目前，国外学者关于乡村建设、乡村复兴及乡村发展的研究颇丰。首先，从影响乡村振兴的因素方面出发，格拉德温（Gladwyn）通过对"北佛罗里达"农村企业家进行研究，认为农民的创业精神是影响乡村振兴的关键因素；科尔辛（Korsching P.）通过对美国和加拿大的乡镇社区发展联盟进行调查研究，发现多社区协作对乡村振兴尤为重要。而格林尼（Greene M. J.）通过对农业多元化发展的主体进行分析，认为政府在乡村振兴发展过程中发挥着不可替代的作用。其次，在乡村发展方面，舒尔茨（Schultz）认为，在传统农业中投入新的生产要素可以带动农村经济增长。① 美国杜博斯（Dubos）在分析了可持续发展的内涵基础上，认为人类应该生活在一个可持续发展的环境中。② 科尔曼（Coleman）从乡村治理出发，认为农村生态问题要从农村基层政治事务入手。③ 龙晓柏、龚建文（2018）基于英美两国构建的乡村可持续发展体系，提出要将乡村振兴作为一个综合性的发展系统对待，尤其要注重乡村振兴规划的系统性管理、乡村自然资源的可持续性，以及城乡基础性公

---

① 庹进烨. 对习近平乡村振兴战略思想理论渊源和时代基础的研究［J］. 农业教育研究，2018（2）：6.

② 罗旋. 习近平关于乡村振兴战略重要论述的五维解读［J］. 广西社会科学，2018（11）：1-6.

③ 金盛先. 以习近平新时代"三农"思想引领乡村振兴［J］. 上海农村经济，2018（4）：17.

共服务的均等化。① 叶裕民、戚斌、于立（2018）从土地管制的视角出发，在分析了英国乡村土地管制的基础上，提出要认识到乡村发展的阶段性，建立乡村建设用地增减挂钩政策，并配套相应的制度保障，以保留乡村生产资料，激发乡村发展活力。② 最后，在乡村复兴方面，美国学者科尔辛（Korsching）、格拉德温（Gladwyn）和约翰逊（Johnson）从农村企业家精神和农村金融角度出发，探索出一条乡村复兴的新路径。徐雪（2018）在梳理日本乡村振兴运动的背景、发展历程的基础上，归纳了日本乡村振兴运动的主要经验与教训，并提出取其精华，以此来有效推动我国乡村振兴。③

2. 关于乡村价值的若干理论探讨

"乡村振兴"战略上升为国家战略，不仅凸显出乡村在国家现代化建设中的价值，也意味着乡村建设将成为国家现代化建设的重点。早在 20 世纪中期，国外经济学家就对乡村建设与发展之间的关系进行了理论上的深入探讨。刘易斯（Lewis，1954）认为，发展中国家实行的城乡二元经济结构，使得中国在发展策略上依赖于城市带动农村发展，在这种不平衡的发展战略下，乡村建设与发展只不过是以一种被动的满足城市发展的方式进行。④ 克鲁格曼（Krugman，1991）提出了中心—外围理论。他认为，在市场经济背景下，商品、资本、人员及技术等要素要以完全自由的方式流动，这些要素首先是向经济发达的地区流动，因而这些地区发展得更快、更繁荣，而经济落后的地区发展更慢、更萧条，从而形成城市处于经济区域发展的中心并起着主导经

① 龙晓柏，龚建文. 英美乡村演变特征、政策及对我国乡村振兴的启示 [J]. 江西社会科学，2018，38（4）：216-224.
② 叶裕民，戚斌，于立. 基于土地管制视角的中国乡村内生性发展乏力问题分析：以英国为鉴 [J]. 中国农村经济，2018（3）：123-137.
③ 徐雪. 日本乡村振兴运动的经验及其借鉴 [J]. 湖南农业大学学报（社会科学版），2018，19（5）：62-67.
④ LEWIS W A. Economic Development with Unlimited Supplies of Labor [J]. Manchester Sehool，1954（22）：139-191.

济发展的作用，农村则处在经济区域的边缘，从属于城市的不对等的发展关系。① 克里斯塔勒（Christaller，1933）提出："要实现城市与农村协调互促发展，必须建立一个一体化的居落系统，这个系统包括城市与农村，它可以有效促进城市与农村之间农产品的流通，从而推动全国性的农产品交易顺利进行。"② 恩格斯（1847）首次提出城乡融合的概念，其基本思想是消除由产业不同引起的城乡发展对立、人口空间分布不均衡，以及由城乡对立导致的城乡收入差异。③

（二）国内研究现状

笔者以"乡村振兴"战略为主题，以中国（CNKI）学术文献总库为搜索工具，时间截止到 2018 年 9 月 1 日之前，发现相关文献三千余篇。经过对 CSSCI 和核心期刊的文献进行梳理和筛选，得到 507 篇文献，其学术成果主要分布在农业、经济和政治学科，如图 1-2 所示。但以"乡村振兴"战略为背景的职业教育研究成果较少，农村职业教育更是少之又少，只有 6 篇，研究成果没有系统性和深入性。目前乡村振兴和农村职业教育的研究主要集中在"乡村振兴"战略的背景、内涵、实现路径，以及农村职业教育和"乡村振兴"战略的内在逻辑等方面。1."乡村振兴"战略的内涵

叶兴庆（2018）认为，乡村振兴是新农村建设的升级版，与新农村建设的总体要求相比，其不仅仅是字面上的差异，更是内涵的升华，从"生产发展"到"产业兴旺"，要求提高农业发展质量，激发乡村发展新动能；从"生活宽裕"到"生活富裕"，要求持续提高农村生活保障水平，将乡村塑造成美丽幸福的新家园；从"村容整洁"到"生态宜居"，要求推进农业绿色发展，实现人与自然的和谐共生；从"管理民主"到"治理有效"，要求实

---

① KRUGMAN P. Increasing Returns and Economic Geography［J］. The Journal of Political Economy，1991（3）：483-499.

② CHRISTALLER W. Die Zentralen Orte in Suddeutschland（The Central Places in Southern Germany）［M］. Jena：Verlagvon CTUStav Fischer，1933.

③ 恩格斯. 共产主义原理［M］. 北京：人民出版社，1973：26.

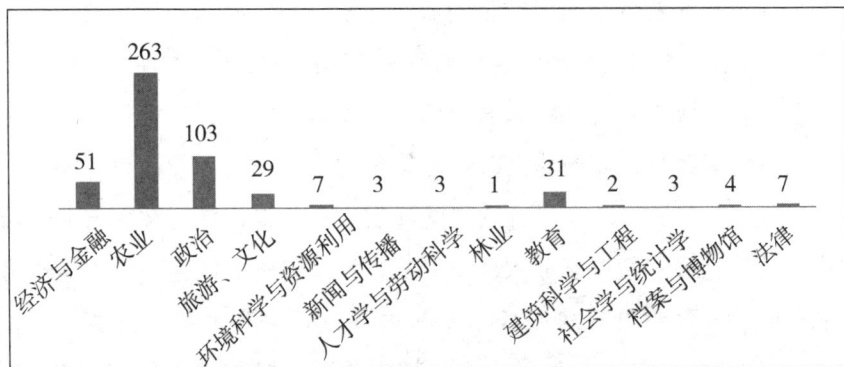

图1-2 2018年9月1日前CSSCI和核心期刊乡村振兴战略相关学术成果的学科分布

行自治、法治、德治相结合的乡村治理新体系，促进乡村社会和谐有序；要将物质文明和精神文明相结合，繁荣乡村的优秀文化，焕发乡风文明新景象。① 陈文胜（2017）认为，实施"乡村振兴"战略是实现三大转变，一是从城乡统筹向城乡融合转变；二是从"四化"同步发展向农业农村优先发展转变；三是从农业现代化向农业农村现代化转变。② 黄祖辉（2018）认为要精准把握"乡村振兴"战略的内涵，提高"乡村振兴"战略实施的效率。首先是把握好乡村与城市的关系，其次是科学理解"二十字"方针的内涵及其内在逻辑，最后是协调好"乡村振兴"战略的实施路径。③

2."乡村振兴"战略对农村职业教育影响的研究

张志增（2017）认为农村职业教育在实施乡村振兴战略过程中可以大有作为。实施"乡村战略"，不仅推进了农村发展与农村职业教育改革发展的紧密结合，还明确了新时期农村职业教育的办学目的是"为农"而不是"脱农"或"离农"。④ 丁哲学（2018）认为，实施"乡村振兴"战略，为新时

① 叶兴庆. 新时代中国乡村振兴战略论纲 [J]. 改革，2018（1）：65-73.
② 陈文胜. 怎样理解"乡村振兴战略"[J]. 农村工作通讯，2017（21）：16-17.
③ 黄祖辉. 准确把握中国乡村振兴战略 [J]. 中国农村经济，2018（4）：2-12.
④ 张志增. 实施乡村振兴战略与改革发展农村职业教育 [J]. 中国职业技术教育，2017（34）：121-126.

期农村职业教育的发展指明了前进的航向。第一，农村职业教育要肩负培养"三农"人才、开发实用性的农业技术和继承优秀乡村文化的使命。第二，要统筹职业教育、成人教育和社区教育的协同发展。第三，探索新时期农村职业教育发展的新路径，如构建具有地区特色的现代农村职业教育体系，打造服务于农村一、二、三产业融合发展的涉农专业集群，学历教育与非学历教育并举，培养更多的新型职业农民。① 雷世平（2018）认为，乡村振兴背景下，农村职业教育要更好地服务于乡村振兴，必须要重塑其价值取向，将"农村美、农业强和农民富"作为新时期农村职业教育的价值定位。② 孙莉（2018）③ 和钱俊（2018）④ 认为，"乡村振兴"战略的实施为农村职业教育的创新发展提供了机遇与挑战，农村职业教育要主动承担起培育新型职业农民、支撑农业现代化、对接精准扶贫和全面加强成人教育的新使命。张旭刚（2018）认为，"乡村振兴"战略下，农村职业教育在办学理念、办学功能及办学机制等方面要进行全面转型升级，即确立城乡融合发展的办学理念，依托"互联网+"教育平台，开创多元化的办学模式，建立政、校、企、行等多元主体共同参与的农村职业教育办学机制。⑤ 张红、杨思洁（2019）认为，实施"乡村振兴"战略，为农村职业教育在农村三产融合发展、智能化农业及"享受型"的消费结构等方面提供巨大的介入空间，使农村职业教育在服务乡村振兴中大有可为。⑥ 高峰（2019）认为，农村职业教育作为"乡村振

---

① 丁哲学. 乡村振兴战略需要大力发展农村职业教育［N］. 黑龙江日报，2018-01-02（007）.

② 雷世平. 乡村振兴战略视域下我国农村职业教育价值取向审视［J］. 职教通讯，2018（9）：1-6.

③ 孙莉. 乡村振兴战略下农村职业教育的改革与创新发展［J］. 教育与职业，2018（13）：5-11.

④ 钱俊. 乡村振兴发展战略下农村职业教育的使命及变革［J］. 教育与职业，2018（22）：66-69.

⑤ 张旭刚. 乡村振兴战略下我国农村职业教育的战略转型［J］. 教育与职业，2018（21）：5-12.

⑥ 张红，杨思洁. 历时性视角下农村职业教育与成人教育发展研究［J］. 中国职业技术教育，2019（12）：57-62.

兴"战略的重要推手，必须要面向"三农"，通过加大改革力度，完善教育经费、教师的保障机制，以及统筹区域教育规划等措施，提高农村职业教育的人才培养效度，提升农村职业教育的地位和实现城乡职业教育的均衡发展，以高质量的农村职业教育为"乡村振兴"战略提供人才支撑、产业支持和技术保障。① 张志增（2019）认为，在实施"乡村振兴"战略的过程中，农村职业教育要着力培养以新型职业农民为主体的实用型人才。②

3. 农村职业教育服务于乡村振兴的研究

国务院在《关于实施乡村振兴战略的意见》中指出："实施乡村振兴，要坚持优先发展农村教育事业，大力推进农村职业教育的改革与创新。"③ 丁菲、曾丽芳、杨同华（2019）认为，乡村职业教育已成为推动乡村振兴的重要抓手，同时也是促进新农村建设发展的必经之路。目前，乡村职业教育发展存在经费不足、教学资源短缺、信息闭塞等方面的问题，迫切需要通过现代信息技术，为乡村职业教育构建教学资源库和资源共享平台，从而更好地为农村培养一大批农业技术人才，服务于乡村振兴。④ 高洁、王俊杰（2014）认为，新型职业农民是实施乡村振兴战略的核心，农村职业教育要更好地服务于乡村振兴战略，必须把培养新型职业农民作为其发展的第一任务。⑤ 丁彦（2015）认为，农村高质量的建设、农业现代化的发展，以及农民生活水平的提高，归根结底还是要依靠教育。农村职业教育作为最能满足"三农"发展需要的教育形式，应主动承担起培养新型职业农民、精准扶贫及促进产学研

① 高峰. 乡村振兴战略下农村职业教育发展现状及应对策略 [J]. 职教论坛, 2019 (4)：135-138.
② 张志增. 基于乡村振兴战略的农村职业教育改革创新策略 [J]. 中国职业技术教育, 2019 (7)：38-44.
③ 习近平. 决胜全面建成小康社会夺取新时代中国特色社会主义伟大胜利——在中国共产党第十九次全国代表大会的报告 [EB/OL]. 新华网, 2017-10-28.
④ 丁菲, 曾丽芳, 杨同华. 信息技术服务乡村职业教育振兴的路径探索 [J]. 职教论坛, 2019 (4)：139-145.
⑤ 高洁, 王俊杰. 新型职业农民培养与农村职业教育发展研究 [J]. 中国职业技术教育, 2014 (12)：65-69.

的重任，促进农村健康持续地发展。① 刘军（2018）则认为，针对乡村振兴发展的新诉求，新时期农村职业教育要破解公共性危机，加快体制机制变革，创新人才培养体系；加大教育经费投入，提升培训效能；确立"离农和向农"并举的双向价值定位，培养多层次职业技能型人才。② 张祺午（2017）认为，服务好"乡村振兴"战略，必须要补齐农村职业教育这块短板，农村职业教育作为连接教育与农村、农业和农民的中心枢纽，在乡村建设中具有基础性、先导性和全局性的作用，因此，农村职业教育要提高服务功能，加强自身能力的建设。③

　　根据上述相关典型文献可以看出，国内学者在"脱贫振兴"与农村职业教育研究方面成果虽然较多，关于农村职业教育思想的理论化、系统化程度也有很大提升，但分析较为浅层化，当前的相关研究还存在以下三方面的不足。

　　1. 研究内容中对理论的探讨相对比较薄弱。绝大多数农村职业教育研究只是对某个省份或某个职业学校进行事实性描述，或者根据现状进行归纳，缺乏运用某种理论框架对农村职业教育发展困境的深层原因的分析。

　　2. 研究方法以经验归纳、思辨研究和理论分析的方法为主，采用实践性研究方法偏少。

　　3. 研究角度略显单一。目前的研究文献主要是关于某一地区农村职业教育的发展现状、专业设置、课程开设及相应的对策，而从政策导向、"脱贫振兴"战略的推动、师资力量和政府投入等方面分析该问题的文献较少。当前研究存在问题的原因主要有两方面：首先，我国农村职业教育缺乏全局政策指导，国家尚未出台专门的农村职业教育的政策法规，导致学者对农村职业

① 丁彦. 农村职业教育对农业科技发展的作用研究 ［D］. 长沙：湖南农业大学，2015.

② 刘军. 乡村振兴战略下农村职业教育的公共性危机及破解路径 ［J］. 教育与职业，2018（13）：12-19.

③ 张祺午. 服务乡村振兴亟待补齐农村职教短板 ［J］. 职业技术教育，2017，38（36）：1.

教育研究的深度不足；其次，就"脱贫振兴"战略而言，在目前的研究过程中，学者们只是单纯地总结"脱贫振兴"战略的内容，没有对"脱贫振兴"战略的历史缘由进行梳理（因为我国的农村发展是一个具有动态和历史性的问题，我们要以史为鉴，用全面和发展的眼光看待农村问题），也没有对脱贫振兴与农村职业教育的深层次关系进行研究，从而导致研究的实用性不强。

第四节 研究的意义

一、理论意义

从理论角度来说，该研究主要有两方面的意义。一是可以弥补西南民族地区脱贫振兴理论研究之不足，为该地区政府加速推进脱贫振兴工作提供理论咨询，丰富和完善民族地区脱贫振兴理论。作为一个研究方向，国内外诸多学者已从脱贫振兴的方式、模式、政策等方面对脱贫振兴进行过深入的研究和探讨，因此，该研究方向已不是一个新的研究领域，但已有的研究往往仅从宏观理论角度探讨农村职业教育与脱贫振兴的联结和契合，缺乏对区域贫困特殊性的微观探视和深度分析，研究对象不精准、研究结果的可操作性不强。本研究将在更深入、更细致调查的基础上探寻适合西南民族地区实际的、因地制宜的可操作性脱贫振兴理论和思想。二是为西南民族地区农村职业教育发展提供借鉴，丰富和完善农村职业教育发展理论体系。通过研究，梳理农村职业教育的政策内容、演变体系以及政策价值取向等方面来探讨"脱贫振兴"战略对农村职业教育的影响，并全面分析农村职业教育的发展现状和新诉求，探索出具有西南民族地区特色的农村职业教育可持续发展的新路径，丰富农村职业教育发展理论体系。

二、实践意义

党和政府历来高度重视民族地区脱贫振兴、发展致富，在过去的实践中，无论是在人力、物力方面，还是在资金、技术方面都进行了很大投入，给政策、给物资、送资金、送技术的扶贫都没有让贫困群众彻底摘掉"贫困帽"而脱贫致富。为此，我们不得不思考这样一个问题：西南民族地区贫困人口如此之多，贫困程度如此之深，其原因究竟何在呢？2017 年 6 月 23 日，习近平总书记在深度贫困地区脱贫攻坚座谈会上的讲话中特别提到了一个典故："病有标本"，"知标本者，万举万当；不知标本者，是谓妄行"。因此，在深入推进贫困地区脱贫攻坚和乡村振兴背景下开展本课题的研究：梳理农村发展议题与农村职业教育的演变历程；深入调查和研究当前西南民族地区农村、农业、农民和农村职业教育的现状和新诉求；客观分析贫困原因，发展农村职业教育培育新型职业农民，提升农民脱贫致富能力和动力，斩断"穷根"；以脱贫振兴和农村职业教育为内在逻辑探寻精准推进西南民族地区脱贫振兴、决胜全面小康实践之策；为西南民族地区"脱贫振兴"战略实践出谋划策，与全国人民一道如期实现全面建成小康社会的目标，也能为实现我国伟大复兴中国梦的宏伟目标提供参考。

第五节　研究的方法

研究方法是对研究活动的反思，其本质是揭示事物内在规律的工具。研究方法主要分为宏观和微观两种，宏观主要是指全方位把握研究核心问题的方法论，微观主要是在具体研究过程中对材料收集、分析和处理的技术方法。

本研究运用教育学、社会学、经济学和管理学等多学科的理论，采取理论与实践结合、调查与分析结合、比较研究与综合评价结合、现实状况与未来发展结合的原则，深入调查西南民族地区农村、农业、农民状况和农村职业教育发展现状，客观分析和诊断西南民族地区贫困根源，探寻西南民族地区脱贫振兴新路径。本研究采用的主要研究方法有以下几种。

一、制度分析法

制度分析法是经济学领域的一种基本理论，它着重研究微观经济制度，主要从现象和形式上对某种制度的内涵、构成及历史变迁进行分析。近年来，随着学科逐步走向融合，制度分析法已然成为教育学领域中一个新的研究范式。它可以把本研究中必需的制度分析、历史研究与文化研究整合到一起。因为，研究农村职业教育服务西南民族地区脱贫振兴，必然要从政治、经济和文化的角度出发，透视西南民族地区贫困的根源和农村职业教育政策变迁背后的深层次缘由，用历史的眼光对农村职业教育政策文本和演变历程进行梳理，揭示不同时期农村发展议题和农村职业教育政策的具体内容、特征，以及两者之间的内在逻辑，从而为西南民族地区脱贫振兴和农村职业教育的发展寻求新路径。

二、技术方法

（一）历史文献法

通过历史文献法，搜集、整理和分析与脱贫振兴、教育扶贫、农村职业教育等问题相关的理论、论文论著与政策文件等中外文文献，进而形成理论观点。

（二）比较法

不同时期的政策发展，都有其内在逻辑性和关联性。本研究运用动态的观点，从历史和发展的角度出发，对我国农村发展议题和农村职业教育在不同发展时期的政策进行比较研究。在政策的纵向比较上，可以清晰地了解其发展变化的来龙去脉，摸清政策变迁的规律；在政策的横向比较上，各个时期政策内容的侧重点各不相同。

（三）田野调查法

在西南民族地区选取部分贫困地区、示范性高职农业院校，对"三农"问题及农村职业教育发展现状进行问卷调查，采用问卷调查、实地调查（现场观察）与访谈（询问、座谈）相结合的方式，精心设计调查问卷并测试，深入了解民族地区农村、农业、农民情况和农村职业教育现状。

（四）个案分析法

选取西南民族地区部分农村，通过走访、交谈、观察，选定贫困个案进行记录、分析和研究，在此基础上，为农村职业教育服务脱贫振兴的模式与新型职业农民培育的制度机制和运行机制的建立提供现实依据。

第六节　相关概念界定

一、脱贫振兴

"脱贫振兴"是"脱贫攻坚"与"乡村振兴"的合义词，是我国进入新时代解决"三农"问题，化解城乡发展不平衡、农村发展不充分的社会主要矛盾，是实现"两个一百年"奋斗目标和中华民族伟大复兴中国梦而实施的"两大"战略。"脱贫攻坚"是实现"乡村振兴"的前提和基础，"乡村振兴"是对"脱贫攻坚"成果的巩固和提升，"两大"战略一脉相承、承上启下。

（一）脱贫攻坚

中华人民共和国成立以来，中国共产党带领全国人民持续向贫困宣战，成功走出了一条中国特色扶贫开发道路，使7亿多农村贫困人口成功脱贫，为全面建成小康社会打下了坚实基础。中国成为世界上减贫人口最多的国家，也是世界上率先完成联合国千年发展目标的国家，但截至2014年年底，中国仍有7000多万农村贫困人口。为全面消除贫困，2015年11月27日至28日，中央扶贫开发工作会议在北京召开，习近平总书记强调："消除贫困、改善民生、逐步实现共同富裕，是社会主义的本质要求，是我们党的重要使命。全面建成小康社会是中国共产党对中国人民的庄严承诺。脱贫攻坚战的冲锋号已经吹响。立下愚公移山志，咬定目标、苦干实干，坚决打赢脱贫攻坚战，确保到2020年所有贫困地区和贫困人口一道迈入全面小康社会。"① 同年11月29日，《中共中央、国务院关于打赢脱贫攻坚战的决定》印发，强调各级党委和政府必须把扶贫开发工作作为重大政治任务来抓，切实增强责任感、使命感和紧迫感，不辱使命、勇于担当，只争朝夕、真抓实干，加快补齐全面建成小康社会中的这块突出短板，绝不让一个地区、一个民族掉队，这标志着脱贫攻坚战全面打响。

　　脱贫攻坚的总体目标是到2020年，稳定实现农村贫困人口不愁吃、不愁穿，义务教育、基本医疗和住房安全有保障。其实施的基本原则是坚持精准扶贫、坚持群众主体、激发内生动力，注重扶贫先扶志、增强贫困人口自我发展能力，由偏重"输血"向注重"造血"转变。脱贫攻坚的基本方略是健全精准扶贫工作机制、发展特色产业、引导劳务输出、实施易地搬迁、结合生态保护、着力加强教育、开展医疗保险和医疗救助、实行农村最低生活保障制度兜底、探索资产收益、健全留守儿童、留守妇女、留守老人和残疾人关爱服务体系等措施。"脱贫攻坚"的重要特征就是精准扶贫，是新时期我国扶贫开发的方式创新。脱贫攻坚就是要动员全国全党全社会的力量，坚持精准扶贫、精准脱贫，确保到2020年所有贫困地区和贫困人口一道迈入全面小康社会。

---

① 习近平. 脱贫攻坚冲锋号已经吹响　全党全国咬定目标苦干实干［EB/OL］. 新华网，2015-11-28.

(二) 乡村振兴

习近平总书记指出，农业、农村、农民问题是关系国计民生的根本性问题，必须始终把解决好"三农"问题作为全党工作的重中之重，实施乡村振兴战略。2018 年 1 月，国务院公布了《中共中央国务院关于实施乡村振兴战略的意见》；同年 5 月，中共中央政治局审议了《国家乡村振兴战略规划（2018—2022 年）》；9 月，中共中央、国务院印发了《乡村振兴战略规划（2018—2022 年）》。"乡村振兴"战略的总体要求是要从产业、生态、文化、治理与民生五个维度来建设"产业兴旺、生态宜居、乡风文明、治理有效、生活富裕"的中国乡村。

"产业兴旺"——乡村振兴的物质基础。"乡村振兴"战略的经济目标是通过农业产业化，提高农业发展质量，培育乡村发展新动能，实现产业兴旺。"产业兴旺"是指构建具有现代性的产业结构体系。根据现代产业经济学的观点，"现代性"产业体系主要体现在"产业发展的联动性、战略性、区域互动性、科技创新性、合作开放性与民生导向性"①。这需要坚持质量兴农和绿色兴农的基本取向，以农业供给侧结构性改革为轴心，加快构建现代农业产业体系，实现农业设备、生产技术和经营方式的现代化，提升科技在农业中的应用广度与深度，促使传统农业生产模式从粗放化向集约化、产业化与规模化转变。基于我国农村产业结构性差、科技含量低、发展滞缓、民生不足的现实，"乡村振兴"战略在提升产业水平上的具体思路主要包括建设现代农业产业园和农业科技园，打造"一村一品"和"一县一业"的农业发展新格局，实现产业集约化与产业链的互补性；调整产业结构，促使农村一、二、三产业结构的均衡发展，实现农村产业发展由"单跑"转变为"多经济领域并跑"的战略引领；发挥地区资源禀赋与区域文化优势，打造特色小镇，如集农村休闲农业、乡村旅游精品与休闲养生等于一身的特色小镇，以提升农

---

① 唐龙. 产业体系的现代性特征和现代产业体系的架构与发展 [J]. 经济体制改革，2014（6）：92-96.

村产业结构水平。①

"生态宜居"——乡村振兴的关键。良好的生态环境是乡村特有的宝贵财富，必须尊重自然、顺应自然和保护自然，加快推进自然资本的高附加值，实现"农民富、生态美"的统一。随着时代的发展，人民对乡村的需求，是不仅要提供丰富、绿色和安全的农产品，而且要提供清新的空气、恬静秀美的田园风光等生态环境。满足这些需求，必须要推动乡村绿色发展，打造人与自然和谐共处的新格局。基于我国农村基础设施落后、环境污染和生态破坏严重等问题实际，"乡村振兴"战略浇灌"生态根"、追梦"强、富、美"的具体措施应主要包括加强对农村基础设施的优化和升级，让农村成为集"生活、生产和生态"于一身的综合体；统筹山水林湖草系统治理，守住生态保护红线；推行农业绿色发展，实现"投入品减量化""生产清洁化"和"产业模式生态化"；积极开发农业生态产品，创建集观光、体验、游憩、娱乐和食宿于一身的综合型农村旅游休闲模式，将乡村的绿水青山转化为农民的金山银山，加快自然资本增值。

"乡风文明"——乡村振兴的文化保障。文化是农村几千年发展历史所凝练的精华，是农村人与物质结合的外在体现，是乡风文明的"灵魂"。乡风文明是乡村良好社会风气、生活习俗、思维观念和行为方式等的总和，实质上就是农村精神文化建设。因此，要坚持以社会主义核心价值观为引领，物质文明和精神文明相结合，兴盛农村优秀文化，提升农民精神风貌，焕发乡村文明新气象。要改变我国农村传统文化衰落现状，破除封建迷信和婚丧嫁娶大操大办等陈规陋习，"乡村振兴"战略在乡风文明方面需要实施如下举措：一是加强农村思想建设，强化农民对社会主义核心价值的认同；二是传承和发展中国优秀传统文化，如农耕文化、非物质文化遗产和民俗文化，增加乡村文化新价值；三是加强农村公共文化建设，实现"文化活动人人参与、文

---

① 张军. 乡村价值定位与乡村振兴 [J]. 中国农村经济，2018（1）：2-10.

化产品送到身边、文化场馆免费开放、文化成果人人共享"；四是开展移风易俗活动，刹住赌博、大操大办和封建迷信活动，弘扬科学健康的文化风气。

"治理有效"——乡村振兴的基础。乡村治理是国家治理的基本单元，其治理的好坏不仅关系到国家政策在农村的实施效度，还关系到农村社会的繁荣稳定及农民切身利益的有效保障。党的十九大报告指出，实施"乡村振兴"战略，要建立健全"党委领导、政府负责、社会协同、公众参与、法治保障"的现代乡村治理体系，实现"以法治为保障、以德治为引领和以自治为核心"的差异化乡村治理，使农民真正成为乡村振兴的主体。在推进国家治理体系与治理能力现代化背景下，乡村治理依然面临"灰色化"困境，具体表现为乡村社会治理结构断层和以党为核心的政治引导功能弱化。因此，"乡村振兴"战略在乡村治理有效方面的具体策略主要包括：在乡村振兴过程中，坚持党的一元化领导，发挥党"服务至上"的理念、"给予者"的角色和"补短"的途径在基层中的价值引领作用；坚持村民自治，村庄领导通过以农民利益为核心、以乡村发展为基础和以回馈村庄为本质的道德力量，让村民更好地进行自我管理和自我教育，实现乡村治理有序、民主、高效；坚持以"礼治"为基础的传统制度和以"法治"为核心的现代制度相互融合，共同为乡村治理提供重要的制度支撑。

"生活富裕"——乡村振兴的落脚点。要振兴乡村，必须要实现农业强、农村美和农民富，其中农民富裕是根本。农民是乡村振兴的实施者、受益者和评价者，必须要充分调动农民群众的积极性、主动性和创造性，让亿万农民生活得更加幸福。生活富裕的着力点在于围绕农民群众最关心、最直接和最现实的利益问题，逐步解决，将乡村建设成为幸福美丽的新家园。基于农村教育薄弱、基础设施落后和社会保障体系不健全等实际问题，"乡村振兴"战略在农民生活富裕方面的具体战略主要包括：优先发展农村教育，提高农民文化素质；大力发展农村新产业新动态，以"粮头食尾、农头工尾"为抓手，以互联网为手段，创新农村产业发展，延伸农业产业链，提升农产品价值链，增加农民收入；加强农村基础设施升级，如公路、饮水、天然气和通信网络，实现城乡基础设施的互联互通；健全农村社会保障体系，如城乡居民医疗保险制度、农村养老制度以及留守儿童关爱服务体系等，增强农民群众的幸福感。

二、职业教育

研究农村职业教育自然离不开职业教育，所以有必要了解职业教育的内涵。职业教育是一个历史和动态的概念，它随着时代的发展而不断拥有新的含义。职业教育最早是德国的提法，在不同国家职业教育有不同的称呼，如美国的社区学院教育、法国的短期技术教育、日本的综合科教育等，而我国的职业教育历经学徒制、实业教育、百工教育和职业技术教育等称谓。20世纪90年代后期，因为《中华人民共和国职业教育法》的颁布，开始正式统一使用"职业教育"。

然而，由于国家体制、价值观和思想体系的不同，不同国家对职业教育的定义也有所不同。根据研究需要，本书只梳理国内学者对职业教育的定义。我国职业教育的奠基人黄炎培指出："凡用教育方法，使人人获得生活之供给和乐趣，并尽其对人群之任务，此种教育曰职业教育。"[1] 刘春生在《职业技术教育导论》一书中明确指出，"职业教育是在普通教育基础上，对潜在的广大劳动者进行专业知识、技能和操作能力的职前和职后培训，使劳动者经过训练成为具有一定职业精神、职业纪律，和熟练的专业技能，适应国民经济各领域就业岗位的需要，推动生产力的发展"[2]。张念宏在《教育学辞典》中，将职业教育定义为："给予学生从事某种职业所需要的知识和技能的教育。"[3] 1996年，第八届全国人大发布的《中华人民共和国职业教育法》规定

---

[1] 杨鄂联. 职业教育概要 [M]. 上海：世界书局出版社，1929：2.
[2] 刘春生. 职业技术教育导论 [M]. 吉林：吉林科学技术出版社，1989：45.
[3] 张念宏. 教育学辞典 [M]. 北京：北京出版社，1987：420.

职业教育是"对受教育者进行政治和职业道德上的教育,传授职业知识,培养职业技能,全面提高受教育者的素质。其主要有各类职业学校和各种职业培训两种形式"①。白永红在《中国职业教育》一书中指出,"职业教育是以满足市场需求和推动社会经济发展为目的,着重培养人们准备择业、选择就业和从事某种职业活动所需要的知识与技能"②。综上所述,本书所涉及的职业教育是一个广义的职业教育(大职业教育)概念,分为初等、中等和高等职业教育,它是针对社会经济发展需求,对受教育者和从业者施以某种职业所需要的专业知识、生产技能和职业道德的教育。

三、农村职业教育

农村职业教育的原型最早可追溯到19世纪末的杭州蚕学馆、湖北农务工艺学堂和广西农学堂。20世纪初,黄炎培先生在《中国职业教育须下三大决定》一文中首次提出了农村职业教育这一概念,但是这个概念是相对于城市职业教育而提出的,具有一定的片面性。迄今,农村职业教育概念的提出已有百余年,然而学术界对此依然没有一个统一的认识。学者们从不同角度对农村职业教育的概念做出了不同的解析,存在一定的争议。

根据研究需要,本研究着重梳理国内学者对农村职业教育概念的界定。王焕勋在《实用教育大辞典》一书中,将农村职业教育定义为:"适应农村发展需求,培养人们能够从事某种农村生产活动的一种专门化教育。"③ 滕纯认为,农村职业教育是:"我国县、所辖乡(镇)、村范围的各级各类教育活动。"④ 刘春生和刘永川(2005)认为,"从农村职业教育的功能来看,无论

---

① 何东昌. 中华人民共和国重要教育文献 1976—1997 [M]. 海口:海南出版社,1998:3986.
② 白永红. 中国职业教育 [M]. 北京:人民出版社,2011:39.
③ 王焕勋. 实用教育大辞典 [M]. 北京:北京师范大学出版社,1995:326.
④ 滕纯. 中国农村教育综合改革 [M]. 西安:陕西人民教育出版社,1998:6.

职业教育是否发生在农村，只要是服务于农村社会发展的就是农村职业教育"①。相反，许璟和卢曼萍（2008）认为，"从农村职业教育的发生区域来看，农村职业教育虽然是服务于农村地区，但是不一定是发生在农村，实际上，大部分农业中专院校都兴办于城市，因此，对于农村职业教育的概念，不应机械地认为只有农村地区的职业教育才是农村职业教育"②。有的学者从农村职业教育的教学内容出发，将农村职业教育等同于农业教育，如叶敬忠、吴惠芳和孟祥丹认为，农村职业教育是中国所有的农、林、牧、副、渔业等涉农大产业以及从事这些产业的农民的县或县所在区域的教育总和，但又着重强调是只有农民居住的乡村的教育。③ 而刘春生教授认为这种定义太狭隘了，他认为农村职业教育是指："在一定文化基础上，对农村待业人员进行种植、养殖、生产、运输和销售等方面的专业知识训练和职业技能培训。"④ 这种定义，既没有将农村职业教育局限于农村地区，也没有把农业困于第一产业，而是将农业拓展到第一、二、三产业。

综观以往的文献可以发现，学者们主要是从地域范围、教育内容和教育功能等方面来定义农村职业教育。笔者试图在以往学者给出的概念基础上，结合时代发展和"乡村振兴"战略的需求，为新时期农村职业教育赋予新的内涵。

首先，农村职业教育的地域性。虽然二元社会结构隶属于经济学范畴，但其概念所反映的是城乡区域的划分，因此，对农村职业教育概念的界定有一定的地域性。但是，农村职业教育不应单纯地强调"农村"这一行政区域，事实上，众多涉农院校都兴办在县级以上城市，而且县城是农村发展的中心，

① 刘春生，刘永川."三农"背景下农村职业教育内涵探析 [J]. 职教通讯，2015（9）：6.

② 许璟，卢曼萍. 农村职业教育的内涵、特征及战略定位研究 [J]. 科技经济市场，2008（12）：89.

③ 叶敬忠，吴惠芳，孟祥丹. 中国农村教育——反思发展主义的视角 [M]. 北京：社会科学文献出版社，2015：5.

④ 刘春生，王虹. 农村职业教育学 [M]. 北京：高等教育出版社，1992：1.

其拥有丰富的教育资源和良好的生活环境，更利于培养服务农村的人才。

其次，农村职业教育是为"农"的教育。农村职业教育的可持续发展离不开农村这块肥沃的土壤，为"三农"服务是农村职业教育的根本。因此，农村职业教育要以传统农民、返乡创业农民工及有志在农村干出一番天地的各类人员为教育对象，以现代农业生产技术、经营管理知识和职业资格培训为重点教学内容，着重培育新型职业农民。

最后，农村职业教育要树立"大教育"观。农村职业教育相较于城市职业教育，其教育对象、教育形式、教育内容和教育目的的丰富程度，都有过之而无不及。从教育层次来看，它有初级、中级和高级职业教育之分；从教育形式来看，它包括正规职业教育和非正规职业教育，正规职业教育主要是职业学校式教育，非正规职业教育主要是短期农业技术培训、农业讲座、成人继续教育等；从教育类型来看，它包括各种类型的职业教育、社区教育和社会培训。

四、新型职业农民

"新型职业农民"是一个与"传统农民"相比较的概念。"传统农民"是一种政治称谓，表明的是一种阶级属性，而"新型职业农民"更强调一种职业，它产生于由传统农业向现代农业转型的关键期，多指职业属性，与教师、公务员、医生、商人等职业相对应。它是农业产业化乃至现代化过程中必然出现的一种新的职业类型。新型职业农民是具有科学文化素质、掌握现代农业生产技能、具备一定的经营管理能力，以农业生产、经营或服务作为主要职业，以农业收入作为主要生活来源，居住在农村或集镇的农业从业人员。他们具有独立性、自主性、开放性和创造性等特点。其独立性表现为有独立的社会地位和职业特征，有平等的发展机会；其自主性表现为有自主选择职业和参与市场竞争的权利；其开放性表现为有志于从事农业生产、管理、经营的劳动者，既可以是本地人员，也可以是外地农民、城镇居民，可以自由流动；创造性则表现为在经营素质、科技知识、劳动技能、管理经验、资金投入等方面或某一方面具备良好的条件，在追求财富和建设现代农业过程中体现出创新精神、创业意识、创造性劳动，不断实现的社会价值和自我价值。

第七节　研究的主要内容与创新点

一、主要研究内容

本研究紧紧围绕"脱贫振兴与农村职业教育的关系"和"如何通过高质量发展农村职业教育培育新型职业农民更好地服务西南民族地区农村脱贫振兴"两个核心问题进行研究。从农村职业教育的属性特征和功能特性出发，通过透视农村职业教育发展轨迹，剖析其服务"三农"的价值目标，立足深入细致的西南民族地区"三农"问题现实情况调查，提出必须依托农村职业教育培育新型职业农民，同时创新农村职业教育发展方式提升服务效能实现"脱贫振兴"的新路径。

具体研究内容如下：

1. 农村"脱贫振兴"议题的历史渊源与内涵；

2. 农村职业教育服务脱贫振兴的理论基础与内在逻辑；

3. 农村职业教育服务"三农"的历史变迁、特征与价值取向；

4. 农村职业教育服务西南民族地区脱贫振兴的现实需求与矛盾；

5. 农村职业教育服务西南民族地区脱贫振兴新路径。

二、可能的创新点

总体上说，本研究体现了两方面的创新之处。

1. 紧扣"脱贫攻坚"与"乡村振兴"富有时代感的两大战略政策，突破传统扶贫和解决"三农"问题的思维模式，从分析农村职业教育服务"脱贫振兴"的独特功能与价值皈依出发，立足深入细致的西南民族地区农村、农业、农民问题现实情况调查，剖析西南民族地区贫困根源，提出通过发展农村职业教育，培育新型职业农民实现"脱贫振兴"的新构想。

2. 以"脱贫振兴"与农村职业教育的内在逻辑为主线，剖析"脱贫振兴"背景下农村职业教育发展，揭示其弊端，从宏观、中观和微观三个层面提出改革农村职业教育发展方式、增强服务效能的实现路径。

第二章

农村职业教育服务脱贫振兴的理论基础与内在逻辑

第一节　农村职业教育服务脱贫振兴的理论基础

一、人力资本理论

1950 年，美国经济学家西奥多·舒尔茨创立了人力资本理论，为提高社会生产效率开辟了一条新思路。人力资本是"投资于劳动者身上而生成的具有经济价值、能够直接带来价值增值的知识、技能和经验的总和"①。

20 世纪 60 年代，舒尔茨将人力资本理论与农村经济发展相结合，提出了以人力资本为核心的农村教育经济思想，对农村教育、农业现代化和农村经济发展起到了重要的指导作用。舒尔茨在《改造传统农业》一书中强调，"影响现代农业经济发展的主要因素已不再是土地、金钱和人口数量等物质资本，而是农业从业人员的知识、技能和职业素质，也就是人力资本"。

舒尔茨在《论人力资本投资》一书中提出，"人力资本是投资的产物，并不是先天赋予的，必须通过后天的投资才能获得，而且，教育是人力资本投

---

① 宋晓梧. 中国人力资源开发与就业 [M]. 北京：中国劳动出版社，1997：87-88.

资最有效的途径"①，这说明教育在人力资本积累的过程中发挥着重要作用，人力资本的质量取决于教育的质量。然而，长期以来，受我国城乡二元经济结构的影响，农村学校数量不足和质量低下已严重降低人力资本对农业增产和农民增收的功效，究其原因在于对农村学校的投资不足。这不仅在于政府，还在于农民的教育理念和投资观念，因此，政府要在教育经费投入和农业政策方面对农村地区适当地倾斜。要改变农民的教育理念和投资观念，让教育成为一种生产性投资，与农业经济和农民收入紧密结合，注重农民教育的工具性、特色性和价值性。如果农村教育不与农村发展计划相融合，那么"脱贫振兴"战略就难以实施，同时农村教育对"脱贫振兴"战略发展的推动作用也不能得到良好的体现。舒尔茨特别关注农村继续教育，他认为："对于那些忙于耕作而不能上正规学校的成年人来说，在农闲时期，开设短期培训班、教授先进的农业技术，以及举行不定期的农民教育会议，是非常有帮助的。"② 从直接收益的角度来说，农民文化教育程度的提升促使农业和农村经济增长，为现代化农业奠定物质基础。从间接收益的角度来看，农业和农村经济增长，农民收入提高，而且这种提高得益于教育，这会加强他们对子女教育的投资。

舒尔茨的人力资本理论强调人的知识、技能和职业道德素质对农村农业发展的重要作用。我国实施"脱贫振兴"战略，其首要解决的问题就是"人"。习近平总书记明确指出，要加强农村人力资本积累、提高农村人才质量，实现农村人才振兴，这不仅是实现"脱贫振兴"战略目标的重要支撑，还是农业、农村"造血"机制的构建过程，所以，要加强对农村人力资本的改造和投资，提升农村人力资本素质，稳固乡村振兴的成果。因此，我国实施"脱贫振兴"战略，应加大对农民教育、培训和医疗保健等人力资本的投资，利用农村职业教育提高农民的综合素质，实现农村美、农业强和农民富。

---

① 西奥多·W. 舒尔茨. 论人力资本投资［M］. 北京：北京经济学院出版社，1990：13.

② 西奥多·W. 舒尔茨. 改造传统农业［M］. 北京：商务印书馆，1987：146.

二、教育内外部关系规律

1980 年，高等教育学的创始人潘懋元先生首次提出教育内外部发展规律。教育内外部发展规律的提出，不仅弥补了高等教育学逻辑的理论空白，还为高等教育学的基本范式打下了坚实的基础。规律是事物本质或事物之间的内在联系，具有普遍性、客观性和稳定性。正如潘先生提出"规律无处不起作用，规律的应用是有条件的"①。所以，要充分理解教育内外部关系规律的理论内涵和对现代教育的价值应用，必先了解其产生的社会背景。

（一）"教育内外部关系规律"提出的背景

其一，教育界拨乱反正的需要。"文化大革命"时期我国教育领域受到了空前的重创。1978 年，党的十一届三中全会的胜利召开，实现了思想路线、政治路线和组织路线的拨乱反正，确立了以经济建设为中心，走改革开放的发展之路，使社会主义经济得到迅速发展。在此背景下，我国迫切需要通过教育来培养时代发展所需的人才，而发展教育事业，需要新的教育理论指导教育实践，进一步澄清教育的本质、目的和功能等诸多问题。

其二，教育实践的需要。《教育科学研究》作为我国教育理论界最权威的刊物，在 1979 年创刊之初就格外关注教育规律的研究，如余立先生的《根据实践是检验真理的唯一标准，探讨教育工作规律》和刘佛年先生的《三十年来我国对教育规律的探索》，皆发表在《教育科学研究》杂志上。这两篇文章的发表，迅速引起学者们对教育规律问题的重视，并在学界掀起了一场关于教育本质的深入研讨，主要的观点有四种。第一种认为教育是上层建筑；第二种认为教育是生产力；第三种认为教育是生产力和上层建筑的融合；第四种认为教育是一种社会实践活动。当时潘懋元先生也加入了那场研讨，他认为那次研讨的主题应是"教育的社会属性"而不是"教育的本质"。由此，

---

① 潘懋元. 教育基本规律及其在高等教育研究与实践中的运用 [J]. 上海高教研究，1997（2）：3-9.

潘懋元先生开始思考教育与社会的关系，即教育与经济、政治、文化的关系。为什么高等教育屡次失败？是因为教育脱离了社会生产活动，也就是违背客观规律。[①] 长期以来，"教育学被视为是研究教育现象及其规律的一门科学"，但是，教育规律的具体内容是什么？有多少条教育规律？这个问题一直困扰着教育学研究，使得教育学研究因缺少这一规律而变得不"科学"。

鉴于此，潘懋元先生开始以教育功能为切入点探究教育规律。教育作为连接人与社会的中介组织，其基本功能被归纳为两条，其一是促进人的发展，其二是推动社会的发展。基于此，潘懋元先生从教育功能出发，总结出教育的两条基本规律，即教育内外部规律。一方面，从教育内部来看，教育是培养人的活动；另一方面，从教育外部来看，教育是促进社会发展的活动。这一理论最早是潘懋元先生到湖南大学讲学时所提出的，它是当今教育内外部规律的原型。根据湖南大学教务处整理潘懋元先生的讲课录音，当时关于教育的两条基本规律表述如下：

教育的外部关系规律表述为，从教育在社会中承担的任务以及教育与政治、经济和文化的关系来看，教育必须通过培养全面发展的人为社会的发展服务，为社会主义政治、经济和文化发展服务。教育的内部关系规律是教育必须培养德、智、体、美、劳等全面发展的人。[②]

其后，1986 年，潘懋元先生在《高等教育学讲座》一书中对过去教育的外部规律进行适当的调整与完善，而教育的内部规律依然不变。关于教育的外部规律，潘懋元先生认为，"教育必须要与社会发展相适应，一方面，教育要为社会政治、经济和文化服务，另一方面，教育要受到社会政治、经济和文化的制约"[③]。到 20 世纪 90 年代，潘懋元先生的教育内外部关系规律的理论已发展成熟，为教育学的良好发展提供了一个新的理论基础，并被广大学

① 肖海涛，殷小平. 潘懋元教育口述史 [M]. 北京：北京师范大学出版社，2007：170.

② 潘懋元. 高等教育学及教育规律问题 [M]. 长沙：湖南大学出版社，1980：43.

③ 潘懋元. 高等教育学讲座 [M]. 上海：人民出版社，1986：34.

者引用到各种专著和学术论文之中，产生了深远影响。1985 年，党中央《关于教育体制改革的决定》中提出："教育必须为社会主义建设服务，社会主义建设必须依靠教育。"1993 年《中国教育改革和发展纲要》中提出："建立适应社会主义政治、经济和科技体制改革需要的教育体制，更好地为社会主义现代化建设服务。"这都是"教育内外部关系规律"的实质内容。

（二）"教育内外部关系规律"的理论内涵

"教育内外部关系规律"的理论主要包括三方面的内容。第一是教育的外部关系规律，即教育与社会发展关系的规律。第二是教育的内部关系规律，主要指教育与人发展关系的规律。第三，教育内外部规律的相互关系。因此，笔者拟从这三个方面对"教育内外部关系规律"的理论做一个全面深入的阐释。

1. 教育的内部关系规律

教育内部关系规律是教育内部诸要素之间关系与作用的总和。教育的根本目的是人的培养，培养全面发展的人，推动社会的进步。人的培养是一个复杂的过程，它涉及教育者、教育对象和教育影响等诸多要素，它们之间存在必然的关系与联系，共同提高教育的实施效度。对此，潘懋元先生从教育的培养目标、培养过程和人的全面发展三个层面来揭示教育的内部关系规律。第一是教育与教育对象的身心发展以及个性特征之间的关系，在教育过程中，要遵循学生身心发展的顺序性、阶段性、差异性及不均衡性等特点，对学生做到循序渐进和因材施教，引导学生的身心发展向预期的培养目标靠近。第二是人的全面发展教育与德育、智育、体育、美育及劳动技术教育之间的关系，它们之间相互联系、互为目的和手段，共同贯穿于人全面发展的教育全过程。第三是教育过程中诸要素如教育者、教育对象和教育影响之间的关系，在此过程中，要充分发挥学生的认知主体作用以及教师的主导作用，运用教育影响（如教科书、教学工具以及媒体），以获得最佳的教育效果。综观，在这三个教育内部关系之中，潘懋元先生认为，"人的全面发展教育与其组成部分之间的关系是教育内部关系规律的主要内容，即教育必须通过德育、智育、体育、美育以及劳动技术教育来促进学生的全面发展"。对此，要正确处理五育之间的关系，任何一种强调一育而忽视其他各育的发展，都是违反教育内部关系规律的。

2. 教育的外部关系规律

教育的外部关系规律主要指教育与社会关系的规律。教育作为一种社会实践活动，其与社会发展存在必然的关系，这种必然的关系就是规律。参照系统论的观点，社会是一个大系统，这种关系存在于系统内部，对于教育而言，这种关系是教育与社会其他子系统之间的关系，如生产力、政治经济制度、文化、人口以及科技等社会因素。简言之，教育的外部关系规律是"教育与社会发展相适应"，它包含两层含义，一是"起作用"，二是"受制约"。具体地说，生产力、政治制度和文化对教育产生显著的影响。首先，经济基础决定上层建筑，生产力的发展推动了教学组织形式、教育教学手段和方法的变革，但是，生产力制约着教育事业的规模、速度以及人才培养的质量。其次，政治制度决定着教育目的的性质和思想品德教育的内容，而教育为政治制度服务，为国家培养专门的人才。最后，文化以观念形态植根于人类的思想意识中，通过隐性的方式向人类输入世界观、人生观和价值观，影响着教育者以及受教育者的思想观念。此外，文化反映在教育目的和学生的培养目标上，间接制约着教材的选择、教学内容的设置以及教学活动组织的形式。同样，教育反作用于文化，即教育对文化起着选择、传递、保存以及创新等作用。

3. 教育内外部规律的关系

教育内外部规律的关系可以归纳为两点。一方面，教育外部规律制约着教育内部规律的运行；另一方面，教育的外部规律只能依靠教育内部规律来实现。可见，教育内外部规律是对立统一的，是一个整体。

教育是培养人的活动，人的培养需要遵循教育内部规律，但是，如果仅考虑教育的内部规律,那么,培养出来的人才就不能适应社会发展的需要,教育的社会效益和经济效益将会弱化。从这个层面来说,教育外部规律制约着教育内部规律的运行,而且专业设置、教材选择和培养目标的制定,需要参照社会发展的需求;同样,教育发展的速度、规模以及人才培养的规格也受到社会发展的制约。因此,人才的培养,不仅要遵循教育内部规律,还要考虑社会政治、经济和文化等外部因素。

三、科学发展观(和谐发展理论)

2003 年,胡锦涛同志在党的十六届三中全会上明确提出,坚持以人为本,按照统筹兼顾的方法,树立全面协调可持续的发展观,促进社会各项事业全面发展。从本质上讲,科学发展观是"回答新世纪我国现阶段要发展什么、为什么发展以及怎样发展的重大问题"。它是立足我国社会主义初级阶段的基本国情,借鉴国外发展的经验,适应新时期发展需求的重大战略思想。

胡锦涛同志在党的十七大报告中进一步明确了科学发展的内涵,即"科学发展观,第一要义是发展,核心是以人为本,基本要求是全面协调可持续,根本方法是统筹兼顾"①。

第一,科学发展观的第一要义:发展。对中国而言,在 2020 年全面建成小康社会和实现社会主义现代化,其关键在发展。只有靠发展,中国的综合国力才能显著增强,经济实力才能稳步提升,人民的生活质量和富裕程度才能不断提高。此外,科学发展观中强调的发展,不仅仅是单一方面的发展,还是政治、经济、文化和社会的全方位发展;不仅追求发展速度的"快",更追求发展质量和效益的"好"。对此,要着力把握发展规律,创新发展理念,转变发展方式,破解发展难题,提高发展质量和效益,实现又好又快发展,为中国特色社会主义奠定坚实的物质基础。

---

① 胡锦涛.第十七次全国代表大会上的报告[EB/OL].中国政府网,2007-10-24.

第二，科学发展观的核心：以人为本。胡锦涛同志认为："以人为本就是全心全意为人民服务，立党为公、执政为民，始终把最广大人民群众的根本利益摆在第一位，并且把实现好、维护好和发展好广大人民群众的根本利益作为发展的落脚点……坚持发展为了人民、发展依靠人民、发展成果由人民共享。"[①] 这说明广大人民群众既是发展的主体，也是发展的受益者。对此，在发展中坚持以人为本，一方面，要充分肯定人民群众在社会发展过程中的主体作用，真正让人民群众成为推动社会发展的"引擎"；另一方面，在发展过程中，要尊重人民、解放人民和塑造人民，促进人自由而全面地发展。

第三，科学发展观的根本要求：统筹兼顾。从科学发展观的整体内容来看，统筹是为了整合，兼顾是为了协调，统筹兼顾就是为了实现全面协调可持续的发展。所以，它要求我们要树立系统的观念，正确认识和处理好中国特色社会主义建设中的各种关系，如统筹国内国际两个大局、统筹国内发展和对外开放、统筹中央和地方关系、统筹经济社会发展、统筹区域发展、统筹人与自然和谐发展、统筹城乡发展、统筹个人利益和集体利益、局部利益和整体利益、当前利益和长远利益。综合各方面的利益，实现社会和谐发展。

第二节　农村职业教育服务脱贫振兴的内在逻辑

一、农村职业教育服务脱贫振兴的应然性

职业教育作为教育体系的重要组成部分，通过向劳动者传递职业知识、技术和技能，承担着为社会生产、流通、服务一线培养高素质社会劳动者的任务，对社会和个体的发展有着重要的价值。职业教育价值是指作为客体的

---

① 胡锦涛. 在新进中央委员会的委员、候补委员学习贯彻党的十七大精神研讨班上的讲话 [M]. 北京：党建读物出版社，2008：36.

职业教育现象的内在属性与作为社会实践主体的人的需要之间的一种特定的关系。与普通教育相比，职业教育与生产相结合更为紧密，更为直接、有效地提高劳动生产率，它可以通过提高劳动者的技术水平发展其智能，提高劳动者运用新技术、新设备、新工艺的能力，提升他们的生产技术革新和创新能力。就农村职业教育而言，它能培养有文化、懂技术、掌握现代农业生产技能、具备一定经营管理能力、从事农业生产经营或服务的农村劳动者服务"三农"，促进农村经济和社会发展。因此，农村职业教育对促进西南民族地区劳动者素质的提高，促进区域经济发展和农村脱贫振兴的重要价值不可小觑，也决定了其服务西南民族地区脱贫振兴的应然性。

（一）应然性之一：农村职业教育的社会服务价值

1. 解放和发展农村生产力

机器要靠人来掌握，科学技术要靠人来推广。所以说在生产力诸要素中，劳动力是最积极、最活跃的因素。马克思主义认为：劳动生产力是由多种情况决定的，其中包括劳动者的平均熟练程度、科学的发展水平和它在工艺上的应用程度、生产过程的社会结合、生产资料的规模和效能及自然条件。在此，马克思指出了人是劳动生产力中的重要因素。这里的人不是自然人，而是具有一定科学知识、生产经验和劳动技能，能够使用生产工具实现物质资料生产的社会人。在迈入 21 世纪的过程中，我国农村经济、社会结构发生了显著变化，科学技术在农业生产劳动过程中的地位及作用大大地提高了，不接受一定的职业教育和培训，不具备一定的农业知识、技能和职业素质，劳动者就很难适应现代经济、社会发展的需要。现代社会不但需要规模宏大的学术人才，而且也需要数以万计、具有较高文化知识、专业理论和劳动技能的初级和中级实用型专门人才。这对过去不接受职业教育，甚至文盲就能从事农业生产的传统观念提出了新的挑战。农村职业教育和训练的过程，就是使农村劳动力的规格、质量发生重大变化的过程，是使潜在的劳动力转变为现实劳动力的最直接、最有效的重要途径。从这个意义上说，农村职业教育是解放农村生产力的重要手段。纵观近代以来我国农村的发展过程，但凡农村职业教育发达的地区都是农村经济发展较好的地区。发展农村职业教育，需要以一定水平和规模的生产力发展为基础，而农村职业教育的发展又有助于农村生产力各要素的重新配置，两者在此达到了某种一致和统一。

农村职业教育不仅是农村解放生产力的重要手段，也是促进农村生产力发展的重要手段。发展生产最根本的是要提高劳动者的劳动生产率，而提高劳动生产率的关键，又在于全面提高劳动者的素质。马克思认为："要改变一般人的本性，使他获得一定劳动部门的技能和技巧，成为发达的和专门的劳动力，就要有一定的教育或训练。"① 农村职业教育为经济建设和社会发展所培养的各级各类专业技术人才，都是社会生产的直接参加者，他们专业知识的掌握程度、职业技能的熟练程度和生产组织管理才能的具备程度，以及职业道德修养与劳动态度等对提高劳动生产率有直接影响。西南民族地区农村经济、社会发展之所以落后于东部，其不可忽视的一个重要原因就是农村劳动力素质低下。纵观历史，西南民族地区基础教育一直未能得到较好的发展，中华人民共和国成立前普通基础教育的阶级性十分明显，加之经济落后的原因，西南民族地区文盲、半文盲率极高。普通基础教育的这种状况，从一个侧面也反映了职业教育发展水平，教育的落后决定了人口素质的低下。在这种状况下，通过发展农村职业教育，提高农村劳动力素质，把科学技术直接运用于农村生产实践，是促进西南民族地区脱贫振兴之捷径。

2. 服务区域经济，促进农村社会发展

20 世纪 50 年代，许多学者研究表明，教育对社会经济发展的作用是极大的。如美国经济学家舒尔茨对 1929—1958 年美国教育对经济发展的作用的研究表明：教育投资的收益率高达 17.3%，在此期间，美国国民收入增长额中的 33% 来源于教育。日本文部省研究认为，日本在 1930—1955 年国民收入增

---

① 中共中央马克思恩格斯列宁斯大林著作编译局. 马克思恩格斯全集（第 23 卷）[M].
北京：人民出版社，1972：195.

长中25%得益于国民受教育程度的提高；苏联学者研究也表明，在1940—1960年，苏联国民收入增长中有30%受益于教育。可见，教育对促进经济发展的作用是极大的。农村职业教育对社会经济发展的促进作用的主要表现有以下几点。首先，农村职业教育通过提高农村劳动力配置的效益促进农村经济社会发展。一定社会农村经济、农业生产由诸多不同的职业和岗位组成，并表现为不同的层次和类型。由于农民个体所处环境的不同，其表现出的职业能力、职业兴趣和喜好也有一定差异。农村职业教育可以将具有不同能力倾向、兴趣爱好的个体进行职业和岗位的引导，使其个性特征与社会需要紧密结合，发挥劳动者的潜能，提高劳动力的配置效益，从而促进经济发展。在现代社会中，社会职业结构日趋复杂，农村经济发展的途径和方式多种多样，对于贫困地区的群众来说，需要因人而异、因地制宜找准脱贫致富的方式和途径，需要通过农村职业教育对贫困群众有效地施加影响、合理地指导，将与其个人的能力、兴趣、爱好等相关的资源向他们倾斜、集中发力，提高农民的社会生产效率。其次，农村职业教育通过提高农民的劳动生产率促进农村经济发展。一是农村职业教育可以依照农民的实际需要，传授系统的技术知识，训练科学的生产技能，有计划循序渐进地开发农民的职业潜能，使其获得劳动所需知识、技能以及自我学习的能力，促进农民提高劳动生产率。二是通过农村职业教育塑造农民的政治观念、职业道德、专业思想，培养劳动者积极进取的劳动态度，提高劳动生产效率。而劳动生产率不仅取决于劳动者的技术水平、劳动态度、职业能力，还与组织的整体效率有关，农村职业教育能通过塑造农民的现代人格，实现劳动力的现代化，从而使农民能认同现代文化，适应现代管理，积极配合现代管理的实行，提高现代社会管理的效能。三是农村职业教育通过提高农民劳动生产率，进而促进传统农业向现代农业的转变，实现农村职业教育对社会经济的促进作用。

（二）应然性之二：农村职业教育的个体服务价值

1. 促进农民发展，提升农民素质

"脱贫振兴"是为了农民，更要依靠农民，关键是要实现农民的发展，提高农民素质。一方面农村职业教育对促进农民发展具有独特的价值。首先，职业教育是现实条件下实现农民持续发展的理想途径。现实的社会条件下，职业活动仍是现时代人类活动和交往的基本方式，社会分工是职业活动得以维系的基础。人们必须从属于一定的职业，通过职业发展达到人的发展是基本发展模式，农村职业教育能满足现代农民持续发展的需要，符合现代农民发展观。根据职业发展理论，职业发展在个人生活中是一个连续、长期的发展过程。萨帕认为一个人的职业发展要经历五个不同的连续阶段，每个人毕生都在为职业发展做着努力，因此，有必要将教育贯穿于每个社会成员的职业生涯，为每个社会成员的终身学习和发展创造条件。联合国教科文组织在1972年第18届大会通过的《关于技术和职业教育的建议（修订方案）》中也将职业教育涵盖了三个连续的阶段：职业入门教育即基础教育中的职业教育；职业准备教育即为就业做准备的职业教育；职业继续教育即作为继续教育的职业教育。职业教育成为跨越终生的、连续的体系。农村职业教育通过适当的形式和方法，可以帮助农民在一生中保持其掌握的专业理论知识和技能的连续性、适应性和前瞻性。其次，农村职业教育在一般发展基础上能满足农民的特殊发展需要。职业教育先驱黄炎培先生提出职业教育的目的是"谋个性之发展；为个人谋生之准备；为个人服务社会之准备；为国家及世界增进生产力之准备"①。可见，职业教育珍视人的个性和需要，注重人的劳动能力的提高、个性的发展。农村职业技术教育不仅可以通过不同的教育内容、形式，来顾及农民的差异、个性、能力，按照工种、专业实施教育，为他们提供发展的选择性，满足不同农民的需要，而且还能注重农民职业能力的培

---

① 黄炎培. 黄炎培教育文集：第三卷［M］. 北京：中国文史出版社，1994：216.

养，有利于农民学以致用。此外，多层次、多规格的办学形式可以满足农民不同水平、不同目的的发展需要。再次，农村职业教育能促进农民个体价值的实现。人生价值的大小取决于其在社会生活中事业的成败和对社会贡献的大小，农村职业教育以农民就业、立业、乐业为宗旨，是通向事业成功的必由之路和决定劳动能力大小之关键，它肩负着将"可能的农民"转变为"现实的农民"的任务，是农民通向事业成功的有效捷径。另一方面，农村职业教育对提高农民素质具有独特的价值。西南民族地区农村贫困与落后，固然由地理、历史、文化、传统等诸多因素交织影响而成，但不容置疑的是该地区农民受教育程度低下，劳动生产技能缺失，农民素质和生产效率不高是归因。农村职业教育可以通过提高农民劳动技术水平进而提高其劳动力质量，可以通过高质量的劳动增加农民的有形货币收入，还可以通过改变农民的生产、生活方式，破除传统陋习，培养敬业、爱业、乐于进取的职业情操，提高其综合素质——获得非货币形式的无形收入。因此，发展农村职业教育为弥补农民受教育程度不高、提升自身素质提供了良好的机会和可能，理应是实现西南民族地区"脱贫振兴"途径的最佳选择。

2. 满足农民个性化需求，促进农民谋业

农业现代化客观上催生农业产业和社会职业多样化。这客观上就对农民提出了谋业个性化要求。农村职业教育具有促进农民个性化的功能和属性。一是农村职业教育以丰富多彩的教育内容为满足农民个性化需求提供了可能。人的个性要得到充分、自由的发展的先决条件之一就是选择一个适合自己个性特点的职业，农村职业教育具备为差异性的人提供可选择内容的特点。二是农村职业教育实践性教学特点为农民个性的全面发展提供了有效保障。首先，实践是人个性形成的基本形式，而农村职业教育教学注重以农民亲身实践为基本方式和途径。虽然遗传和环境是影响和制约人的个性发展的重要因素，但它们能否发挥作用和发挥作用的程度的大小取决于人的实践水平。其次，实践性教学就是以个别指导为主要特征的教学形式，依据受教育者的个别差异对每位受教育者开展教学是实践性教学的显著特点。它的最大优点是能从每个受教育者的实际出发促进其个性在教学中得到充分发展。再次，农村职业教育的实践性教学有现场实验、参观、教学实习等多样化形式，使农民体脑皆用，获得全面发展，这有利于拓展他们的实践范围。此外，农民往往与周围的生活联系多，生产经验丰富，对社会各方面的理解深刻，其精神世界丰富，这更有利于促进他们个性的发展。

"就业是民生之本"，以就业为导向是职业教育的目的，也是实现人的发展的价值之所在，并推动着职业教育发展。我国职业教育先驱黄炎培先生早在1917年就将"为个人谋生之准备"作为职业教育的首要目的。职业是当今社会条件下农民在社会生存的需要和谋生的手段，更是农民脱贫致富的正当途径；谋求某种职业资格、获得某种职业能力不仅是农民得以生存的最重要基础，而且是农民发展、摆脱贫困、实现富裕、感受自身价值和获得社会认可的重要前提。《中共中央国务院关于打赢脱贫攻坚战的决定》中就要求，在当今实施"脱贫攻坚"和"乡村振兴"的两大战略实践中，要"以就业为导向，加大职业技能提升计划和贫困户教育培训工程实施力度，引导企业扶贫与职业教育相结合，鼓励职业院校和技工学校招收贫困家庭子女，确保贫困家庭劳动力至少掌握一门致富技能，实现靠技能脱贫"，而帮助农民谋业是农村职业教育最重要的价值之一。农村职业教育促进农民谋业的功能主要体现在两方面。一是农村职业教育是主要传授农业从业知识、培养农业职业能力的教育，它通过对农民进行农业生产、加工、销售等知识、能力、技能的教育和培训，让农民养成良好的职业道德、人格素质，学会学习，满足农民适应现代社会职业的需要，谋求合适的职业。二是农村职业教育通过对农民提供以职业信息、谋业知识传授、谋业技巧培养为主要任务的职业指导教育，让其了解自己和职业的价值，根据自己的条件和理想，选择自己的职业类型，学会职业生涯设计，实现人生理想。

二、农村职业教育服务脱贫振兴的必要性

所谓的必要性就是为达到某种目标，按照事物发展的规律所需要满足的条件和因素。"脱贫攻坚"与"乡村振兴"是新时代我国为实现中华民族伟大复兴和"两个一百年"奋斗目标而实施的"两大"战略。任何目标的达成和实现，除了雄心壮志和坚强决心，还不能离开有效方略的支持和各种有利条件的共同发力。因此，从现实角度来说，我们在进行农村职业教育服务脱贫振兴的逻辑分析时，不但要分析其"为什么可以是这样"的应然性，还要分析"为什么要这样"的必然性，二者共同构建问题的现实性与实践性。

（一）必要性之一：解决"三农"问题的必然要求

我国的贫困问题在某种意义上说就是"三农"问题，"三农"问题一直是制约我国，尤其是制约民族地区经济社会发展的大敌，是阻碍我国实现全面建成小康社会和建设富强民主文明和谐美丽的社会主义现代化强国的"两个一百年"目标的绊脚石。中华人民共和国成立以来，党和国家一直致力于"三农"问题的解决，尝试过把功夫下在给政策、给资金、上项目上，实施过改变山河面貌、加强基础设施建设、推动产业扶贫、实施移民搬迁等措施，但效果不尽如人意并没有彻底解决问题。因此，要着实解决"三农"问题，必须要树立科学的思维方式，探索切实的实践途径。

"脱贫攻坚"与"乡村振兴"两大战略理论是中国特色社会主义进入新时代解决"三农"问题的行动指南和重要抓手。2015年11月27日至28日，中央扶贫开发工作会议在北京召开，习近平总书记强调，消除贫困，改善民生，逐步实现共同富裕是社会主义的本质要求，是中国共产党的重要使命。全面建成小康社会是中国共产党对全国人民的庄严承诺，脱贫攻坚战的冲锋号已经吹响。立下愚公移山志，咬定目标，苦干实干，坚决打赢脱贫攻坚战，确保2020年所有贫困地区和贫困人口同全国人民一道迈入小康社会。会后，中共中央、国务院颁布了《中共中央国务院关于打赢脱贫攻坚战的决定》作

为指导当前和今后一个时期脱贫攻坚的纲要性文件，提出了脱贫攻坚战的总目标："到 2020 年，稳定实现农村贫困人口不愁吃、不愁穿，义务教育、基本医疗和住房安全有保障。实现贫困地区农民人均可支配收入增长幅度高于全国平均水平，基本公共服务主要领域指标接近全国平均水平。确保我国现行标准下农村贫困人口实现脱贫，贫困县全部摘帽，解决区域性整体贫困。"① 其基本原则和实施方略中要求，"创新扶贫开发模式，由偏重'输血'向注重'造血'转变"，"着力加强教育脱贫，加快实施教育扶贫工程，加大职业技能提升计划和贫困户教育培训工程实施力度，引导企业扶贫与职业教育相结合"。可见，脱贫攻坚战略中，要将解决贫困地区"三农"问题作为攻坚克难的主要任务，将发展农村职业教育作为重要抓手。

为更好地解决好"三农"问题，在对中国特色社会主义进入新时代和社会主要矛盾转化做出的重大研判的基础上，2017 年习近平同志在十九大报告中强调，"农业农村农民问题是关系国计民生的根本性问题，必须始终把解决好'三农'问题作为全党工作的重中之重，要实施乡村振兴战略"。2018 年 9 月，中共中央、国务院印发的《乡村振兴战略规划（2018—2022 年）》指出："乡村兴则国家兴，乡村衰则国家衰，全面建成小康社会和全面建设社会主义现代化强国，最艰巨最繁重的任务在农村，最广泛、最深厚的基础在农村、最大的潜力和后劲也在农村。实施乡村振兴战略是解决新时代我国社会主要矛盾、实现'两个一百年'奋斗目标和中华民族伟大复兴中国梦的必然要求。"可以说，乡村振兴的本质就是要通过"强化乡村振兴人才支撑，全面建立职业农民制度，培养新一代爱农业、懂技术、善经营的新型职业农民，优化农业从业者结构，实施新型职业农民培育工程，支持新型职业农民通过弹性学制参加中高等农业职业教育，加强农村专业人才队伍建设，加大'三农'领域实用专业人才培育力度，按照农村农业优先发展，产业兴旺、生态

---

① 中共中央国务院关于打赢脱贫攻坚战的决定［EB/OL］. 中国政府网，2015-12-07.

宜居、乡风文明、治理有效、生活富裕"① 等措施来解决"三农"问题。实施乡村振兴战略，必须解决人才瓶颈制约，把人力资本开发放在首要位置，畅通智力、技术、管理下乡通道，造就更多乡土人才，这就要求必须大力发展农村职业教育。

（二）必要性之二：西南民族地区现实情况的客观要求

长期以来，在计划经济体制下形成的计划经济模式，抑制了生产者和经营者的积极性与创造性。随着改革开放的深入发展，计划经济模式下的分配格局受到巨大冲击，地区之间、行业之间，乃至个人之间的收入差距日益加大。随着西南民族地区"工业化、城镇化"步伐的加速，农村劳动力源源不断地流入城镇，"由于农村劳动力转移的无序和转移农民缺乏生存技能，以及产业结构的调整导致的结构性失业，在城镇化和现代化过程中，农村和城镇往往不可避免地产生一部分贫困人口"②。这就造成了城镇化进程中农村贫困问题的加剧，城乡贫富差距扩大，农村贫困人口增加。这种贫困问题的根源却被表面上分配不公所掩盖，其实质上是受教育的程度和差异所致，而受教育的程度差异又决定了个人的就业能力和机遇的差异，从而决定了收入的差异。当然，这种差异在一定幅度内的合理存在，有利于调动各个利益主体的主动性。但是，差异性只能作为调节市场经济的手段，实现脱贫致富、共同富裕、营造和谐社会才是社会主义市场经济的价值目标。在当前条件下，要消除西南民族地区农村和中部、东部地区的贫富差距，实现共同富裕，不仅需要党和政府的政策支持、资金帮助，更需要提高和扩大农民受教育的程度和范围，特别是要找准教育与农民收入的最佳切合点——发展农村职业教育。

通过对西南民族地区某村调查发现：该村有住户 65 户，有劳动力 146 人，其中男劳力 92 人，女劳力 54 人，该村村民大多仅有小学文化程度，主

---

① 中共中央国务院印发《乡村振兴战略规划（2018—2022 年）》［EB/OL］. 中国政府网，2018-09-26.

② 曹晔 . 城镇化与职业教育发展［J］. 职业技术教育，2010（10）：5-9.

要从事传统农业生产，经济入不敷出；具有初中文化程度以上者47人中，1人做个体医生，2人开小卖部，2人开办打米厂；有部分在家乡附近从事有少许技术性的房屋装修等工作；另一部分外出打工，从事技术性较强的工作和机械操作工作，经济状况相对宽裕，大多盖有新房屋。上述情况表明：在西南民族地区，除了少数靠非法手段暴富者之外，经济相对宽裕者大多是有一定文化，拥有一技之长者，他们或手工，或行医，或贩运（买卖），或务农。随着西南经济体制改革深化，工业化、城镇化步伐的加快，有一技之长者获得了广阔的发展空间。相比之下，那些生活拮据、温饱问题至今尚未解决的困难户、特困户，除了天灾人祸等偶然因素外，大多是把全部生计寄托在传统的农牧业生产上，且无手艺、无特长。现实证明，要使后者能尽快富裕起来，靠救济、靠扶贫只能暂时解决眼前困难，并不能从根本上解决问题。历史也在告诫我们，历届王朝政府屡屡为西南民族地区特拨赈济粮款，但均不能根除返贫现象的再次发生。要从根本上斩断"穷根"，就应该从实际出发，因地制宜地对群众进行实用技术知识和技能的培训，使群众能够人人掌握一门实用专业知识或技能，或至少每家每户掌握一门实用专业知识、技能，只有如此，才能脱贫有望、致富有路。因此，我们必须理性看待西南民族地区经济、社会发展的诸多特殊要素，要逐步缩小其与中东部地区发展的差距，必须从提高劳动力素质和促进科技进步入手，大力发展农村职业教育，从实施基础性人才工程开始，打造过硬的"软"实力，扎扎实实地为今后持续发展夯实基础。

（三）必要性之三：转变经济发展方式的需要

首先，随着脱贫攻坚战纵深推进和乡村振兴战略的加速实施，西南民族地区在调整产业结构、加速经济增长、转变经济发展方式为特征的经济发展思路指引下，与任何一个历史时期相比，其经济发展都可谓高歌猛进。西南民族地区经济的快速发展，为地区职业教育的发展创造了良好的条件。现代经济学原理表明，现代经济发展的客观基础和条件是科技进步与劳动力素质的普遍提高。实践也证明，科技进步与劳动力素质提高之间存在着内在的相互依存关系，即以科技进步为先导、劳动力素质提高为基础。经济发展如果能建立在这样的基础上，经济与科技、经济与教育之间的良性循环机制也就形成了。但是，我们对西南民族地区近年来的农村职业教育情况进行考察，发现西南民族地区农村劳动力素质偏低，科技投入及推广严重不足，技能和技术培训往往流于形式，学习内容往往脱离实际。从云南省大理市某村的调查获悉，这里交通相对便利，经济相对发达，村民大多从事非传统农业生产，或经商，或从事建筑、装修、养殖等，当问及他们的主要困惑时，几乎不约而同地回答："我们没（得）文化，不懂哪样子技术，要是有文化、懂技术那就赚得到钱，现在做啥子（什么）都要有文化、懂技术哦，我们要有技术就好了。"从乡亲们的肺腑之言中可见他们对知识、技术的渴望。该地区，接受过实用专业知识、技术培训者甚少是不争的事实，而且这种状况与其边远及落后程度成正比。因此，劳动力素质，特别是劳动力的劳动技能的提高是影响西南民族地区农村职业教育发展的重要因素。

其次，改革开放以来，西南民族地区农牧民摆脱了单一的生产方式，其生活方式、价值追求等方面发生了历史性的变化。沿海省份的发展成就启示我们，西南民族地区的经济发展也应当致力于生产方式的转变。当前，西南省份作为确定承接东部沿海省份产业结构转移的"后花园"，其民族地区更是脱贫攻坚的主战场，各个省也相继制定了相应的发展目标及发展策略，并以乡村振兴战略的实施作为脱贫攻坚的巩固战，带动了整个西南民族地区经济及社会发展。当然，这样的发展受制于多重因素。但就人的因素而言主要有两点。一是有能人。所谓有能人，是指熟悉市场经济，有相当的经营、管理及组织生产能力者和能够充分利用市场经济所提供的一切现实的或可能的发展条件为己所用者。二是有一支具有初、中级实用专业知识、技能的劳动力队伍。这支队伍的存在是经济社会得以发展的基石。就西南民族地区的实际来看，有些地方历史上曾是中华民族的摇篮之一，悠久的历史文化、良好的人文环境孕育了强悍的西南人，其中不乏英雄豪杰，也不乏"能人"。但从劳动队伍整体的素质来看，情形难以令人乐观。其标志在于接受过初、中级实用专业知识、技能培训者占劳动力队伍的比重小，能够真正采用区别于简单体力劳动的生产方式者为数不多。在发展方式转变过程中，急需的"能人"可以通过引进等方式从其他地区获得，但数量庞大的，具有初、中级实用知识、技能的劳动力队伍却无法从外部引进，只能就地取材、就地用人。这支队伍的存在与否是西南民族地区经济发展方式能否转变、经济社会能否得到长足发展的关键，因此，发展农村职业教育培养"用得着、留得住"的农村实用人才助推西南民族地区"脱贫振兴"刻不容缓。

第三章

农村职业教育服务"三农"历程回顾

中华人民共和国成立以来，国家出台了很多促进农村职业教育发展的政策和文件，使农村职业教育取得诸多傲人的成绩。但是，中华人民共和国成立以来农村职业教育发展并不是一帆风顺的，其间也有过曲折和艰辛，其历史经验对新时期农村职业教育发展是一笔宝贵的财富。

对于农村职业教育的历史变迁，我国理论界多从横向和纵向两个方面来探讨农村职业教育的历史演进。横向方面，主要从农村职业教育的具体内容上来划分，如农村职业教育的政策、办学模式和价值取向等方面；纵向方面，主要以时间为顺序来对农村职业教育的历史进行划分。而本书拟从时间顺序和价值取向两个维度来对中华人民共和国成立以来农村职业教育的发展历程进行梳理，为当今农村职业教育实现自身价值与自身改革和可持续发展提供重要的借鉴与经验。

第一节 以农业发展为中心的农村职业教育（1949—1977）

中华人民共和国成立至改革开放的 28 年间，国家以改造、重建和稳固为建国的基本方针，重点突出工农关系的调整和意识形态的改变，促进农村全面发展，农业增收，农民生活改善。在计划经济体制下，国家越来越重视农村建设，如土地革命、对手工业进行社会主义改造、设立农业合作社以及创建农业中学等，而农村职业教育作为一种面向农村地区的技能性教育，也逐步进入国家的视野中。农村职业教育主要由农业中等专业技术教育、农村职业学校教育以及农民技术教育三个部分组成。在此期间，农村职业教育与当时国家政治经济紧密相连，农村职业教育的发展几经波折，其主要分为三个阶段，即社会主义改造时期（1949—1956 年）、全面建设社会主义时期（1957—1965 年）和"文化大革命"时期（1966—1977 年）。

一、社会主义改造时期的农村职业教育（1949—1956 年）

社会主义改造时期，我国农村职业教育主要以一种非正规的形式——"学徒制"和农业中等专业技术教育存在。学徒制，这种民间自发的职业教育形式主要是对农村手工业的传承。在农村合作化之前，除了农业，我国农村的主要产业就是手工业，手工业蕴含了几代人辛勤劳作的生产经验，丰富了农民的物质生活。国家非常重视对手工业的保护和改造，并通过各种政策来规范手工业生产技术的传统学习方式——学徒制，以保障师徒双方的利益，改善农民的生活水平。1949 年《中华全国总工会关于劳资关系暂行处理办法》和 1952 年《在私营企业工会工作会议上的总结报告》分别对学徒的工资标准、应尽的义务以及学徒出师年龄做出了明确规定。1953 年《中共中央关于重视手工业的指示》强调某些手工业发展的价值，并指出，目前农民生产资料的 80% 都是依靠手工业供应的，因此在农业使用手工工具尚未结束之前，必须要重视手工业。①

中华人民共和国成立之后，国家依然重视职业教育的发展。1949 年的《中国人民政治协商会议共同纲领》中指出："加强中等教育和高等教育的同时必须注重技术教育。"此外，国家接收、整顿和改造旧的职业技术学校，根

① 中共中央文献研究室．建国以来重要文献选编（4）［M］．北京：中央文献出版社，1996：122.

据国家建设需要和借鉴苏联的教育经验，将接管的职业技术学校整合到各类中等职业学校，并逐步形成以中等职业技术学校为中心的农村职业教育系统。

中华人民共和国成立之初，百废待兴，全国各项事业正在全面展开，迫切需要社会各界的精英人才，但人才供应严重不足。因此，在党的领导下，国家大力发展高等教育、职业教育及义务教育，甚至开展各种扫盲培训班，以期满足国家建设和社会各行各业对人才的需求。1949 年，第一次全国教育工作会议指出"为了恢复和发展经济的需要，要着重发展中等技术学校"。1951 年，第一次全国中等技术教育会议再次强调"从国家建设的需要出发，整顿和积极发展中等技术教育，并大力举办各种各样的技术培训班"。同年 10 月，政务院公布的《关于改革学制的决定》中明确提出，中等专业学校隶属于中等教育，并将中等教育进行了精细的划分，横向上主要包括技术学校、师范学校、医药学校等中等专业学校，纵向上分为初级和中级，学制上由全日制、短期训练班和技术补习班共同构成。① 1952 年政务院颁布的《关于整顿和发展中等技术教育的指示》提出"培养初级和中级的技术人才是中等技术学校的当务之急"。这类学校一般由县级以上教育部门或相关业务部门主办，毕业生就业由国家统一分配，主要培养各行各业的技术人才和管理干部。1954 年政务院颁布《关于改进中等专业教育的决定》，对各类中等专业学校的学制做了具体的规定，"工业的 3—4 年，农、林、医药的 3 年，经济的 2—3 年"。后来，农业部以苏联的农业中等职业技术学校为蓝本，制订了农业中等专业技术学校的教学计划，正式拉开了我国农业中等专业教育按照国家统一的教学标准来培养农业技术人才和管理干部的序幕。

但是，随着我国农业合作化的日益壮大，农业技术人才和管理干部严重短缺，直接影响到农业合作化的实施效度。国家也充分认识到中等专业技术教育服务农业发展的重要性，在 1955 年党中央制定的第一个五年计划中明确

---

① 中共中央文献研究室. 建国以来重要文献选编（2）［M］. 北京：中央文献出版社，1996：391.

提出:"五年内,中等专业教育要配合农业合作化运动的开展,着重培养农业的技术干部和管理干部。"① 通过正规形式的农业中等专业技术教育来培养农业发展所需的人才正式被提出。

综观,1949—1957 年,在国家一系列中等职业技术教育的政策引导下,我国农业中等职业技术教育在学校数量、学生和教师人数上实现了空前的发展。从学校数量上,1950 年我国农业类中等职业技术学校为 107 所,到 1957 年农业职业技术学校增长至 173 所。从学生数量来看,1949 年农林科的学生数为 21696 人,到 1957 年增长至 99133 人,8 年中增长了近 4 倍。从专任教师人数来看,1952 年中等农业类职业学校的专任教师有 3957 人,到 1957 年增长至 7832 人,5 年中翻了一番。

二、全面建设社会主义时期的农村职业教育 (1957—1965 年)

全面建设社会主义的十年,受国家宏观政策的影响,我国农村职业教育从大力提倡到调整稳固发展,其发展过程也曾出现过断裂。在社会主义过渡时期,我国农业合作化已初步完成,下一阶段的任务就是巩固全国范围内的农业合作社,发展农业生产力,助推我国社会主义工业化,提升全体农民的生活水平。1957—1966 年,我国农村职业教育的形式主要包括农业技术推广机构、民办农业中学和半工(农)半读学校。

首先,建立农业技术推广机构。1956 年国务院颁布的《全国农业发展纲要(草案)》明确提出:"据各地区需要和社会条件,建立农业科学研究工作和技术指导工作的机构,例如,农业科学院,区域性的和专业性的农业科学研究所,省农业试验站,县示范繁殖农场和农业技术服务站等,使农业科学研究工作更好地为发展农业生产服务。同时,以农场和农业合作社为实训基地,在 12 年内,将具有生产经验和一定文化程度的农民,培养成为农业合

---

① 中共中央文献研究室. 建国以来重要文献选编(6)［M］. 北京:中央文献出版社,1993:530.

作社所需的初级和中级技术人才，以适应合作经济发展的需要。"① 据统计，
截至 1959 年 12 月，全国县级农业研究所共有 771 个，7300 余人；人民公社
级的研究所或试验基地有 7690 个，38000 余人。② 以农业合作社为基础、以
各种农业样本田为试验基地的农业科学研究所已遍布全国。1963 年，国务院
在批转谭震林、聂荣臻《关于全国农业科学技术工作会议的报告》中明确提
出农业技术干部必须要尽快归队，以充实农业生产、研究和推广普及的技术
力量，而且，农业技术研究和推广普及的经费在农业总投资中的比例要显著
增加，并要做到专款专用。③

其次，民办农业中学。农业中学最早创办于江苏省。1958 年 4 月，党中
央批准了江苏省委《关于民办农业中学问题的报告》，并指出农业中学的目的
在于把大量的高小毕业生和社会上具有同等教育程度的青少年培育成为初级
的农业技术人才。随后，在全国第四次教育行政会议上，教育部明确要求
"大力举办农业中学、工业中学和手工业中学"④。在中央和地方政府的高度
重视下，1958 年农村中学在全国范围内迅速发展起来，江苏、浙江、河南、
福建和辽宁等省先后兴办了大量的农业中学。据统计，1958 年全国共创办了
2 万余所农业中学，招收学生高达 200 万人，1958 年学校数量增长至 22302
所，1959 年又增长至 22597 所，在校生共 230.2 万人。⑤ 但是，农业中学蓬
勃发展的背后也存在一些问题，如数量过多、质量差以及增加农民生活负担
等问题，对此，党中央开始注意并着手解决"大跃进"和"人民公社"中
"左"倾错误遗留在农村中学上的问题，而且决定对国民经济实行"调整、巩

---

① 中共中央文献研究室.建国以来重要文献选编（13）[M].北京：中央文献出版社，
　 1996：53.
② 中国教育年鉴编辑部.中国教育年鉴（1949—1981）[M].北京：中国大百科全书出版
　 社，1984：191.
③ 中国教育年鉴编辑部.中国教育年鉴（1949—1981）[M].北京：中国大百科全书出版
　 社，1984：182.
④ 刘英杰.中国教育大事典（1949—1990）（上）[M].杭州：浙江教育出版社，1993：22.
⑤ 何东昌.中华人民共和国重要教育文献（1976—1997）[M].海口：海南出版社，
　 1998：1359.

固、充实、提高"的方针。同时,中央文教小组在《关于1961年和今后一个时期文化教育工作安排的计划》中提出:"当前文化教育必须要认真贯彻这八字方针,并以此为指导思想。"1961年8月,教育部发布《全国高等学校及中等学校调整工作会议纪要》,指出:"高等学校和中等学校要缩短战线、压缩规模、合理布局,集中力量提高办学质量。"截至1963年,农、职业中学由1959年的22597所减少到4303所,在校学生数由230.2万人减少到30.8万人,而农业中学的质量得到空前的提高。此后,随着我国农业生产形势的好转,对农业技术人员的需求不断增加,国家开始逐步恢复和发展农业中学。1963年中央在《关于调整初级中学和加强农业、工业技术教育的初步意见(草稿)》中明确提出:"过去几年停办或合并的一些相关农业技术学校,应积极恢复。"在各省、市、县及乡镇中,应根据各地村情、民情和农情的具体情况,大力举办为农业生产服务的各种技术类学校。

在1956—1966年,虽然农业中学经历了三次大规模的发展与两次整顿调整的曲折历程,但是,这对农村职业教育的发展来说是有益的探索。

最后,半工(农)半读的学校。半工(农)半读学校的提出实际上是源于"大跃进"运动,是为了普及教育的理想和改革教育与劳动生产相脱离的弊端、缓和教育发展与农业劳动力不足的矛盾,以及解决教育经费不足等问题。对此,1958年刘少奇提出了"两种教育制度",第一种是全日制的教育制度和八小时的劳动制度,第二种是半工半读的教育制度和劳动制度。这种教育制度打破了全日制单一劳动或教育的两极化局面,一方面满足学生升学的需求,另一方面,学生在劳动教育中学习更多的生产技能。此外,学生或劳动者可以一边学习一边挣工分,这样解决了国家教育经费不足的问题。经过六年的实验和推广,两种教育制度取得了可喜的成绩,据统计,1964年全国中等职业学校招收"半工半读"的学生有17700余人,占总招生人数的63%。[①] 对此,1964年中共中央在《关于发展半工(农)半读教育制度问题

---

① 中共中央文献研究室. 建国以来重要文献选编(19)[M]. 北京:中央文献出版社,1998:39.

的批示》中指出："半工半读学校、半农半读学校是今后教育的发展方向。"这表明两种教育制度是符合当时中国国情的，应大力提倡和引导。此类学校采取了半工（农）半读的教学组织形式，不仅推广了农业技术，还为农村培养了大量的实用性人才。在教学时间的安排上，实行弹性化教学，注重和农时结合，农忙时少学，农闲时多学，解决农民生产劳动与学习时间的冲突，推动教育在农村的普及化，提高农民的文化素质。在经费来源上，主要来源于政府统筹和群众自办，农民办学，不仅调动了农民自身学习的积极性，还解决了我国教育经费不足的问题。但是，这种"半工（农）半读"的教育制度在"文化大革命"被批判为"修正主义"，随后半工（农）半读类学校全部被撤销。

三、"文化大革命"时期的农村职业教育（1966—1977 年）

1966—1977 年时值"文化大革命"。这一时期，我国教育事业遭受严重破坏，"两种教育制度"被批判是资本主义的教育制度，但是，也发展了属于这一特殊时代的"农村职业教育"，如开门办学、厂校结合式的农村职业教育，学校上山下乡、"短期培训+实践"式的农村职业教育。

一方面，以"五七公社"为典型的厂校结合式的农村职业教育。"四人帮"在祸国殃民的同时，也将魔爪伸向了教育领域，对教育进行了大革命。在"封资修"的口号下，教育大革命主要包括教育体制、教育内容和教育方法等方面的变革，其中以同济大学提出的"五七公社"学校改革方案最具代表性。"五七公社"是指将学校改造成生产、教育和设计（包括科研）的"三位一体"结构，这种结构在体制上被称为是"学校办工厂，工厂办学校"的综合体。但是，为了保证教育、生产和设计的顺利开展，体制以小为宜，如"一个机械厂+一个机械专业+一个设计室"组成的一个机械公社。到1971年"五七公社"的体制逐步发展成为开门办学、厂校挂钩、校办工厂、厂带专业，教学、科研和生产相结合的新体制，并将大学办到社会中去。① 在教学内容上，"五七公社"主要由思想政治教育和生产技术教育两部分组成，思想政治教育的主要内容包括批判剥削阶级和资产阶级的教育思想，学习无产阶级的新教育制度，以及重点学习"红色"课本，提高广大民众的政治思想觉悟。生产技术教育方面，"五七公社"将工厂和农田作为生产技术教育的教学场所，使教学与生产劳动相结合，同时将课堂交给经验丰富的生产劳动者。在师生关系上，学生以学为主，兼学文、工、农、军，教师、工人、农民和学生一起生活，一起参加生产劳动，共同接受教育（教师教他们学文化，工人教他们学专业，农民教他们生产）。在学校领导管理制度上，"五七公社"实行党委集体领导下的社长负责制，同时建立以工宣队、驻校解放军和革命师生组成的教育革命领导小组，共同监督和管理学校。1968 年在中央发布的《关于派工人宣传队进学校的通知》中明确提出："工人宣传队作为无产阶级的代表，承担学校教育的监督管理工作。"另外，毛泽东同志还倡导工人宣传队要长期驻扎在学校，参加学校"批斗改"工作，要一直领导和监督学校。

另一方面是学校上山下乡、"短训+实践"模式的农村职业教育。这种模式主要应用于医学、农学和艺术教育方面，以"赤脚医生"的培养和朝阳农学院为代表。1965 年毛泽东同志提出"应将医疗卫生教育工作的重点放在农村"，此后，半农半医的"赤脚医生"培养在全国范围内全面展开，培养主要采取短训或学徒制的教学模式，在教学内容上，以专业教育结合思想政治教育，同时缩短学制，截至 1974 年，我国农村的"赤脚医生"已达 100 余万人，卫生员有 300 多万人。②

朝阳农学院是原沈阳农学院上山下乡时在朝阳与当地的农科所于 1969 年合并构建的。朝阳农学院因独特的办学方式在全国闻名，具体地说：学生

---

① 郑谦，张化. 毛泽东时代的中国（3）［M］. 北京：中共党史出版社，2003：184-185.

② 有林. 中华人民共和国国史通鉴（3）（1966—1976）［M］. 北京：红旗出版社，1993：1115.

"社来社去"，毕业后继续当农民，挣工分；依据当地农业生产的难题来进行教学，弹性化学习时间，即通过"几上几下"，每年分批组织学生参加农业生产活动。1974年，国务院联合农业部、辽宁省委共同号召学习朝阳农学院的办学经验，"各级教育部门的领导机关和各级学校都应学习和研究朝农办学经验"①。会后，在全国范围内掀起了一股学习朝农办学经验的热潮。

第二节 以农村经济全面发展为中心的农村
职业教育 （1978—2002）

"文化大革命"结束后，1978年以十一届三中全会的胜利召开为标志，我国开始走上了一个全新的历史征程，实现了党思想路线、政治路线、组织路线，以及对过去重大历史是非事件的拨乱反正，并实行了改革开放政策，将党和国家今后的工作重点转移到社会主义现代化建设上来。改革开放主要包含对内改革和对外开放两层含义，而我国对内改革最先从农村改革入手，以家庭联产承包责任制为标志，正式揭开中国对内改革的序幕。随着农村实施家庭联产承包责任制，农村的生产力得到解放，农村的第二、三产业也逐步发展。因此，农村产业结构的多元化不仅要求农村职业教育要为农业发展培养技术人员，还要为农村经济的全面发展提供各种人才。所以，这一时期，农村职业教育发展的目标在于服务农村经济全面发展。

一、"拨乱反正"时期的农村职业教育 （1978—1984年）

在1978—1984年，党中央采取了两种措施来恢复农村职业教育，一方面通过恢复中等职业教育来扩大农村中等职业教育的规模；另一方面开办多种

---

① 有林. 中华人民共和国国史通鉴 (3) (1966—1976) [M]. 北京：红旗出版社，1993：1137.

形式的农村职业教育，提高农村职业教育的办学影响力。在 1985—1991 年，党中央通过大力发展农民技术教育、完善教育体制、调整教育结构、改变教学内容和方法等措施对农村职业教育进行综合改革，满足农村经济快速发展对高素质农民的需求。

（一）恢复中等职业教育，扩大农村中等职业教育规模

改革之初，为了解决中等职业教育贫瘠和结构单一的问题，使教育事业与国民经济发展相适应，国家制定了一系列的政策法规来提高农村中等职业教育在职业教育中的比例。1978 年 4 月，在全国教育会议上，邓小平同志指出："为了使教育事业更好地服务于国民经济，应考虑各级各类学校发展的比例，特别是扩大农业中学、各种中等专业学校以及技工学校的比例。"① 同年7 月，国务院批转《刘西尧同志在全国教育工作会议上的报告和总结》指出："为了使教育更加适应现代化城乡经济发展，要在调整、整顿、提高普通高中的同时，大力发展和办好各种形式的农业中学、中等专业学校和技工学校，提高这些学校在整个中等教育中的比重。"② 1979 年中共中央颁布《关于加快农业发展问题的决定（草案）》，指出："要根据农村区域规划，要办好农业技术学校。"同年 6 月，党和国家领导人在第二届全国代表大会第二次会议上明确提出："应建设社会主义的多方面需求，中等教育要多举办一批各种门类的中等职业教育。"③ 这些政策法规，不仅为中等职业教育的改革指明了方向，还为农村职业教育的发展提供了政策保障。

然而，由于我国中等教育基础薄弱，1980 年国务院批转教育部的《关于中等教育结构改革的报告》中明确指出："要加强中等职业教育结构改革，将

---

① 何东昌．中华人民共和国重要教育文献（1976—1997）［M］．海口：海南出版社，1998：1607.
② 何东昌．中华人民共和国重要教育文献（1976—1997）［M］．海口：海南出版社，1998：1612.
③ 杨金土．1979—2008 年职业教育要事概录［M］．北京：教育科学出版社，2011：67.

部分普通高中改办为职业（技术）学校、职业中学和农业中学。"① 经过调整改革，我国农业中学和中等专业学校的在校生人数显著增加。据统计，截至1981 年，我国中等专业学校的在校生人数达 106.9 万人，比 1977 年增长了55.3%，农业中学及其他职业学校的在校生也发展到 37.5 万人。1983 年国务院发布《关于加强和改革农村学校教育若干问题的通知》指出："为了振兴农村经济，加速农业现代化，各地要统筹规划，因地制宜，有步骤地增设一批农业高中和其他职业院校。"另外，国家为了大力发展农村职业教育，特别提出："改办或新开办的农业中学，其筹办费由国家和地方政府给予补助。"②在这些政策推动下，1981—1983 年，我国农业中学在学校和在校生数量上增长了 2—3 倍，使农村中等职业教育规模得到空前的发展（如表 3-1）。

表 3-1　1981—1983 年全国农业中学发展情况表③④

年份	学校数（所）	在校学生数（人）
1981 年	2094	202325
1982 年	2253	346698
1983 年	4073	681447

（二）举办多种形式的农村职业教育，提高农村职业教育的影响力

1980 年，国务院批转教育部、国家劳动总局《关于中等教育结构改革的报告的通知》，通知中要求："应实行国家办学与地方政府、企业并举，普通

---

① 何东昌. 中华人民共和国重要教育文献（1976—1997）［M］. 海口：海南出版社，1998：1855.

② 何东昌. 中华人民共和国重要教育文献（1976—1997）［M］. 海口：海南出版社，1998：2088.

③ 中国教育年鉴编辑部. 中国教育年鉴（1949—1981）［M］. 北京：中国大百科全书出版社，1984：183.

④ 中国教育年鉴编辑部. 中国教育年鉴（1982—1984）［M］. 长沙：湖南教育出版社，1986：95.

教育与职业教育并举，全日制学校与半工半读学校、业余学校并举的方针，在城乡要提倡各行各业广泛举办职业（技术）学校，同时县级以下的职业学校要面向农村，主动服务于农村的各项事务。"① 对此，开办多种形式的农村职业教育，是当前发展农村经济的最佳路径。

鉴于此，开办各种形式的农村职业教育成为全党、各级地方政府，以及学校关注的焦点。这一阶段的农村职业教育政策也层出不穷，如表3-2。根据表3-2可以看出，这一阶段农村职业教育的政策有两个特点：第一，办学类型强调正规教育和非正规教育并重，力求将农村职业教育打造成一个多规格、多层次、多形式的办学格局。正规教育主要培养具有一定文化程度的青年学生和农业生产的经营者，如中高等农业技术专科学校、函授学校及农业技术中学等，学制一般为1—3年。非正规教育主要面向农村技术干部和基层农民，将其培养成为具有一定生产技术和专业知识的农村劳动者，如短期培训班、生产季节性学习班、农民夜校、业余技术学校，以及专题讲座等形式。在办学管理体制上，农村职业教育逐步形成了中央统筹管理，教育部和劳务部门为主，其他各部门（农牧渔业）协同配合，并在地方初步构建了县、社（乡）、大队（村）三个层次的职业技术教育体系。

表 3-2　1978—1984 年农村职业教育的政策文本

文件	主要内容
1980 年 11 月《中央农业广播学校暂行办法》	各类不定期的专业班：技术培训
1980 年 12 月教育部《全国农民教育座谈会纪要》	①办季节性学习班、组：普及农业技术知识 ②常年性的业余学校：比较系统的专业技术教育
1982 年 1 月《全国农村工作会议纪要》	农业专科学校：对各类专业技术干部专业培训

---

① 何东昌. 中华人民共和国重要教育文献（1976—1997）　[M]. 海口：海南出版社，1998：1855.

文件	主要内容
1980年9月教育部、国家劳动总局《关于中等教育结构改革问题的报告》	逐步建立起以县办农业技术中学为主要基地的农业技术教育网。以吉林省吉安县所建立的职业教育网络最为典型，其分为四个层次，第一层次为农职业技术高中；第二层次为各类农职业技术学校和农民中专；第三层次是各种农职业专业班；第四层次是各种形式的短训班
1982年11月农牧渔业部《关于加强农民技术教育工作的通知》	要着重搞好县、社（乡）、大队（村）三级的农民技术教育，县主抓农业科学实验、推广、培训中心和农业技术学校（农干校），生产大队主要是举办业余技术学校和各种短训班
1982年12月农牧渔业部《关于迅速加强农业技术培训工作的报告》	采取多种形式传播农业技术和知识。如依托高、中等院校，面向农村干部，开办函授教育，举办各种技术短训班，也可以通过农民夜校、冬学、专题讲座和技术咨询服务站，对基层农民进行技术培训。此外，办好县、社农民技术学校和农业广播学校，为农村培训具有初级和中级生产技能的农业劳动者

二、农村教育综合改革时期的农村职业教育（1985—1992年）

（一）大力发展农民技术教育

十一届三中全会后，我国经济体制改革率先在农村地区全面展开，经过近十年的实践，我国农村经济社会发展取得诸多可喜的成绩。第一，农村改革以包产到户、包干到户的农业生产经营模式为突破口，解构了人民公社"三位一体"的生产经营管理制度，构建以家庭联产承包为基础的多形式生产责任制度。这扩大了农民生产经营的自主权，使亿万农民成为农村经济发展的主人。第二，在保证以粮食生产为主的基础上，大力发展林、牧、渔等其他产业，使农村初步形成一个"多种经营，综合发展"的格局。同时，加快农产品、劳动者、土地、技术、资金等生产要素在市场中的流通。第三，为了巩固和发展家庭联产承包责任制，搞活农产品在商品经济中的流通，国家开始建立农产品市场机制，并逐步调整农村产业结构，改革农产品流通体制，使农村经济呈多元化模式发展，同时，乡镇企业"异军突起"式地快速发展，并成为国民经济的重要支柱。第四，农村废除"政社合一"管理体制，建立"乡政村治"的管理模式。第五，农村经济结构由计划经济为主开始向以公有制为主，多种经济成分并存的结构转变，最终建立了具有中国特色的社会主义市场经济体系。上述农村经济体制的变革，不仅为农村教育发展提供新的机遇，还对农村教育发展提出新的要求。

随着农村经济体制的深入改革，农村经济发展模式呈现多元化、专业化和现代化的态势，迫切需要农民掌握一定的科学文化知识和专业技术。对此，国家开始认识到农民教育的重要性，并在农村地区积极开展适合农民发展的职业教育——农民技术教育。农民技术教育是一种非正规的农村职业教育，它通过课堂教授、现场培训、函授和播放科教影片等形式对农民进行实用技术培训与岗位资格培训（又称为"绿色证书"资格培训），具有专门性、实用性、多样性、社会性和速效性等特点。

1985年国家教委转发《十二省市农民职业技术教育座谈会纪要》，成为相关部门举办农民职业技术学校的参考依据。纪要中对乡镇农民技术学校的办学定位、教学内容及管理体制等方面进行了具体说明，并强调举办乡镇农民文化技术学校不仅是培养农村各类人才的最佳路径，还是促进农村职业教育发展的重要环节。乡镇农民文化技术学校是由乡镇政府统筹管理的"开放型"学校，其开放性的办学主要表现为三点。一是学校的教学内容与当地的经济发展需求紧密结合，农村发展什么产业、需要什么人才、推广什么技术，农民就学什么内容，形成"一事一训"的教学方式。二是学校的人才培养是面向乡镇的各行业，包括农业生产、农业经营、交通运输、财经、建筑、文艺，以及服务业等各行业。三是乡镇政府要与教育部门、农牧渔业及乡镇企业进行联合办学，但学校发展规划、教育经费、课程设置、教材使用、教师任免，以及招生计划均由乡镇政府决定，乡镇政府享有办学的自主权。

但是，乡镇农民文化技术学校在培训数量、质量和内容上，还不能适应农村经济快速发展。为此，1986年农牧渔业部发布《关于改革和加强农民职业技术教育和培训工作的通知》，要求各级农牧渔业部门"进一步整合本系统内的各类农民技术学校和科技推广中心，结合本部门的业务，采取多种形式，对农村干部和农民进行有效的培训"①。因此，各地农牧渔业部门、乡镇企业及农业技术推广中心，要与县乡的各类农民文化技术学校加强合作，实现农民技术教育、实训基地和技术推广服务的有机融合，做到"一校、一站、一场多用"，提高农村各方综合效益，凸显农民技术教育的办学特色。② 此外，在通知中具体提出了办好农民技术教育的政策措施，如办学经费补贴、建立农民培训资格制度和师资保障等措施，为农民技术教育的可持续发展保驾护航。

上述纪要和通知都阐释了农民技术教育的办学特色，但是，如何将这种办学特色更进一步呈现在农民身上，让农民掌握一定的文化知识和农业技术，更好地为农村经济发展服务呢？1986年《关于改革和发展成人教育的决定》中指出："农村成人教育，要以青壮年为主，依据农村产业结构对农村青壮年进行速效快、周期短的实用技术培训。"此外，为了更好地满足各地社会经济发展的需要，国家教委发布《乡（镇）农民文化技术学校暂行规定》，对农村各层次的农民进行因材施教。如通过初级或中级技术教育，对乡镇知识青年和青壮年农民施行经营管理知识、实用技术的培训；不仅要对农村文盲的青少年，不仅要进行基础的识字教育，还要对其进行相关农村时事政策教育、常识教育及法制教育等；依据岗位需求，对农村基层管理干部、技术人员以及乡（镇）企业职工，进行"1对1"的岗前培训。③ 某种程度上，这些措施

---

① 何东昌. 中华人民共和国重要教育文献（1976—1997）[M]. 海口：海南出版社，1998：2446.

② 何东昌. 中华人民共和国重要教育文献（1976—1997）[M]. 海口：海南出版社，1998：2447.

③ 何东昌. 中华人民共和国重要教育文献（1976—1997）[M]. 海口：海南出版社，1998：2697.

不仅提高了农民技术教育的培训效能，还为推动农村经济发展提供了一大批有知识、有文化、有技术的农民。

据 1990 年统计数据表明，全国乡镇农民文化技术学校共计 36960 所，乡镇农民文化技术教育基地已达到 66.59 万个，村办农民文化技术学校 25 万余所，培养了 3334 万农民学员。① 实践证明，县、乡（镇）、村农民文化技术学校不仅是提高农村劳动者文化素质、增强农民运用科学技术能力、加快推动农村经济快速发展的重要途径，还是农村职业教育发展中的一支生力军。

（二）"燎原计划"下的农村职业教育

1988 年 2 月，国家教委副主任何东昌同志在《关于当前教育事业发展和改革的几个问题》的报告中强调："为了促进农村教育综合改革和农村经济全面发展，必须要大力发展农村职业技术教育，为农村各经济产业发展提供实用的人才。"② 同年 3 月，国家教委在河北省顺平县对农村职业教育服务农村经济发展的能力进行了系统的调查，并提出了"燎原计划"的初步设想。随后，国家教委向国务院提交了《关于实施"燎原计划"的请示报告》，报告中指出："目前，严重影响我国农村经济发展的突出问题在于农民文化素质低、劳动技能差，以及缺乏运用科学技术的能力。"对此，结合农村经济建设的实际需要，"要大力发展各种形式的职业技术教育，使农民不仅学好基础的文化知识，还掌握一定的实用技术，成为农村商品经济发展的主干力量。此外，职业技术教育要特别注意因地制宜、灵活运用，实行弹性化学制，长短结合，以短为主。而农村学校开展的技术推广服务，要以当地正在盛行的技术为主要推广内容"③。

---

① 何东昌. 中华人民共和国重要教育文献（1976—1997）　[M]. 海口：海南出版社，1998：3169.
② 何东昌. 中华人民共和国重要教育文献（1976—1997）　[M]. 海口：海南出版社，1998：2712.
③ 何东昌. 中华人民共和国重要教育文献（1976—1997）　[M]. 海口：海南出版社，1998：2805.

1988 年 5 月,时任国务院总理同意国家教委关于"燎原计划"的设想,并提出先试点,再逐省、逐县、逐乡地推广"燎原计划"的先进经验。同年 8 月,国家教委在河北省召开全国教育会议,全面部署实施"燎原计划",希冀科技"星火"燃到"丰收之园",并通过"燎原计划"的实施,在科学技术与农村经济之间架起教育的"桥梁",使先进的科学技术经过教育转化为农村生产力。9 月 30 日,国务院正式批准国家教委的"燎原计划",并对"燎原计划"的目标定位、主要内容及具体的实施步骤进行了具体的规定。强调"燎原计划"是为了提高农民的科技文化素质,增强农民运用科学技术的能力,促进农村经济的发展。其主要内容是在基本普及义务教育、扫除农村青壮年文盲的基础上,坚持教育与劳动生产相结合,大力发展与当地生产生活密切相关的农村职业教育和成人教育,为农村经济建设和发展培养大批具有良好文化知识和专业生产技能的农村劳动者。同时,要积极配合农业部和科技部,开展以推广当地实用技术为中心的技术培训和信息服务等活动,推动农业的发展。在具体实施上,到 1990 年,"燎原计划"拟在全国 500 个县内建设 1500 个示范乡,主要分布在农业试验区、国家重点开发农业资源的地区,以及重点扶持的贫困区。后来,为了促进农村教育改革,实施"燎原计划",1989 年国家教委印发《关于在全国建立"百县农村教育综合改革试验区"的通知》,通知中指出:"在实施'燎原计划'的示范县中挑选 100 个优质县,作为'全国百县农村教改的试验区'。"① 在此过程中,示范县为农村职业教育培养高素质的农村劳动者提供了宝贵的经验。如上海市青浦县的"上挂、横联、下辐射"的培训方式,即以乡村文化职业技术学校为教学基地,通过上挂(依托具有农业高技术的单位,高校、农业研究所)、横联(教育部、农业部及科技部等)、下辐射(向各县乡村的农民传播富农信息,推广适用的农业技术)的方式,不仅为农民提供优良的品种和先进的农业技术,

---

① 何东昌. 中华人民共和国重要教育文献(1976—1997) [M]. 海口:海南出版社,1998:2857.

还给农村发展带来巨大的经济效益。

综观，在农村教育综合改革和"燎原计划"的实施下，我国农村职业教育有了长足的发展，这不仅体现在农村职业院校的数量上，还体现在农民的经济收入上。在学校数量上，截至1990年，我国农村职业学校（含县镇）已达6651所，在校生有195.5万人，农业和林业中专学校发展至427所，在校生达21.65万人。此外，农村职业教育在社会上开展了各种形式的农民实用技术培训活动。从农民收入上来看，国家统计局对7万余农户的经济收入进行调查，发现受过职业技术教育培训的农民，其收入明显高于其他普通民众。如表3-3：

表3-3　农民人均收入与受教育的关系①

受教育程度	文盲	小学	初中	高中	职教
收入（元）	442.8	542.96	616.3	639.85	740.9

（三）完善农村职业教育结构体系

教育体系是指各个教育机构之间的相互联系或教育大系统内各个要素的有序排列。其有广义和狭义两层含义，广义的教育体系包括教育结构体系、经费体系、管理体系等，狭义的教育体系仅指各类教育结构体系。本书研究的就是狭义的农村职业教育体系。

1985年《中共中央关于教育体制改革的决定》中提出："为了满足当地经济建设的实际需要，要大力发展职业技术教育，逐步建立一个由初级到高级、行业配套、结构合理又能与普通教育相互连接的职业技术教育体系。"②国家首次正式提出建立职业技术教育体系。1986年，时任国务院副总理李鹏在第一次全国职业技术教育工作会议中指出："鉴于中国现阶段的国情，要实

---

① 中国教育年鉴编辑部. 中国教育年鉴（1991）［M］. 北京：人民教育出版社，1991：247.

② 李少元. 农村教育论［M］. 南京：江苏教育出版社，1996：41.

行多层次、多形式的职业技术教育。"① 这说明，建立职业教育体系已成为国家发展的迫切需要，而农村职业教育体系也在国家政策支持与农村教育综合改革中逐步建立。

由于我国农村人口基数大、农村教育结构单一化及农村经济发展的多元化，农村教育事业与社会主义现代化建设已不相适应。为此，1988 年国家开始对农村教育进行综合改革。农村教育综合改革是以服务当地经济建设为中心，坚持基础教育、职业教育和成人教育的"三教统筹"，实行"农科教"统筹结合，由政府牵头，各部门相互协作的教育改革。农村教育综合改革旨在为农村地区培养一大批高素质的农村劳动者，促进当地社会经济发展，帮助农民走上致富路。

我国现阶段农村教育主要由基础教育、职业教育和成人教育三部分组成。但是，长期以来，我国农村教育发展始终以普及基础教育为主，片面追求升学率，而职业教育和成人教育处于弱势，农村教育结构严重失衡。由此，农村教改的重点在于调整农村教育结构，大力发展校内和校外、职前和职后的职业教育及成人教育，并通过"三教统筹"和"农科教"结合的措施，实现"三教"的互通有无，融合发展。1989 年农业部、国家科委和国家教委联合颁布《关于农科教结合，共同促进农村、林区人才开发与技术进步的意见（试行）》，该意见指出："农科教各部门要统筹规划，积极推进农村各类教育的协调发展，并建立具有多种类、多层次、多形式与多功能的农村职业技术教育体系。"② 同年，时任国家教委主任李铁映在《发展和改革农村教育，为农村社会主义建设服务》中着重强调"要大力发展农村职业技术教育"，并对农村职业教育的多种类、多层次、多形式以及多功能等特征做了进一步的

---

① 杨金土 . 1979—2008 年职业教育要事概录［M］. 北京：教育科学出版社，2011：72.
② 何东昌 . 中华人民共和国重要教育文献（1976—1997）　［M］. 海口：海南出版社，1998：2877.

说明。① 在国家一系列的政策下，我国农村职业教育结构体系逐步建立，并日趋制度化。

三、社会主义转型期的农村职业教育（1993—2002 年）

1992 年，在社会主义市场经济体制下，农村经济发展水平不断提高，城镇化进程日趋加快，这对农村职业教育提出了更高的要求。再加上高等教育大众化的冲击，农村职业教育开始出现了严重的倒退现象，对此，国家从法律、经费及师资等方面来保障农村职业教育的可持续发展。

（一）扩大农业类专业比例

1985—1995 年的十年间，在党和国家的高度重视下，我国农村各类职业教育取得了突飞猛进的发展。但是，在 1995—1996 年，农业类专业的招生人数和在校生人数都出现了明显的滑坡现象，如 1996 年，农业中等职业教育中农科类学生比 1990 年下降了 35.7%；而在农村职业教育中，农林类招生人数比例由 1991 年的 38.4% 下降到 18.4%。② 各类农林类的职业教育都感到了生源的匮乏，这与国家实现农业现代化对农业技术人才的大量需求严重不适应。国家教委和农业部对此高度重视，于 1996 年联合印发《关于进一步办好农村中等职业学校农业类专业的意见》，该意见指出："各级政府、农业部和教育部要统筹规划农村各类职业学校布局，将农业类专业作为'永久牌'专业，并根据当地经济建设和产业结构的需要，及时调整农业类专业的学习内容，培养出不同规格的适用性农业技术人才。"③ 该意见的颁布，提高了农林类专业在农村各类职业教育专业布局中的地位，并进一步优化了农林类专业的

---

① 何东昌. 中华人民共和国重要教育文献（1976—1997）[M]. 海口：海南出版社，1998：2890.

② 广平. 面向 21 世纪我的教育观：职业技术教育卷 [M]. 广州：广东教育出版社，2000：290.

③ 何东昌. 中华人民共和国重要教育文献（1976—1997）[M]. 海口：海南出版社，1998：3977.

布局。

1998 年,教育部颁布《关于贯彻十五届十三中全会精神促进教育为农业和农村工作服务的意见》,该意见指出:"虽然农村职业教育在国家实施'科教兴国'战略中具有重要的作用,但是,总体上农村职业教育还处于弱势,特别需要采取灵活多样的方式来扩大农村职业学校的招生规模,为农村青壮年和广大农民群众提供更多的职业教育机会。"① 由此,农村职业教育"要努力办好与农村经济发展紧密相关的涉农专业,并突出农村产业的特色,以吸引更多优秀的农业类专业生源"②。

(二)完善农村职业教育的保障体系

首先,法律保障。这一时期,国家颁布了一系列与农村职业教育相关的法律法规,对农村职业教育的办学方向、目标、管理体制及学制等进行了有效的规范,如《扫除文盲工作条例》《中华人民共和国农业法》《中华人民共和国农业技术推广法》《中华人民共和国劳动法》《中华人民共和国教育法》《中华人民共和国教师法》等,这些法律法规都将农村职业教育推上了有法可依的法治轨道。有法可依、依法办事,能够有效规范教育事业在发展过程中健康运行,克服人的主观随意性。经过多年的研究与经验总结,1996 年我国颁布了《中华人民共和国职业教育法》,自此农村职业教育建设有了专门的法律依据。

其次,师资保障。教师的数量和质量直接影响到农村职业教育的发展规模、发展速度及人才培养质量。随着农村职业教育的快速发展,农村教师数量不足和质量不高的问题日益严峻,严重制约着农村职业教育的高质量发展,因此,加强农村教师队伍建设,成为这一时期最紧迫的任务。1991 年《国务院关于大力发展职业技术教育的决定》中明确提出:"多渠道地解决职业技术

---

① 何东昌. 中华人民共和国重要教育文献(1976—1997)　[M]. 海口:海南出版社,2002:197-198.

② 何东昌. 中华人民共和国重要教育文献(1976—1997)　[M]. 海口:海南出版社,2002:198.

教育教师的来源问题。"① 针对此问题，1993 年国家教委、农业部和林业部联合发布《关于加强农村、林区中等职业技术学校和农民中专农、林类专业师资队伍建设的几点意见》，该意见提出："从三个方面来建设农村职业教育的师资队伍。"一是将高等农林院校作为农林类专业师资的主要培养基地，并设置职业技术教育师范类的专业，主要招收普通全日制的农林类中专学校、职业高中，以及具有两年以上农林工作经验的应届或往届毕业生，毕业后回到原生源地的各类职业技术学校任教。二是从社会上聘任有经验的农技人员作为职业技术学校的专任或兼职教师。三是国家分配其他高校毕业生到农林类中等职业技术学校任教，而且，各级单位不得截留国家分配的高校毕业生。② 在该意见的指导下，各地根据自身实际情况，制订具体的师资队伍建设方案。据统计，1992—1999 年，农村职业中学的代课教师数量逐年递减，由 1992 年的 55219 人下降至 1999 年的 2704 人，逐步被专任教师或兼职教师所取代。

为了进一步提高农村职业教育的办学质量，使学生掌握更多的农业技术，教育部在《关于贯彻十五届十三中全会精神》一文中指出："要建设'双师型'的师资队伍，并通过多种形式的培训和考核制度，提升教师的专业素质和实践能力。"③ 建设"双师型"教师队伍，不仅保证了农村职业教育的办学质量，还为农村职业教育高质量的发展提供了师资保障。

最后，经费保障。经费是保证教育事业良好发展的物质基础。按照"谁办学、谁出钱、谁受益"的原则，农村各类职业技术学校的经费来源"五花八门"，如由普通中学改办的农村职业中学，其办学经费由原普通中学负责；新办的职业技术学校的办学经费从教育部和各相关部门的教育事业费中拨出；

---

① 何东昌 . 中华人民共和国重要教育文献（1976—1997）［M］. 海口：海南出版社，1998：3223.

② 何东昌 . 中华人民共和国重要教育文献（1976—1997）［M］. 海口：海南出版社，1998：3446-3447.

③ 何东昌 . 中华人民共和国重要教育文献（1976—1997）［M］. 海口：海南出版社，2002：198.

由乡队或厂矿企业单位开办的职业技术学校的经费由各主办单位负责。① 然而，由于职业技术教育的办学经费要比普通学校的办学经费多得多，普通中学改办的农村职业中学的办学经费依然按照普通中学的标准拨给，这是显然不够的。对此，1985 年，国家财政部每年拨 5000 万元的补助费给改办的农村职业中学，主要用于教学仪器和实习设备的采买。同时，国家先后对教育经费提出"教育费附加征收"和"两个增长"的原则，以鼓励社会各界力量和个人投资于农村办学，并为农村教育事业提供充足、稳定的经费来源。

为了进一步拓宽农村职业教育的经费来源，1991 年国务院《关于大力发展职业技术教育的决定》中提出："各类职业技术学校应依据自身办学条件和教学需求，积极发展校办产业，打造校内生产实训基地，为学生提供一个产教融合、工学结合的教学机会，并允许对非义务教育阶段的职业技术教育学生收取适当学费，用于补充教学设施的开支。使我国农村教育事业逐步形成以办学单位投入为主、社会力量捐资、国家贷款，以及收取学费等多渠道的职业教育经费体制。"这种教育经费体制在 1996 年《中华人民共和国职业教育法》中以法律的形式得以确立，为我国农村职业技术教育的可持续发展提供了经费保障。

第三节　以培育新型农民为中心的农村职业教育 (2003—2012)

进入 21 世纪，我国社会开始全面转型，主要包括体制转型、结构变动以及形态变迁三方面内容，这三方面的内容实际上是对现代化发展历程的描述，

---

① 何东昌．中华人民共和国重要教育文献（1976—1997）　[M]．海口：海南出版社，1998：1856.

是一种现代性的生长与传统性的隐退及融合。① 而农村社会转型，更加强调的是经济转型，即传统的小农经济向现代化的商品经济、市场经济转变，构建现代化新农村。

目前，影响我国农村社会成功转型的桎梏主要有两个方面。一方面，城乡发展不均，城市的高速发展与农村发展的停滞不前，导致城乡之间的差距不断加大，严重影响到社会和谐稳定；另一方面，大量的"农民工"流入城市，为城市建设提供充足的廉价劳动力，但是，大批"农民工"的离乡会严重制约农村经济的发展，使农村"空心化"，并日渐凋敝。如何平衡城市和农村之间的关系？如何让"农民工"成为城市经济建设的合格劳动力？针对此问题，国家先后提出了两个理念，即"以人为本"的科学发展观和建设社会主义新农村。要解决好以上两个问题，其根本出路在于农民。农民作为新农村建设的主体，其素质的高低也直接影响到新农村建设的质量，因此，通过农村职业教育提高农民文化素质成为国家的战略部署。2005 年教育部指出："新农村建设的理念，为农村职业教育的发展提供一个新的发展契机。"随后，国务院明确提出："职业教育应着重为农村培养技能型人才、实用型人才，促进农村劳动力转移。"从上述两个问题的出现和两个理念的提出可以看出，培育新型职业农民成为这一时期农村职业教育发展的目标。

一、实施"新型农民"培育计划

缩小城乡差距，提高农民的生活水平，增加其收入水平，均有赖于提高农民的职业技能，所以，这一时期，国家对农民的职业教育高度重视。一方面，大批"农民工"要适应城市的生活，并成为城市建设的一支重要力量，必须要对其进行技能培训；另一方面，对留守在农村的农民，要按照新农村建设的"十六字"方针，对其开展实用型技能的培训。据此，国家先后实施

---

① 王道勇. 现代性延展与社会转型［J］. 学习与实践，2007（2）：111.

农村劳动力转移培训计划和农村实用人才培训工程，着力培养"新型职业农民"。

其一，农村劳动力转移计划。第五次人口普查显示，务工农民在第二产业中占 57.6%，在加工制造业中占 68%，在建筑业中占 80%。进城务工的工资占农民总收入的 1/3 以上，进城务工已成为农民收入的主要来源，所以，当务之急，要提高农民的职业技能，拓宽农民的增收渠道。2003 年农业部发布《关于做好 2003 年科教兴农工作的意见》，正式启动"农村富余劳动力转移培训计划"，开展职业技能培训，提高农村劳动力的科技文化素质，增强其流动性。① 随后，国务院批准《2003—2007 年教育振兴行动计划》，并提出，"通过农村职业教育来推动'农村劳动力转移培训计划'的实施，对进城务工农民进行职业教育和技能培训"②，以加大对农村人口资源的开发力度，提高农民的综合素质，将我国农村冗重的人口负担转化为人力资源优势。同时，教育部也正式印发《农村劳动力转移培训计划》，要求"农村职业教育要坚持以服务为核心，以就业为导向，以改革创新为动力，全力助推农村劳动力转移计划的实施，以提高农村劳动力的就业、择业和创业能力"③。

为了顺利推动"农村劳动力转移计划"的实施，政府各有关部门出台了一系列的政策措施，如《2003—2010 年全国农民工培训规划》《关于组织农村劳动力转移培训"阳光工程"的通知》《农村劳动力转移培训阳光工程项目管理办法》，分别对农村劳动力转移培训的培养目标、运行机制、经费和管理方法进行了明确规定。此外，为了鼓励更多农民参与培训，财政部联合农业部印发《农村劳动力转移培训财政补助资金管理办法（试行）》，"对于参加培训的农民，培训补助金以培训券或现金的形式直接补贴给受培训农

---

①　杨金土.1979—2008 年职业教育要事概录［M］.北京：教育科学出版社，2011：894.

②　何东昌.中华人民共和国重要教育文献（2003—2008）［M］.北京：新世界出版社，2010：334.

③　何东昌.中华人民共和国重要教育文献（2003—2008）［M］.北京：新世界出版社，2010：350.

民"①。

2005 年党中央发布《关于推进新农村建设的意见》指出："在大规模开展农村劳动力转移培训的同时，扩大'阳光工程'培训农村劳动力的规模，增强农民转岗转产的就业能力。"② 2006 年国务院强调："要加大对农村劳动力转移培训的支持力度，提高农民补贴标准，充实培训内容，创新培训方式，完善培训机制。"③ 2010 年《国家中长期教育改革规划纲要（2010—2020）》中特别强调："要综合利用职业教育的各种资源，为农村劳动力转移和新农村建设培养'有文化、懂技术、会经营的新型农民'。"④ 教育部为贯彻落实该纲要的精神，会同九部门共同制定了《关于加快发展面向农村的职业教育的意见》，指出："农村职业教育要针对农村劳动力转移开展技能型培训活动，提升农村劳动力转移就业能力，促进农民增收。"⑤ 以上政策，皆为扩大农村实用型人才规模，提升农村劳动素质，促进农村职业教育的良好发展提供了政策保障。

其二，农村实用人才培训工程。十六届五中全会提出："要建设社会主义新农村"，必须培养"有文化、懂技术、会经营的新型农民"。为此，对建设社会主义新农村的留守农民开展技能培训成为这一时期农村职业教育的重中之重。

2005 年国务院发布《关于大力发展职业教育的决定》，明确指出："要实施农村实用人才培训工程，必须充分发挥农村各类职业学校和农业技术推广

---

① 杨金土.1979—2008 年职业教育要事概录［M］.北京：教育科学出版社，2011：883.

② 何东昌.中华人民共和国重要教育文献（2003—2008）［M］.北京：新世界出版社，2010：935.

③ 何东昌.中华人民共和国重要教育文献（2003—2008）［M］.北京：新世界出版社，2010：1273.

④ 《教育规划纲要》工作小组办公室.教育规划纲要辅导读本［M］.北京：教育科学出版社，2010：24.

⑤ 教育部，国家发展和改革委员会，科学技术部，等.教育部等九部门关于加快发展面向农村的职业教育的意见［J］.中国农村教育，2011（11）：7.

培训机构的作用，重点培养农村实用型人才和技能型人才，广泛普及农业实用技术，大力提高农民的综合文化素质。"① 同年，教育部《关于实施农村实用技术培训计划的意见》提出："截至2007年，在现有农村实用技术培训的规模上，要将受培训的人数惠及1亿人以上，农村劳动力的年培训率达到35%以上，使每个农村劳动力能够掌握1—2项实用技术，促进农民增收，脱离贫困。"② 随后，2007年国务院《关于加强农村实用人才队伍建设和农村人力资源开发的意见》中对农村实用人才的定位和作用进行了明确规定，农村实用人才是指具有一定知识或技能，对农村经济、文化、科技和教育等方面做出突出贡献的农村劳动者。农村实用人才是农村人力资源开发的结果，是新农村建设的人才保障。对此，要加大农村资源的开发力度，统筹城乡资源，通过学校教育和职业技能培训，提高农村劳动者的综合素质和实践能力。

为了进一步推动农村实用人才工程的实施，国家采取了一系列的措施。首先，国家实施"百万中专生计划"和"高校农业科技教育网络联盟计划"，依托全国的农业类职业学校，并充分利用广播电视大学的远程教育资源，使广大农民学习先进的实用技术与科学知识，增强他们劳动致富的能力，让他们成为建设社会主义新农村的"领头羊"。其次，设立农民科技书屋，为农民提供农村经济发展所需的书籍和音像，引导农民在家门口自主学习科技文化知识。最后，启动"一网两工程"计划，构建以县级职教为中心，乡镇农民文化教育学校和普通中小学为依托的农村职业教育培训网络，广泛对农村劳动者开展农村实用技术培训。

二、启动农村职业教育内部改革

（一）实行学分制

为了更好地适应社会经济发展，满足社会对技能型人才的需要，以及学

---

① 国务院关于大力发展职业教育的决定［EB/OL］. 中华网新闻，2005-11-12.
② 教育部关于实施农村实用技术培训计划的意见［EB/OL］. 中国政府网，2005-12-13.

生个性化发展的需要，职业教育开始实行学分制。学分制是源于 19 世纪末美国的一种教学制度，它不再单纯地用分数来衡量，而是按比例将分数折算成学分来的学习效度。它具有自主选择、弹性学制和动态管理等特征。自主选择主要是学生可以按照自己的兴趣爱好、能力和社会需求，自主选择专业方向、课程及研读的时间与方式。相对于传统学校的三年学制来说，即三年学习成绩合格才可毕业，而弹性学制是没有学习期限，只要将学分修满即可毕业。此外，学生因事请假，没有修满相应的学分，可以重修或补修课程，延长毕业时限。因贫穷导致被迫休学的学生，学校可以保留学籍，并通过工学交替、半工半读的形式，继续修满学分。实行弹性学分制，不仅突破学生学习的空间和时间，还可以满足学生的个性化需求。传统的学年制是一种封闭性、刚性和静态的教学管理制度，对修学年限、课程选择及教学内容都有统一的要求，而学分制打破了这种刚性的静态化管理制度，允许优秀的学生缩短修学年限，选择第二专业，并可以通过工学交替的方式，分阶段修满学分。

为了增强职业教育的开放性、灵活性和针对性，提高其吸引力，职业教育学分制在全国各省市县进行试点。2004 年教育部《关于在职业学校中逐步推行学分制的若干意见》一文中正式提出在职业学校实行学分制，并要求各职业学校建立与学分制相配套的课程体系、教学内容和管理体制。学分制的运行，不仅为学生提供了开放和灵活的学习方式，还为贫困家庭的学生提供了更大的入学机会。

（二）完善职业教育资助体系

2005 年国务院提出："为了更好地促进农村职业教育服务于'三农'，国家希冀通过建立职业教育贫困家庭学生助学制度，对家庭贫困的学生、选学涉农和地矿专业的学生，通过助学金、奖学金与贷学金的形式，对其实行学费减免和发放生活费补贴。"[1] 随后，财政部安排了 8 亿元资金资助 80 余万农

---

[1] 何东昌. 中华人民共和国重要教育文献（2003—2008）[M]. 北京：新世界出版社，2010：350.

村家庭困难的中职在校生。此外，2007 年教育部对完善农村中职贫困家庭学生资助体系提出了一系列切实可行的政策建议，主要包括"对中职学校贫困家庭学生，建立以学生参加生产实习为核心的助学制度，为学生提供就学补助""建立奖学金制度""建立学费减免制度""建立助学贷款或延期支付学费制度"等。① 同年，国务院《关于中等职业学校家庭困难学生资助政策体系的意见》中明确指出："在中等职业学校中，对在校农村学生，国家助学金按每年每生 1500 元的标准进行发放。"

为了更好地资助农村贫困家庭的学生接受职业教育，国家在《国家教育事业发展"十一五"规划纲要》中首次提出依靠社会各界力量来完善农村中等职业教育资助体系，即国家资助两年，第三年学生工学结合、顶岗实习，逐步形成以国家助学金为主，地方政府、企业和社会机构设立多种形式的中等职业学校奖学金、助学金为辅的资助政策体系。② 这在一定程度上增强了农村中等职业教育的吸引力，保障了农村家庭贫困学生的就学机会。2008 年党中央为了发展农村教育，提高农民综合素质，缩小城乡差距，首次提出"优先发展农村中等职业教育，并逐步实行免费教育"。这是继九年义务教育之后，第一个针对农村职业教育免费的政策。③ 2009 年，为了进一步推动农村中等职业教育免费，温家宝总理在《政府工作报告》中做出明确指示，农村中等职业教育免费，今年先从家庭经济困难学生和涉农专业开始。④ 教育部在领会党中央《关于农村中等职业教育免费》的精神后，会同财政部共同制定了《关于中等职业学校农村家庭经济困难学生和涉农专业学生免学费工作的

---

① 何东昌. 中华人民共和国重要教育文献（2003—2008）［M］. 北京：新世界出版社，2010：1156.

② 何东昌. 中华人民共和国重要教育文献（2003—2008）［M］. 北京：新世界出版社，2010：1385.

③ 何东昌. 中华人民共和国重要教育文献（2003—2008）［M］. 北京：新世界出版社，2010：1664.

④ 中国教育年鉴编辑部. 中国教育年鉴（2010）［M］. 北京：人民教育出版社，2011：318.

意见》和《关于加快发展面向农村的职业教育的意见》，更进一步落实了国家中等职业教育免费的政策，以支撑农村职业教育的可持续发展，为新农村建设发挥重要的作用。

第四节　以精准扶贫和乡村振兴为中心的农村职业教育（2013 至今）

自十八大以来，在习近平总书记的带领下，中国特色社会主义迈入新时代，开启了全面建成小康社会、建设社会主义现代化强国，以及实现中华民族伟大复兴中国梦的新征程。

新时代我国社会主要矛盾已转变为美好生活的需要与不平衡不充分发展之间的矛盾。然而，"三农"问题作为中国社会发展的短板一直没有变过。"三农"问题最初因工业化而产生，也势必因"去工业化"而化解。自习近平总书记上任以来，国家出台了诸多政策措施来解决"三农"问题。2012 年十八大提出"四化同步"战略，即新型工业化、城镇化、农业现代化及信息化的同步发展。2013 年，为了避免落入"中等收入陷阱"，国家开始调整经济结构来稳定增长，并宣布经济进入"新常态"，主动对工业进行供给侧改革，即"去产能、去库存、去杠杆、降成本、补短板"。2014 年政府提出城乡一体化发展，全面推进城乡各要素公平交换和公共资源均衡配置，形成以工促农、以城带乡的工农互惠型城乡关系。2015 年，国家为了发展绿色经济而提出生态文明综合改革，并通过精准扶贫战略来调整地区间的贫富差别，最终消除贫困。2016 年党中央聚焦农业现代化，对农民工和返乡创业的涉农大学生开展创新创业培训活动。2017 年开始全面推进农业供给侧改革，施行乡村振兴战略，坚持农业农村优先发展。2018 年按照"产业兴旺、生态宜居、乡风文明、治理有效、生活富裕"的总方针，全面振兴乡村，补齐这块短板，建成小康社会，实现社会主义现代化强国。

这些政策都从外部改善了"三农"发展的困境。但是，要从根本上解决"三农"问题，笔者认为最有效的途径还是培育多层次、多类型的新型职业农民，这也是农村职业教育发展的全新机遇。2014 年国务院《关于加快发展现代职业教育的决定》中强调："要充分发挥职业教育的作用，加大对农村和贫困地区的支持力度，建立公益性的农民培训制度，着力培养新型职业农民，主动服务于精准扶贫战略与乡村振兴战略。"①

2013 年习近平总书记在考察湘西时首次提出"精准扶贫"，并强调扶贫贵在精准，重在精准，成败之举在于精准。为了更好地实施精准扶贫战略，教育部会同发展改革委、财政部和扶贫办等七部委共同制定《关于实施教育扶贫工程的意见》，该意见明确提出"要加快构建现代职业教育体系，主动服务于贫困片区特色产业与基础公共服务，并对有学习意愿的初、高中毕业生开展技能培训活动"。② 这是我国首项专门的职业教育扶贫政策。2015 年《关于打赢脱贫攻坚战的决定》提出："将精准扶贫、精准脱贫作为今后工作的战略方针，加强教育脱贫，实施教育扶贫攻坚工程。"③ 同年，国务院在《关于加强雨露计划的实施意见》中明确指出："通过雨露计划扶贫补助，引导贫困家庭子女接受中、高等职业教育，提素质，强本领、稳就业和增收入，为新型工业化和农业现代化培养技术技能型人才，阻断贫困世代传递。同时学生在校期间每生每年获得 3000 元助学补助金。"④ 2016 年教育部印发《教育脱贫攻坚"十三五"规划》，提出"加强职业教育扶贫能力，使人人至少掌握一门实用技能"的目标，其主要措施包括"在中央和地方资金的支持下，在

---

① 国务院关于加快发展现代职业教育的决定［EB/OL］. 中国政府网，2014-05-02.
② 国务院办公厅转发教育部等部门关于实施教育扶贫工程意见的通知［EB/OL］. 中国政府网，2013-09-11.
③ 中共中央 国务院关于打赢脱贫攻坚战的决定［EB/OL］. 中国政府网，2015-12-07.
④ 国务院扶贫办、教育部、人力资源和社会保障部关于加强雨露计划支持农村贫困家庭新成长劳动力接受职业教育的意见［EB/OL］. 中华人民共和国教育部官网，2015-06-02.

每个贫困地级市（州、盟）重点建设好至少一所契合当地经济社会发展需要的中等职业学校（含技工学校）”，“启动职教圆梦计划，在国家示范或重点中等职业学校，针对建档立卡的贫困家庭子女，优先选择就业好的专业，并单独招生录取，确保他们至少学会一项技能”，“实施中等职业教育协作计划和技能脱贫千校行动，鼓励建档立卡的贫困家庭初中毕业生到经济较发达地区接受中等职业教育，并且在享受免学费和国家助学金的基础上，各地给予一定住宿费和交通费补助，帮助这些贫困学生完成学业，实现就业，脱离贫困”①。2017 年教育部印发《贯彻落实〈职业教育东西协作行动计划（2016—2020 年）实施方案〉的通知》，其中提出：“农村职业教育要对贫困连片区实现精准脱贫，必须从产业入手，以教育促产业，以产业助脱贫，实行‘教育+产业+就业’和‘学校+合作社+农户’的模式，实现造血式扶贫。”② 2018 年《深度贫困地区教育脱贫攻坚实施方案（2018—2020 年）》中提出：“农村职业教育要通过构建贫困劳动者职业技能培训体系，推动新型农业经营主体培育工程、新型职业农民培育工程以及贫困村创业致富带头人培训工程的实施，并将贫困劳动者作为培训重点，开展大规模的贫困劳动者就业技能培训活动。”③ 这些措施不仅为农村职业教育服务精准扶贫战略提供了政策保障，还为新时期农村职业教育发展指明了新的方向。

实施“乡村振兴”战略是党中央解决“三农”问题的最新战略部署，为新时期农村改革发展提供了新方向和新路径。农村职业教育作为面向农村地区的职业教育，是实施乡村振兴战略的重要力量，对此，农村职业教育要抓住机遇，主动服务于“乡村振兴”战略，即通过培育新型职业农民，提升其服务乡村振兴的能力。2017 年《“十三五”全国新型职业农民培育发展规划》

---

① 教育脱贫攻坚“十三五”规划［EB/OL］. 中华人民共和国教育部官网，2016-12-29.

② 教育部办公厅、国务院扶贫办综合司关于印发《贯彻落实〈职业教育东西协作行动计划（2016—2020 年）〉实施方案》的通知［EB/OL］. 中华人民共和国教育部官网，2017-06-15.

③ 两部门关于印发《深度贫困地区教育脱贫攻坚实施方案（2018—2020 年）》的通知［EB/OL］. 中国政府网，2018-02-27.

中提出："要全面构建以公益性教育培训机构为主体、多种资源和市场主体有序参与的'一主多元'新型职业农民培训体系。"同年,《关于深化教育体制机制改革的意见》中要求"增强农村职业教育服务现代化农业、新型城镇化以及培育新型职业农民的能力"①。2018年"中央一号文件"中将农村职业教育定位为"为农教育",并明确要求"建立覆盖城乡的公共就业服务体系,开展大规模的职业农民技能培训,提高其就业质量"②。

---

① 中共中央办公厅 国务院办公厅印发《关于深化教育体制机制改革的意见》[EB/OL]. 中国政府网,2017-07-24.

② 中共中央国务院关于实施乡村振兴战略的意见 [EB/OL]. 中国政府网,2018-02-04.

第四章

西南民族地区农村职业教育的
现实需求与短缺

关于西南地区区域范围问题，曾有不同的意见和看法：一种是指云南、贵州、四川、重庆、西藏五省（区），另有一种则是在上述五省（区）基础上另加广西壮族自治区，共为六省（区）。我们认为，广西壮族自治区在地理位置上虽然位于我国的南部，属于华南地区，按行政区域划分归属于中南地区，但其经济、文化、民族聚居等社会特征与西南地区有广泛的联系和共同的特征，因此，本研究将广西壮族自治区归属于西南地区范围。

西南地区和西南民族地区是两个既相互联系又相互区别的概念，对这两个概念的不同解释和认知，会产生不同的效果，因此，有必要对这两个概念进行清晰的辨析。

西南地区是一个从地理区位角度上认识的概念，是中国地理区划之一，是一个涵盖面非常广泛的概念，包括重庆市、四川省、贵州省、云南省、西藏自治区、广西壮族自治区共六个省市（区），其中地域性是其最为重要的标志。

西南民族地区是西南地区中少数民族聚居或杂居的区域，其内涵、地域范围小于西南地区。从西南地区实际情况来看，这一地区各民族的居住区域纵横交错，汉族与少数民族、少数民族与少数民族形成大杂居、小聚居的格局。其中将西南地区中少数民族聚居、多数少数民族与汉族共居的区域按少数民族聚居特征进行划分，这种方式划分的区域不一定是严格意义上的行政区域，将其称之为西南民族地区，民族性为其最显著的特征。

第一节　西南民族地区基本特征

一、自然地理特征

西南民族地区主要位于我国西南地区中"老、少、边、穷"地区，是中国 21 世纪以来实施"西部大扶贫、大开发战略"的重要区域之一，更是"十三五"规划扶贫开发的重点地区之一。其地形、地貌呈现东低西高、南低北高的梯形特征。其中西南高山矗立，是以青藏高原、云贵高原为代表的第一、第二阶梯地貌特征。主要范围包括：贵州全境与云南省的中南部和中东部的云贵高原中高山山地丘陵区；西藏全境，四川北部、西南、西南部和云南省的西北部的青藏高原高山山地区。云贵高原的海拔为 1000—2000 米，而青藏高原东缘的海拔基本在 3500 米以上，区域内各种地貌形态分布不均衡，多为山地；大江、大河纵横，中部和北部以长江流域的河流为主。南部和西南则分属珠江流域、元江（红河）流域、雅鲁藏布江流域、澜沧江（湄公河）流域、怒江（萨尔温江）流域、伊洛瓦底江流域、恒河流域和印度河流域。另外，藏北内流区还有众多的内流河汇入大小高原湖泊，区域内气候多样，有热带季风气候、亚热带季风气候及青藏高原独特的高原高山气候，良好的气候条件形成了独特而丰富的林木、牧草和生物物种。自然资源分布广而多，如云南的铅、锌、锗均为全国之首，有色金属达 112 种；贵州的汞、煤、铝、磷等 30 种矿物居全国前列；西南三江成矿带、冈底斯成矿带、班公湖—怒江成矿带和川滇黔相邻 4 个成矿区属于全国重点规划部署的 19 个重要成矿（区）。可见，西南民族地区有着独特的地理形态和丰富的自然资源。

二、行政区域特征

中华人民共和国成立后，根据《中国人民政治协商会议共同纲领》中"各少数民族聚居的地区，实行民族的区域自治，按照民族聚居的人口多少和区域大小，分别建立民族自治机关"的规定，在各少数民族自治区逐步推行了民族区域自治。据统计，目前全国县级以上行政区划共设立 30 个自治州，116个自治县，3 个自治旗。其中，西南地区设立了 14 个自治州，58 个自治县。

这些自治区域按照类型可划分为三类：第一类是以一个有较多人数的少数民族聚居区为基础建立的自治地方；第二类是以一个人口较多的少数民族聚居区为基础，再包括一个或多个人口较少的其他少数民族聚居区所建立的自治地方；第三类是以两个或两个以上少数民族的聚居区为基础的自治地方。我国《中华人民共和国宪法》和《中华人民共和国民族区域自治法》规定，各民族自治地方应该根据国家的教育方针和政策，决定本区域内的教育规划和各类学校的设置、学制、办学形式、教学内容、教学用语及招生办法，自主发展民族教育，扫除文盲，普及初等义务教育，创办各级各类学校。因此，国家的相关法律法规赋予了民族自治地方发展和管理职业教育的重要职责，同样，民族自治区域具有发展农村职业教育的自治权。

三、民族性特征

我国西南民族地区是一个居住着壮族、彝族、苗族、白族、景颇族、傣族、纳西族、哈尼族、瑶族、布依族等民族的多民族聚居区。其分布呈现以下特征。

首先是大杂居、小聚居。受战争、迁徙等因素影响，西南地区各民族在长期的历史发展过程中形成了以汉族为主体的大杂居小聚居的民族分布状态。主要呈现以下几种情况。一是在少数民族聚居区内生活着相当数量的汉族人口。如广西壮族自治区除居住着壮、瑶、苗、侗、仫佬、毛南、回、京、彝、

水、仡佬族 11 个少数民族外，还居住着大量的汉族人口，占总人口的
60.76%；黔西南布依族苗族自治州内有布依、苗、彝、回、汉等 35 个民族，
据第六次人口普查汉族人口却占总人口的 60.3%。二是少数民族相互交错杂
居。例如，云南省有白族、哈尼族、傣族、傈僳族、佤族、拉祜族、纳西族、
景颇族、普米族、阿昌族、基诺族、怒族、德昂族、独龙族、回族、彝族、
壮族、苗族、藏族、瑶族、满族、水族、布依族等 25 个少数民族杂居。广西
以壮族为主体，有苗族、瑶族、侗、仫佬、毛南、回、京、彝、水、仡佬族
等 11 个少数民族杂居。三是西南地区散居着一定数量的少数民族。如重庆市
虽未形成一定规模和特点的世居民族，但散居着苗族、回族、满族、彝族、
壮族、布依族、蒙古族、藏族、白族、侗族、维吾尔族、朝鲜族、哈尼族、
傣族、傈僳族、佤族、拉祜族、水族、纳西族、羌族、仡佬族等少数民族。
除此之外，西南地区还存在少数民族小聚居的特征，即在大杂居区域内，存
在或大或小的少数民族聚居区。多民族的聚居使得各民族文化传统和民族语
言得以保持、传承和发扬。

其次，西南民族地区地广人稀。1990—2000 年，少数民族人口占全国总
人口的 8.41%，但分布却十分广泛，少数民族自治地方面积占全国的 60%以
上。西南民族地区人口密度仅为全国的 40.04%，而西南高原地区人口更是稀
少，每平方公里不足 10 人。西南民族地区人口密度较高的贵州省 2009 年为
每平方公里 294.92 人，人口密度最小的三个少数民族自治州每平方公里为
135 人。

最后，西南地区劳动力资源主要集中在西南民族地区，这与地区人口分
布的差异相对应。在建立和完善该地区的职业教育结构体系时应充分地考虑
西南民族地区的民族性特点。

四、经济特征

西南民族地区大多是融少数民族地区、深度贫困地区、集中连片石漠化

地区为一体的贫困地区。从经济发展水平来看，受历史、地理、交通、文化等因素影响，西南民族地区经济发展落后，现代经济成分和发展方式较弱。2018年，中国国内生产总值91.9万亿元，其中西南五省（除广西外）实现生产总值9.51万亿元，仅占全国国民生产总值的10.35%。2011年《中国农村扶贫开发纲要（2011—2020年）》明确的14个连片特困地区中，西南民族地区就有秦巴山区、武陵山区、乌蒙山区、滇桂黔石漠化区、滇西边境山区、西藏自治区、四省藏区等7个在列。"十三五"期间，西南民族地区再次被列为脱贫攻坚的主战场。

首先，从经济发展特征看，"山地经济"特征明显。西南民族地区平均海拔高，山地多，平地少，山高谷深，地形起伏大，地理地势立体独特，地貌复杂多样，有着丰富的山地资源和多样化的地理地貌。山地矿产资源种类多、储量大，全境已发现矿种130种，有色金属约占全国储量的40%；山地高海拔气候特征和气候差异大，立体气候条件优越，土地土壤多样化，发展特色山地农业优势明显；山地水利资源丰富，大江大河多，长江、珠江等大江河发源或流经于此；有大面积高山区和草场以及常年生林木和牧草，发展牧业优势大；山地旅游资源出类拔萃，汇集了石林、峰林、地缝、峡谷、瀑布、天坑、湖泊、奇石等自然景观。这些为发展"山地经济"提供了得天独厚的优势和潜力。可以说西南民族地区是"靠山吃山"的经济。

其次，从经济发展方式来看，第一、三产业是强势，是经济发展的主要依靠，第二产业是弱势。特色中药材、烟草、食用菌、油菜、茶叶等种植业和山地牧业成为第一产业的支柱。凭借山、水、林、泉、瀑、峡、洞、高山峡谷、现代冰川、高原湖泊、石林、喀斯特洞穴、火山地热、原始森林、花卉等自然景色和文物古迹，传统园林及少数民族风情等丰富的人文旅游资源打造山地旅游的知名品牌，成为地区的强势产业。由于缺乏明显的区位优势、交通闭塞，加之历史欠账较多、基础薄弱，因此第二产业是该地区的"短板"产业。

最后，从区域经济增长的效益来看，经济动能不强。经济动能就是人依赖自然资源及区域优势经过创新、创造所产生的人力效益，即一个经济区域或一个经济实体依靠区域和资源优势，以及政策原因而产生的经济效能。西南民族地区虽然有丰富的自然资源优势，但存在群众受教育的文化程度整体水平偏低的劣势。因此，在由原来主要依靠劳动、资本、土地、资源等一般性要素投入拉动经济增长转向当今主要依靠人才、技术、知识、信息等高级要素拉动经济增长的新经济增长方式下，西南民族地区经济增长动能不强。

第二节　西南民族地区"三农"现状

解决"三农"问题是"脱贫振兴"的出发点和目的。因此，透视"三农"现象就能发现农村职业教育服务"脱贫振兴"的现实需求。本研究选取西南民族地区中滇、桂、黔三省（区）部分农村、农业、农民为调查对象，采用问卷、访谈等方法进行调查。从整体上看，调查区域是脱贫攻坚和乡村振兴战略实施的重点和难点区域，是全面建成小康社会的关键地区。因此，所选择的研究对象具有西南民族地区的基本特征，也有一定的代表性，与研究目的相契合。

一、西南民族地区农村落后

黔西南布依族苗族自治州（也称黔西南州）地处滇黔桂三省（区）接合部的云贵高原东南、贵州省西南部，是典型的石漠化山区地带。全州共管辖1个县级市——兴义市，普安、晴隆、安龙、兴仁、贞丰、册亨、望谟7个县和顶效开发区，共有乡镇130余个、自然村2122个。全州土地面积16804平方公里，是一个多民族聚居的自治州，少数民族人口占比42.47%，境内居住有汉、布依、苗、瑶、黎、彝、同、仡佬等35个民族，是"我国新十年'滇桂黔石漠化连片特困地区'的核心地带，是我国新世纪第二个十年扶贫开发中明确的 14 个连片特困地区之一，更是新一轮国家扶贫开发以及西部大开发的重点地区之一"①。由于地处偏僻，山峦叠嶂，交通不便，人口素质低下，农村人口比重较高，城镇化率偏低，目前，全州共有 3 个深度贫困县，4 个极度贫困乡镇，165 个深度贫困村，贫困人口 33.22 万人，贫困发生率为10.56%，为全国、全省贫困面最广、贫困人口最多、贫困程度最深的自治州之一。因此，"贫困"是这里的农村、农民的代名词。为更详尽地探究这里的农民贫困状况，我们课题组深入黔西南州的深度贫困地区进行了调查，通过以农户为单位发放问卷 300 份，回收到 285 份，并重点走访了黔西南州的望谟、册亨、晴隆三个深度贫困县，望谟县的郊纳镇、册亨县的双江镇、贞丰县的鲁容乡等深度贫困乡镇，以及郊纳镇高寒村、双江镇坝麦村、三宝乡大坪村等深度贫困村了解当地农村、农业、农民的基本情况。

（一）自然条件恶劣，发展基础有限

人的生存和发展离不开必要的自然条件，恶劣的自然条件是贫困地区经济社会发展的瓶颈和大敌，严重制约着深度贫困地区经济和社会的发展。如晴隆县地处滇桂黔石漠化片区，山高气寒，年平均气温仅为 13.2 摄氏度，立体气候特征明显，冰冻、冰雹、冷涝等自然灾害频发。该县属于典型的高原峡谷区，山高路险、沟壑纵横、海拔落差大，高低落差达 1482 米，石漠化和水土流失十分严重，全县石漠化土地面积达 911.2 平方公里，占该县土地总面积的 11%，群众生产生活用水紧缺，可耕土地资源十分有限，人均耕地面积仅为 0.7 亩，而且坡地条块耕地多达 66%。受山地地形影响，土地资源匮乏、贫瘠、分散零碎，集中连片耕地稀缺，土地利用价值不高，难以实现农业规模化和产业化发展，使得生活在"一方水土养不起一方人"的自然条件恶劣的高山中的贫困群众丧失脱贫致富的信心和决心。

地处云贵高原的册亨县山高坡陡，沟壑此起彼伏，宜耕、宜居地十分有

---

① 李华玲，赵斌，张林，等．基于黔西南连片特困民族地区农民贫困情况的调查报告［J］．教育与职业．2018（2）：24-25.

限，多数群众只能居住在高山陡坡上，或沟壑河道旁，频遭山洪、泥石流、山体滑坡等自然灾害的侵害，群众抗击自然灾害、抵御风险的成本和代价大大增加，发展生产生活的基础十分脆弱。该县坡妹镇秧亚村虽已实现全村 13个村组通水泥路，但标准低、路况差，遇恶劣天气影响频繁，道路通畅度低，农产品运输困难，流通成本高，销售困难。加之水利设施建设不健全，全村只有丫口、大湾两个组实施了提灌工程，靠天吃饭现象严重，农业生产用水无法保障，严重阻碍当地农业产业发展，制约群众农业持续创收能力。晴隆县沙坪镇里怀村传统农业是主要的收入来源，粮食作物种植占全村种植面积的 50%，经济作物少，且规模小，产业层次低，见效时间长，市场竞争力不大，群众生活只能自给自足。

望谟县是黔西南州深度贫困县之一，区位条件差，距离州府所在地仅 200公里，生态环境脆弱，农业抵御自然灾害的能力弱。全县为山地地貌，山高谷深，沟壑纵横，耕地质量差，多为坡耕地，群众依山为生，靠天吃饭。该县受喀斯特地貌地形的影响，工程、工业用水问题十分突出，严重制约第二产业的发展，第二产业增加值占 GDP 比重仅为十几个百分点。穷乡僻壤的地理环境也制约着服务业市场的拓展，城镇就业吸纳能力十分有限，群众就近就业渠道狭窄，增收难度大，发展基础和空间严重受阻。该县郊纳镇高寒村是一个深度贫困村，这里没有一个规模产业项目，当地农民以种植水稻和玉米等传统农作物为主，没有其他经济项目，且农业产业层次低、规模小、效益差；农作物是群众收入的主要来源，收入十分有限，脱贫能力脆弱，致富的可能性小。

（二）基础设施滞后，资源开发程度不高

基础设施滞后导致自身资源难以充分开发利用，这成为制约黔西南深度贫困地区经济社会发展的因素之一。

晴隆县交通网络布局不合理，虽然有沪昆高铁穿越县境 14.89 公里，但并未设立站点，没能充分带动当地经济社会发展。晴兴、镇胜两条高速公路尽管在一定程度上改善了其对外的交通条件，但其出入口与南部和北部多数乡镇相距较远，难以彰显其优势，县内主要交通要道是 187 公里的四级省道，坡度大、弯道多、路面差、通畅度小，全县仍有 21 个村、560 个组公路尚未硬化。全县生产生活用水困难，大部分乡镇、行政村无稳定水源，仍有 4.1 万人饮水没有保障。工程建设用水问题十分突出，如县城供水需要从西泌河提引，扬程达 900 米，不仅难以保障供应而且成本高。城市设施落后、规划滞后、配套功能欠完善、城镇容值不高，旅游景区设施投入不足，功能不配套，旅游要素不全，使得久负盛名的"二十四拐"旅游资源未能得到充分开发利用，无法成为带动当地经济发展的"摇钱树"。由于交通闭塞、发展产业的基础设施缺乏，难以吸引企业发挥地方山地资源优势，发展如山羊、薏仁米、茶叶等规模农特产业。

册亨县交通基础设施历史欠账多，通达能力有限，到目前只有唯——条高速公路（安册公路）成为主要交通要道，部分村还未通水泥路，一些组甚至未通公路，或是"毛坯路"，晴通雨阻现象司空见惯。距离县城 58 公里，离最近的册安高速公路岩架互通 45 公里的深度贫困乡镇——双江镇，仅有的一条连接县城的四级公路，蜿蜒曲折、年久失修、路面坑坑洼洼、畅通率极低，从镇政府所在地到县城需行驶 3 个半小时，全镇有 116 个村民小组尚有 12 个小组道路未硬化。这里电网容量不足，停电频率高，用电的可靠性难以保证，通信质量不稳定，集镇没有稳定水源可供。由于基础设施的短板，使得原本有 70 多处旅游开发价值的资源，如南北盘江热带河谷暖冬气候、河面风光、热带特色作物观光资源和洛央村附近的云海、奇石、云上彩色奇石资源没有得到开发利用。

望谟县是一个无水运、航空、铁路，仅有一条"断头"高速公路的交通落后县，全县建制村畅通率为 68.5%，低于省州平均水平，组畅通率仅为 40%，为全省最低。仍有 31.5% 的建制村未实现通畅，60% 的村民小组未实现硬化，县内未编织成旅游路、产业路等路网，县内旅游资源、热带农作物产业难以开发和利用。该县受基础设施影响，郊纳镇本已与大健康联盟、正邦集团、勤邦集团等大型企业达成的合作意向以"流产"告终。

（三）农村劳动人口流失严重，农村活力和生机不再

从前的农村远远地就能望到村里炊烟缭绕，走进村口就能听到鸡鸣犬吠，经常能看到村里的孩子打闹嬉戏，三五成群的村民在一块聊天，一旦有陌生人走进村寨，热情、好奇、好客的乡亲们总是纷纷围上寒暄、招呼。然而，我们课题调研组来到 14 个连片特困地区之一的黔西南州一些村寨的所见所闻却是另一派景象。

贞丰县鲁容乡那翁村有 15 个村民小组，农户 770 户 3286 人，是一个典型的布依族少数民族聚居的村寨，少数民族人口占总人口的 99.57%。该村是远离城市的偏僻农村，山峦重叠、交通不便，距离乡政府 28 公里，距离县城 60 公里。全村共有耕地 851.14 公顷，过去村民习惯于过着"靠山吃山""雨养农业""靠天吃饭"的日子，外面的"金山银山不如家乡的深山"，宁守家乡的"宁静"与"安逸"，不逐城市的"喧闹"和"繁华"。而今我们来到这里看到的大部分农户基本上大门紧闭，有些院落还长满了杂草，门窗破旧不堪，接待我们的是一位身躯有些佝偻、约 60 岁的老大爷，他向我们介绍说："我们寨子本来有 267 人，现在留在寨子的只有 70 多人了，大部分青壮年人都外出浙江、广东打工了，留下的就是我们这些年龄太大，到外面找不到工作的老人，加上些妇女要在家照顾小孩子读书。"我们来到该村正值仲秋的一个星期天中午，天气晴朗、温暖，应该是寨子人群活动频繁的时候，但因人口大量外出，在调查的近 2 小时里，我们见到的村民不足 30 人，且基本上是 50 岁以上的老人、留守妇女和一群带着幼稚面孔，对陌生人到来感到好奇的儿童。村中听不到聊天的声音，农村失去了以往鸡犬相闻的生机，给人一种没有烟火生气的感觉。

从前的记忆中，在农村尤其是偏远农村，农村人进城不方便，也没有时间天天逛街，于是为了方便大家购物，便约定定期的"逛街日"，即赶圩日，

有些地方叫赶集日。每到这一天，大家都会带上家里需要卖了换钱的农副产品，去集市上交易，然后再买一些生活必需品回家，即使是没有商品交易的需求也会来看看热闹。远远近近的乡民和商人，不约而同，从四面八方纷至沓来，车水马龙，街道上挤满了摆卖的商贩和购买的人群，场面可谓壮观，热闹非凡，这在一定程度上是反映农村兴旺与否、活力强弱的重要表象之一。

望谟县郊纳镇地处望谟县东北角，地理位置偏远，距离县城 56 公里，交通极为不便，这里农民的交易、交流的主要方式也是"赶场"。我们调研组来到该镇正值当地"赶圩"日的"黄金"时间——上午的十点多，各地"赶圩"的乡民应都从四面八方赶来，正值人流最多的时候，但我们见到的眼前景象与我们的想象和记忆相去甚远。大街小巷人流不多，前来赶集的人以老人、妇女居多；摊点屈指可数，集市最密集的地方不到 300 米远；各种交易的农产品数量有限、品种不全。一位大叔在与我们交流中感叹道："过去我们这个镇赶集的时候，热闹程度一点也不比县城差，地方虽然不大，离县城远，但是赶场的时候会有很多人，那真的是十里八乡的人都来，有赶来买东西的、有走来看热闹的、有坐街聊天的，还有嬉戏玩耍的孩子们……做买卖的能把街道摆满，甚至摆到了小道上都没有地儿；赶集的人们看戏、看商品，妇女们看有什么时兴的衣服和饰品，男人们喜欢聚集在手表、五金、农具摊旁，棉花糖、玩具枪、套圈游戏等则对孩子们格外有吸引力。现在咯，年轻人都外出了，赶场的人都少得很了，继续这样的话，没人赶场了，农村越来越没得生气咯。"

（四）农村劳动力紧缺，耕地抛荒严重

随着城镇化建设步伐的加快，农村劳务人员持续输出和人口老龄化趋势的凸显，广大农村尤其是西南民族地区农村面临的"无人愿种地、无人会种地、无人种好地"的尴尬局面日益加剧。

为此，我们以西南民族地区的贞丰县沙坪镇某村作为研究对象，对该村农村劳动力和农村田地耕种情况进行现状调查。该村距离镇政府 18.7 公里，距县城 56.7 公里，辖 2 个自然村寨共 239 户 1104 人，均为布依族，土地面积 9.55 平方公里，其中耕地面积 1600 亩，水田 80 亩，可耕旱地 1520 亩，林地 2000 亩，可耕面积 200 亩，宜林面积 1500 亩。该村农民以传统种植农业为主，全村粮食作物主要用于自给自足，经济作物占全村种植面积的 30%，农民的收入主要依靠外出务工。全村外出务工人数为 445 人，年龄在 18—25 岁者占 28.7%，25—35 岁者占 45.6%，35—45 岁者占 24.8%；男性占 59.9%，女性占 40.1%。全村 82.3% 的青壮年人都选择外出浙江、广东等地务工，全村可耕土地大部分废弃，无人耕种，长满杂草和荆棘。刚从一块水稻地收割准备回家的老年妇女向我们介绍，她和老伴都已过花甲之年，共养育两个儿子均已结婚成家生子，现在儿子儿媳均去浙江打工，将两个孙子留在家里让她和老伴照顾。家中共有六亩多地，由于老人年老体弱已无力耕种，仅种了其中的三亩多地，其余的都抛荒了。当我们问及她为什么不将其余的土地转租给别人时，她长叹一口气有些遗憾似的说："谁来租种这地啊，你就是请人家种，人家都不要啊！你看嘛，现在的有力气的年轻人都外出打工去了，留在家里的都是些老年人没有力气种了。就是留在家里的年轻人也不愿种地，更不会种地，他们在外面的收入高，一年打工下来也能赚个 2 万—3 万，在家种地不过就 2000—3000 块钱的收入，划不来啊！""现在我们寨子里好多人家的土地都没人种了，荒弃的多。"在与我们交谈的过程中，村民们说得最多、说话时又显些忧虑的一句话是："今后年轻人都不愿种地、不晓得种地了该咋个办嘛！"

（五）乡村聚落"空废"现象突出

乡村聚落"空废化"是城镇化过程中，农村人口与空间分布变迁而衍生出的现象。由于一些地方，尤其是"远离城市的偏僻农村经济欠发达，人口大量流出而产生农村人口非农业化引起'人走屋空'，或是宅基地普遍'建新不拆旧'的远郊村庄'空心化现象'"。① 当前，乡村聚落"空废化"是农

---

① 项继权. 农村空心化、农业边缘化、农民老龄化应是乡村振兴的根本着力点 [N]. 大众日报，2017-12-09.

村"空心化"的重要表现之一。

兴仁县百德镇猪槽箐村位于大山镇北部，距离镇政府所在地为 9 公里，这里是典型的石漠化山区，是布依族少数民族聚居地，也是西南民族地区的腹地，石多土薄，缺水严重，资源有限，环境脆弱，地理位置偏僻，地形复杂，石漠化程度高，人均资源占有量严重不足，当地农民的收入主要依靠外出打工。课题组成员一行走进村寨，见到一位中年韦姓男子，他向我们介绍了村寨的情况："村寨共有 200 多人，外出打工的中青年人有 100 多人，留下的基本是老年人和小孩，要是以前你们来到寨子里，远远地就能看到寨子里的炊烟，只要一到村口就能听到鸡鸣犬吠，孩子们在村寨里打闹嬉戏，能看到村民们三五成群地聚在一块聊天，乡亲们会与前来陌生人打招呼。可现在到村里很难见到村里的人，就是看到几个人也基本上是 50 岁以上的人，我家附近的邻居也都搬到镇上或者县城里，要么就出去打工了。这些房屋基本上是空着的，真正住着人的大概只有三分之一。"听罢这位老乡的介绍，我望了望整个村寨，一种"人去楼空，室迩人遐"的感觉油然而生——如今的农村失去了以往鸡犬相闻、炊烟缭绕的生机。与我们交谈的过程中他又不时地忙活着自己正在修建的房子，当我问及他为何还要在农村建房时，他似乎饱满深情地说："唉，我们在这儿土生土长，农村是我们的根，在外面总不能打一辈子工啊！我们农民总是离不开土地啊，等年龄大了不能在外打工了，还是要回家种地的。"

二、西南民族地区农业弱质

农业，尤其是典型的传统农业，是西南民族地区的支柱产业。弱质性是传统农业的显著特点。造成传统农业弱质的原因是多方面的。一是在竞争性市场经济体制的大环境中，"大宗农产品差异性较小，进入壁垒很低；生产者众多且比较分散，为此供给弹性较大，而其作为一种生活必需品需求弹性却较小。供给弹性大、需求弹性小的市场特点，使得在买方市场条件下很容易形成过度竞争的不利局面，造成丰产不丰收的现象"①。二是由于农业再生产具有经济再生产和自然再生产的共时性，加之农业基础设施建设水平不高，农业对自然力支配和市场供给依赖性大，在生产和流通中，农民不仅需要面对较大的市场风险，还要面对不可预测的自然风险。三是传统农业整体科技素质低，农业生产经营方式落后，农业产业链短而细，集约化程度低，规模效益小，农产品加工增值率低。四是资金和人才等要素投入的严重不足和单向外流。资金的外流使农业与农村的各项建设事业缺乏应有的经济支持，而人才的外流使农村问题在根本上失去了解决的推动力量，从而造成预期收益的不确定性。西南民族地区农业的弱质性突出地表现在如下几方面。

（一）农业人才素质堪忧和农产品竞争力缺失

农业人才素质是决定农业经济效益、农产品质量和农民收入的关键。农业是西南民族地区农民的主要产业和主要经济收入来源，但收入十分有限。大多数知识型青壮年劳动力选择外出务工，留在农村从事农业生产的务农人员年龄普遍偏高，有技术、想种地、会种田的青壮年人越来越少。"谁来种地、谁会种地"成为农村不得不面对的一个突出问题。我们对云南省大理白族自治州太邑彝族乡农户进行从业意愿问卷调查统计发现，西南地区的农业生产主要存在以下问题：

1. 从业人员意愿弱，年龄高。如表 4-1 所示：

表 4-1　太邑彝族乡农民人力资本表（N=248）

	年　龄				合计
	18-30	31-45	46-55	55 以上	
同龄人数	47	69	73	59	248
愿意从事农业的人数	13	32	57	53	155

① 武文. 农业弱质性的三种表现［N］. 中国经济时报，2004-01-05.

续表

	年　龄				合计
	18–30	31–45	46–55	55 以上	
占同龄百分比（%）	27.7	46.4	78.1	89.8	
占总百分数（%）	5.2	12.9	23.0	21.4	62.5
会进行农业生产的农民人数	21	51	69	56	197
占同龄百分比（%	44.7	73.9	94.5	94.9	
占总百分数（%）	8.5	20.6	27.8	22.6	79.5

由表 4-1 可知，愿意从事农业的年轻人不多，仅占同龄人的 27.7%，占总调查人数的 5.2%，愿意从事农业的多为中老年人，其中 55 岁以上者占 89.8%；会进行农业生产的人中，18—30 岁的仅占同龄人的 44.7%，占总调查人数的 8.5%，55 岁以上者占同龄的 94.9%。可见，青年一代农业能手十分缺乏，从事农业生产的人年龄普遍偏高。

2. 从业劳动力受教育程度低。影响农业从业人员素质的重要因素是农民的文化程度和健康状况。对广西壮族自治区隆林各族自治县克长乡部分农民受教育程度的调查如表 4-2 所示：

表 4-2　克长乡农民文化程度及健康状况表（N＝457）

	文化程度						健康状况				
	文盲	小学	初中	高中	中专	大专及以上	很好	较好	一般	不太好	长期患病或残疾
人数	51	132	165	54	43	12	81	93	165	90	28
百分比	11.2	28.9	36.1	11.8	9.4	2.6	17.7	20.4	36.1	19.7	6.1

由表 4-2 可知，农民整体文化程度较低，文盲比例较高，初中以下文化

程度占比高达 76.2%，大专及以上文化程度仅为 2.6%；从身体健康状况看，大多较好，能胜任农业劳动，一般以上达到 74.2%，长期患病或残疾的比例为 6.1%。

3. 农业产品质量差。由于新生代农民的缺失，农业劳动力的不足，在农业生产过程中，为节省劳力的投入和消耗，快速简便地提高农作物产量，提高劳动生产率，农民过度依赖化肥和农药，农家肥料使用不断减少，导致耕地出现了一定程度的土壤板结，造成的后续影响是，一旦降低化肥使用量，农作物产量会有断崖式的下降。此外，在处理病虫害的方式上，过度依赖化学农药除草和杀虫、农产品的化学残留物超标等问题时有发生，农产品的食用安全问题日渐凸显，影响产品质量，难以在销售市场中获得竞争优势。

4. 农业生产效益低。西南民族地区由于交通不畅、信息闭塞，农民对农业市场信息的捕捉和反馈能力十分有限，对市场上农产品价格不甚了解，经常会出现农民增产不增收的困境，难以实现对经济效益的期待，严重挫伤农民种地的积极性。因而农民会减少农业投入，倾向于种植劳作简单的作物，减少劳动和时间耗费较多的农作物。如一些地方普遍出现将具备"双熟"种植条件的农业用地从种植"单熟""双季稻"改为种植"单季稻"或使用农田种树等现象。

（二）农业产业"边缘化"

首先，受市场经济规律影响。世界各国在现代化过程中，通常将二、三产业占 GDP 比重的提升作为一项重要的经济发展成就，同时也以农业占 GDP 比例的降低作为一项衡量经济现代化的发展指标。我国在工业化和城镇化进程中，遵循经济发展普遍规律，借鉴国外先进经验和做法，往往会主动地提升二、三产业在 GDP 中的占比，降低第一产业（农业）在 GDP 中的占比。因而，农业在我国工业化和城镇化发展中不得不"被迫让位"，似乎已被"边缘化"。此外，我国农业难以面对激烈的国内外市场竞争，逐渐成为国民经济发展中非常薄弱的环节。近年来"蛛网效应"和"谷贱伤农"等现象屡见不鲜，个体农民应对市场信息变化的能力非常薄弱，"增产不增收"现象非常突出。

其次，农业在经济中比重不断降低。改革开放40余年来，为快速推进工业化和城镇化发展，一方面，各地政府转变经济增长方式，将加快地方经济发展的重点放在二、三产业的增长上，将二、三产业在经济中的比重作为经济增长快慢、城镇化程度高低的主要标志。如贵州省2018年一、二、三产业分别增长6.8%、9.5%和10%①，黔西南州2018年实现地区生产总值增长12%，其中，农林牧渔业增加值增长6.5%，规模以上工业增加值（2000万元口径）增长11%，服务业增加值增长16%②。另一方面，大批中青年农民进城务工，农民开启"半工半农"生计模式。农民收入逐步摆脱对农业的依赖，来源多样化，外出务工收入代替务农收入成为主要经济收入来源，农业收入所占比重日益缩小。有研究表明："1978年我国农民人均收入中，农业收入和非农收入分别是84.95%和7.92%，农业收入的份额远高于非农收入，而至2009年两者的份额转变为29.07%和70.93%。此期间，农业收入比重下降约50个百分点，非农收入比重上升约60个百分点。"③《农村绿皮书：中国农村经济形势分析与预测（2018~2019）》指出，"2018年中国农民增收主要来源为非农收入"。同时，由于西南民族地区农业生产自然条件恶劣，靠农业收入难以维持生计，外出务工成为主要生计方式，村寨空心化、农业颓废化、农民老龄化更为严重，继而加速了农业边缘化。

（三）农业要素投入不足

农业生产高效优质发展需要有人、财、物等生产要素的必要投入。西南民族地区农业的发展问题突出地表现在生产要素的投入和配置不到位、自身发展能力不足等方面。一是农业基础设施建设滞后制约农业发展。农业基础设施建设投入大、成本高、效益低，社会资本引入难度大，西南民族地区地方财政又捉襟见肘。另外，西南民族地区特殊的地理特征和自然环境，加大了基础设施建设成本，难以保障正常农业生产所需，如交通、水利、通讯、物流等基础设施。据了解，西南民族地区的晴隆县是国家贫困县，域内主要交通要道是 187 公里的四级省道，坡度大、弯道多、路面差、通畅度小，全县仍有 21 个村、560 个组的公路尚未硬化。产业服务道路建设不到总里程的 2%，且多数产业道路等级和畅通率低。由于交通闭塞、发展农业产业的基础设施严重不足，不仅难以吸引企业发挥地方山地资源优势，如山羊、薏仁米、茶叶等规模农特产业，而且全县农民生产生活用水困难，大部分乡镇、行政村无稳定水源，仍有 4.1 万人饮水没有保障。黔西南的望谟县是一个无水运、航空、铁路，仅有一条"断头"高速公路的交通落后县，全县建制村畅通率为 68.5%，低于省州平均水平，组畅通率仅为 40%，为全省最低，目前仍有 31.5% 的建制村未实现通畅，60% 的村民小组未实现硬化，县内丰富的农业观光旅游资源难以开发和利用，热带农作物难以实现产业化和规模化发展。

二是农业基础设施的缺失，抵御各种自然灾害的能力也明显不足。地处云贵高原的册亨县山高坡陡，沟壑此起彼伏，宜耕、宜居地十分有限，多数群众只能居住在高山陡坡上，或沟壑河道旁，频遭山洪、泥石流、山体滑坡等自然灾害的侵害，群众抗击自然灾害、抵御风险的成本和代价大大增加，群众发展农业生产的基础十分脆弱。望谟县是黔西南州深度贫困县之一，区位条件差，距离州府所在地 200 公里，生态环境脆弱，农业抵御自然灾害的能力弱，全县为山地地貌，山高谷深，沟壑纵横，耕地质量差，多为坡耕地，群众依山为生，靠天吃饭，农业收入微薄且难有保障。

三是农业产业资金投入不足。在脱贫攻坚中，一些农业扶贫产业主要依靠政府扶贫资金实施，依靠政府对农户发展产业发放补助性经费，对后续产业管理和维护、产品研发、市场拓展所需经费的投入严重不足；农业产业融资难、融资贵，由于农业产业效益的不确定性和风险的不可预测性，金融部门更"慎贷""惜贷"，导致农业生产者获取银行贷款授信的难度远远大于其他行业。

四是人才技术投入缺失。受政治、经济、历史、制度，特别是城乡二元结构的影响，城乡差别扩大，农村人才和技术向城市单向流出。农村青壮年劳动力为寻求更高的经济利益，告别传统小农经济，纷纷奔向城市谋求更高的经济利益；农村籍高学历毕业生因农村发展空间和条件有限也不愿留守农村，农村基层管理、科技服务人才，如大学生"村官"、农村教师、乡镇医务人员等也因工作事务繁重、待遇差等原因不愿留守农村；现代农业、现代服务业的发展滞后，科技服务、管理人才引进难等原因，进一步导致了该地区农业在传统经济模式中的恶性循环。

（四）农村土地荒废

土地是农业赖以存在和发展的基础，一个地区土地的使用程度和效率在一定程度上反映了农业发展的程度和水平。农业是西南民族地区农民生存和发展的支柱产业，然而，我们调研发现，以农业为支柱的西南民族地区对土地的使用也存在许多异象。一是耕地抛荒严重，耕地利用程度低。受特殊地形地貌影响，西南民族地区土地产出效率不高，因而土地"失耕""失种"现象明显。如贞丰县连环乡某村，该村有耕地面积 48.67 公顷，其中水田27.53 公顷，旱地 20.8 公顷，却有 20 公顷耕地无人耕种，处于全部或部分荒废状态。在晴隆县中营镇一村，据当地一位不愿透露姓名的干部告诉我们，该村有耕地面积 240.59 公顷，这里原本寸土如金，祖祖辈辈依靠土地为生，现在一些农民并不关心土地，为了不让土地荒芜，多数人把自己的土地送给别人耕种，受耕人还视为"领人情""帮忙"才愿接受。一位包村干部告诉我们："曾经国家一度为了促进农民种粮生产积极性而实行粮食生产补贴制度，但该政策是按耕地面积补贴，而不按实际种植情况补贴，因而并没有起到应有的激励作用。在部分农民看来，拿补贴不种地而去打工比拿补贴种地更具有经济效益。"二是耕地流转和农业组织化程度不高。近年来，我国农村人口的大量外流，在一定程度上减轻了制约中国农业发展的"人口—土地"压力，为发展规模经营和农民增收创造了有利条件。然而，西南民族地区土地细碎、分散，成片化土地少，增加了土地流转利用的难度。此外，农村土地流转经营存在"高成本"问题，反过来又使农业规模经营的"红利"大受影响，这导致该地区农民外出打工留下的土地荒芜，无人承包流转，农业组织化生产的积极性受到严重影响。

三、西南民族地区农民的弱势性

当今市场经济社会中，人们的社会地位在很大程度上取决于其经济地位和生存的环境。农民是我国最庞大的群体，但由于历史原因及工业化、城镇化进程中不可避免的发展不均衡现象，我国绝大多数农民生活在经济欠发达，教育文化基础相对落后，交通、通信闭塞的环境中，处于不利的经济地位，这种习以为常的日出而作、日落而息、容易满足的生活方式，使农民成为我国最大的弱势群体。因此，弱势性是我国农民的典型社会特征，西南民族地区的农民更能反映这一特征。

（一）农民恶劣的生存条件与习惯的惰性生活方式

晴隆县三宝彝族乡大坪村地处晴隆县东南部，属于少、边、远高寒山区。由于地处边远，在通往乡政府的公路没有修通前，所有的物资都要到几十千米外的鸡场镇购买，并且还是人背马驮。这里的大部分彝族和苗族群众，生活条件十分艰苦，大都在贫困线以下，是滇桂黔集中连片石漠化特困地区的极度贫困村。这里属典型高寒山区，气候寒凉，地质结构疏松，自然灾害频发，受地形影响，这里山高坡陡，土地贫瘠，集中连片地稀少，人口宜居度极低，属于典型的"一方水土养不起一方人"的深山区。为实现扶贫开发总目标，当地政府按照脱贫攻坚的总方略，让该村易地搬迁，实施拔穷根、挪穷窝、快致富的举措。

2017年年底，一轮寒潮来袭，让这个山高气寒深山区的气温变得更低。我们从乡政府沿迂回曲折的山路步行了一个多小时，走进了龙奋进（化名）的家。见来客，他热情地招呼并生起一堆柴火。在谈话中得知，他41岁，共有4个孩子，大女儿已随亲戚去浙江打工，最小的孩子才2岁。进入他家的房子，要小心翼翼，稍不留神可能就会滚落到几十米的山沟里。山里人的生活用品全靠背篓背。他一家人和其他寨子人一样，靠种玉米为生，在这种石漠化严重的山里，土地十分贫瘠，根本谈不上收成。龙奋进家属于低保户。冬日寒风凛冽，看见孩子光着已冻得通红的腿，我提醒他别冻坏孩子了，他连连摆手说："不会，不会！"他看起来并不悲观，乐观和满足感溢于言表。"你怎么不出去打工啊？""没人照顾家。""你妻子在家照顾，你外出打工，收入多些，生活好过些啊！""我不会说普通话，找不到工作。"（其实，他能用不是很标准的普通话与我正常交流。）"我们现在的生活好多了，我们家都有低保，在家安逸得多，外面竞争太大，我不习惯城市的生活。"山沟里还有20多户村民，由于偏远闭塞、生存环境恶劣，难以靠发展产业脱贫，有效的脱贫方式是搬迁。一位挂村干部说，政府已在城市周边建了新房，学校、医院等生活设施齐全，不用为上学、看病、用水、用电发愁。县、乡领导及驻村干部多次进村动员，讲解搬迁的优势，但搬迁计划被许多村民拒绝，大多数人不愿搬迁，只有少数群众对搬迁工作持乐观态度、愿意搬迁，龙奋进也一直犹豫是否搬迁。因为他们很多人没走出过山里，不羡慕外面的世界，不敢融入大山以外的世界，习惯山里的生活，宁可固守传统生活方式，也不愿迈进城镇生活一步。

（二）农村贫困人口多、分布广，贫困程度深

马克思主义认为经济基础决定上层建筑。同样，农民经济状况的劣势决定了其社会地位的弱势。

1. 农村贫困人口多。据全国第六次人口普查，黔西南州常住人口为2805857人，占全国总人口的0.21%。全州常住人口中，居住在城镇的人口为789849人，占28.15%；居住在乡村的人口为2016008人，占总人口的71.85%。[①] 截止到2015年，黔西南州脱贫攻坚指挥部统计的贫困户、贫困人口数据如表4-3所示：

---

① 黔西南州统计局. 黔西南州2010年第六次人口普查主要数据公报［N］. 黔西南日报，2011-08-03.

表4-3　2015年黔西南州贫困户、贫困人口统计表

总户数	总人数	一般贫困户数	一般贫困人数	低保户数	低保人数	五保户数	五保人数
116051	416359	52146	219669	59960	192338	3945	4352

由表4-3可知，全州共有建档立卡的总贫困户116051户，一般贫困户52146户，低保户59960户，五保户3945户；总贫困人口有416359人，一般贫困人口219669人，低保户人数192338人，五保户4352人。贫困人数占全州总人口的14.83%，占全州农村人口的20.65%，占全国总贫困人数7000万的0.59%（按2015年国务院扶贫办统计公布的数据）。在深度贫困地区贫困人口更多，2016年，望谟县建档立卡贫困人口约为14700户53600人，占全县常住人口的22.67%；册亨县建档立卡贫困人口13270户50035人，占全县常住人口的21.11%；晴隆县建档立卡贫困人口为70432人，占全县农村人口的22.33%。

2. 贫困人口分布广。截至2017年，黔西南州脱贫攻坚指挥部统计的贫困户、贫困人口分布情况数据如表4-4所示：

表4-4　2017年黔西南州贫困户、贫困人口分布情况统计表

地区	兴义	兴仁	普安	晴隆	贞丰	望谟	册亨	安龙	义龙	总汇
总户数	5115	3064	7146	15131	9196	13015	9706	5221	231	67825
总人数	17996	8962	22513	55531	34406	48604	36777	15076	455	240320

由表4-4可知，黔西南州贫困农民遍布全州9个县、市、区，分布在各乡（镇）、村，尤其是偏远的民族乡（镇）、村，如晴隆、望谟、册亨、贞丰等县乡（镇）、村。哪怕是经济发展较好、人均收入居黔西南州之首的兴义市仍有贫困人口5115户17996人。

3. 贫困程度深。据统计，2015年全州人口贫困发生率20.77%，高出全

国贫困率（5.38%）15.39%。全州共有晴隆、册亨、望谟三个深度贫困县，晴隆县三宝乡、册亨县双江镇、望谟县郊纳镇、贞丰县鲁容乡 4 个深度贫困乡镇，165 个深度贫困村。2016 年，册亨县全县贫困发生率达 17.17%，其中的深度贫困镇（双江镇）贫困发生率高达 34.15%；18 个村中有 11 个贫困村（其中 8 个深度贫困村），贫困村占比为 61.11%。望谟县目前仍有 6 个贫困乡镇（按撤并前口径统计）、91 个贫困村、42 个深度贫困村，1.47 万户 5.36 万贫困人口，贫困乡镇、贫困村、贫困人口发生率分别为 35.29%、56.5%、17.12%。目前，晴隆县建档立卡贫困人口 70432 人，贫困发生率位居全州第一，全省第二，高达 23.22%；其中的深度贫困乡——三宝彝族乡共有 3 个行政村 19 个村民小组，共 1233 户 5853 人，建档立卡贫困户 696 户 3393 人，贫困发生率为 57.9%，在深度贫困乡镇中位列全省第二。

（三）农民受教育程度低、新生代农民少、体弱农民多

根据西南民族地区农民情况调查数据，即表 4-5 及表 4-6 可知：

1. 农民受教育程度低。农村中，作为当地农村经济社会建设主力军的 19—45 岁的青壮年人口占总调查人数的 40.4%。但这部分人群受教育的程度较低：文盲 37 人、占 4.3%，小学 283 人、占 32.8%，初中 369 人、占 42.8%。初中及以下文化程度占到 79.9%。高中文化程度为 138 人、占 15.9%，中专（技校）24 人、占 2.8%，大专以上 12 人，占 1.4%。接受过农业培训的人数为 253 人，仅占总调查人数的 29.3%。其中，文盲 16 人、占 6.3%，小学 67 人、占 26.5%，初中 105 人、占 41.5%，高中 56 人、占 22.1%，中专（技校）7 人、占 2.8%，大专以上 2 人、占 0.8%。可见，农村新生代劳动力文化程度在高中以下者愿意接受农业培训，多数情况是受教育程度越高越不愿意接受农业技术培训，他们在求学结束后通常选择"跳农门"、进城务工，而受教育程度较低的则留在农村务农，务农农民成了这一地区人口素质的"低洼地带"。

表 4-5 西南民族地区部分农村调查对象性别及年龄情况（N=863）

项目		频数	频数百分比（%）
性别	男	356	41.3
	女	507	58.7
	合计	863	100
年龄	19—30	157	18.2
	31—45	192	22.2
	46—60	213	24.7
	60 以上	301	34.9
	合计	863	100

表 4-6 西南民族地区部分农村调查对象教育培训情况（N=863）

教育程度			接受农业培训	
	频数	百分比（%）	频数	百分比（%）
文盲	37	4.3	16	6.3
小学	283	32.8	67	26.5
初中	369	42.8	105	41.5
高中	138	15.9	56	22.1
中专（技校）	24	2.8	7	2.8
大专以上	12	1.4	2	0.8
合计	863	100	253	100

2. 青壮年新生代农民少。据保守估计，目前黔西南州外出务工农民数量已超过当地农民总数的2/5，留在农村以农业生产为生计的农民，尤其是青壮年农民急剧减少，"谁来种地""谁来养猪"的隐忧在该州日益凸显。秋分时节，正值农村秋收的热闹繁忙季节，课题调研组来到晴隆县沙坪镇里怀村，这里的传统农业原本是主要的收入来源，粮食作物种植占全村种植面积的

50%，是一个典型的农业经济村，但调研组并未见到秋收的繁忙景象。我们走进一个有20余户的村寨，远远地传来狗吠声，走出屋子的有几位50余岁的老人，招呼我们坐下后，我们便直奔主题，询问村里情况。据介绍，该村寨有80余人，大部分青壮年外出打工，在外读大学的和读完大学后的年轻人都未回来，选择在外工作。青壮年人多是家里有特殊情况才回家，在家做农活的大多是老人和孩子。闲聊中老人们无不透露出对未来"谁来种地""谁来养猪"的担忧。一位60多岁的老人叹气道："等我们老了，干不动了，谁来种地？吃什么啊？"几位老年人几乎异口同声、有些激动地说："现在的年轻人都不想在农村，不想种地了，只有我们老年人干农活了！"调查中还发现，新生代农民中，有相当一部分是迫于家庭劳动力缺乏、父母年老体弱需要照顾或其他原因才不得已暂时留在农村务农的，并无长期务农的打算。

3. "6038"现象突出，体弱农民多。表4-5的调查对象表现为以下几点特征：①性别失衡。男性占41.3%，女性占58.7%，因此农民中"38队伍"凸显。②年龄失衡。年龄在19—30岁的占18.2%，31—45岁的占22.2%，46—60岁的占24.8%，60岁以上的占34.8%。从调查的数据可见，留守农村务农的农民中女性多于男性，中老年人多于青壮年人，以老年、妇女居多。务农农民平均年龄已达到61.3岁，农村65岁以上老人占总调查人数的8.05%，"60"农民比率高，说明该地区农民已进入老龄化。这基本符合黔西南州农村"6038部队"是农村主要劳动力的真实情况。③脱贫能力弱、贫困人口多。据调查，2016年，晴隆、册亨、望谟三个深度贫困县中，贫困人口分别为70432人、40705人、53600人；贫困发生率分别为23.22%、17.17%、17.12%。

尽管农民沦为弱势群体的原因是多方面的，但综上可知，受教育程度较低及社会发展的不平衡性导致农民表达和追求自己的意愿和利益的能力较低，掌握的资源较少，使其往往成为社会的弱势群体。加之年龄老化、生理特征上的健康状况每况愈下、先天或后天残疾等原因，农民中"生理性"弱势的比例较大。同时，尽管人数众多，但他们的利益诉求声音的影响力微弱，他们的权益诉求很难在社会中表达出来，在涉及他们的利益和诉求时，往往要依靠政府和大众媒体来为他们代言。

（四）农民脱贫能力和信心不足

在脱贫攻坚过程中，有些贫困群众曾对美好生活充满过向往，曾努力过、奋斗过，但因各种原因，难以承受市场风险而败下阵来，徒劳无功，灰心丧气。册亨县的韦有志（化名）就是这样一个人，14 户贫困户有 10 户已经通过贷款做养殖、种植、经营等方式脱贫致富了，就他无动于衷。扶贫干部介绍说："他一天三顿酒，雷打不动，成天醉醺醺的，他两个二十多岁的儿子也闲在家里，全家欠了几万元外债。"他曾努力过，在板栗畅销、价格高时，他种了 200 多株板栗树，但板栗收益慢，第一年栽种要到第四年才有收益。结果 4 年后，板栗价格跌到低谷，忙碌了四年下来，不仅没挣到钱，还亏了本。一气之下，他将板栗树砍得仅剩 4 株。韦有志还跟风养过牛、放过羊，可总是白忙活一场，劳而无功。帮扶干部上门劝说他"东山再起"时，他总是摇头说："算了，我做什么都不行！"贞丰县鲁容乡近年来在省、州、县有关部门的大力帮扶下，发展过火龙果、桃子、柚子等水果的种植，但受气候、地理环境、技术、土地、产业规模、市场等因素影响，没有达到预期的经济效益，群众的生产积极性严重受创。到 2016 年，扶贫干部几经周折、苦口婆心，好不容易才劝说部分群众加入了现在的"公司+基地+合作社+贫困户"的产业脱贫模式。一位乡干部说："扶贫工作要胆大心细，一次失手，群众的积极性和信心就很难挽回。"2015 年，晴隆县三宝乡大坪村发展了 18 户养羊示范户，养羊 280 只，由于农户不擅养殖技术，不能识别病症，导致疾病扩散，羊群死亡率高，加之市场价格波动大，农户不赚反赔。从此，许多农户对养羊产生了强烈的抵触情绪，"谈羊色变"，纷纷外出打工，他们发展农业的积极性和信心大受打击。

（五）农民"弱势代际传递"现象严重

"'十二五'以来，黔西南州委、州政府以扶贫开发统领全州经济社会发展全局，全州各级各部门按照产业富民、扶贫助民、干部为民和紧盯目标、精准发力、精准落实等要求，努力工作，全力打好扶贫开发攻坚战，全州经济发展提速增效，居民收入大幅增加，贫困人口大幅减少，减贫进程不断加快"①，但农村人口返贫问题是农民弱势循环的又一主因。调查资料显示，该地区农民因灾、因病、因婚丧大操大办等原因导致返贫率达 20% 以上，尤其是在贫困程度较深的民族县、乡（镇），如晴隆、册亨、望谟，农民返贫率均高达 27%。"家庭贫困代际传递是指一个家庭的贫困现象以及导致该家庭贫困的因素及条件，在家庭内部成员中代代相传，下一辈成员成年后继续和重复着上一辈家庭成员的贫困状态。"② 据对该州 6 个县（区）14 个乡（镇）、27个村进行调查和问卷统计发现，该州"贫困代际传递"现象在贫困山区尤为严重。父辈与子女两代人人均纯收入都在 2800 元以下（按 2015 年中国贫困线标准）的占总贫困户数的 13.6%，其中因病、因残、因灾而导致"贫困代际传递"的为 26.7%。比较和研究表明：因为父母受教育程度不高，缺乏正确引导子女通过接受教育摆脱贫困的意识和培养子女的条件，在教育、就业和健康等方面贫困家庭子女与富裕家庭子女相比，贫困家庭都会相对处于弱势。在调查中，我们发现多数"穷二代"的文化程度仅为小学以下，平均受教育年限仅为 4.6 年，这就使多数"穷二代"脱贫后，因为缺乏顺畅自由的收入流动机制，难以真正获得稳定的保障和上升空间，进一步影响其未来收入，实现收入的实质性改善，大大增加了其再次陷入贫困的可能性，而且形成了代际贫困的恶性循环。

第三节　西南民族地区农村职业教育的现实需求

连续多年中央一号文件"各民族共同发展才是真的发展""解决区域性整体贫困，真脱贫""重视少数民族和民族地区的发展""小康不小康，关键看

---

① 王学军，将旭. 全州 4 年减少农村贫困人口 50 人 [N]. 黔西南日报，2015-10-17.
② 万喆. 新形势下中国贫困新趋势和解决路径探究 [J]. 国际经济评论，2016 (11).

老乡""在全面小康的路上，一个民族、一个家庭、一个人都不能少""坚持农业农村优先发展，坚持农民主体地位，坚持乡村全面振兴"等系列思想政策的提出，彰显了党和国家对解决"三农"问题的决心和力度。同时，党的十九大报告指出："农业、农村、农民问题是关系国计民生的根本性问题，必须始终把解决好'三农'问题作为全党工作的重中之重，实施乡村振兴战略。"要"强化乡村振兴人才支撑、培育新型职业农民、加强农村专业人才队伍建设"，增加农民收入，促进农村发展，达到"产业兴旺、生态宜居、乡风文明、治理有效、生活富裕"的目标。因此，西南民族地区要破解"三农"问题、实现脱贫振兴，发展农村职业教育、培养农村人才是关键。

本研究是基于对黔西南州、黔东南州、滇西、桂西等西南部分民族地区的调查，根据问卷数据和访谈结果对西南民族地区农村职业教育的需求做出的判断。

一、提升农村劳动力素质的需求

本调查在西南部分民族地区共发放问卷 480 份，收回有效问卷 402 份，回收率为84%，问卷效果具有实证性。

（一）农村务农劳动力文化程度低

据务农农民素质情况调查表4-7所示，当前我国农村尤其是西南民族地区农村务农劳动力素质堪忧。在 402 位农业从业人员中，男性 164 人、占 40.8%，女性 238 人、占 59.2%。可见，女性从事农业工作者偏多；在农业从业人员的年龄上，18—45 岁的中青年为 107 人、占 26.6%，46—60 岁中老年人为 156 人、占 38.8%，60 岁以上老年人为 139 人、占 34.6%。可见，务农人员的年龄趋向老龄化。从受教育程度来看，大专及以上学历者为 0 人，中专为 3 人、仅占 0.7%，高中为 5 人、占 1.2%，初中 152 人、占 37.8%，小学 261 人、占 64.9%，文盲 77 人、占 19.2%。可见，农业从业人员的平均受教育年限较短，整体素质不高。

表4-7　农村务农劳动力情况调查表（N＝402）

项目		人数	人数百分比（%）
性别	男	164	40.8
	女	238	59.2
年龄	18—45	107	26.6
	46—60	156	38.8
	60以上	139	34.6
文化程度	大专及以上	0	0
	中专	3	0.7
	高中	5	1.2
	初中	152	37.8
	小学	261	64.9
	文盲	77	19.2

（二）返乡农民多、务农意愿强

农村劳动力务农意愿问卷调查如表4-8所示：

表4-8　农村劳动力务农意愿问卷调查表（N＝402）

项目	愿意务农		不愿意务农		视情况而定		返乡农民工	
	人数	占同龄百分比（%）	人数	占同龄百分比（%）	人数	占同龄百分比（%）	人数	占同龄百分数（%）
30岁以下（89人）	39	43.8	23	25.8	27	30.3	26	29.2
30—40岁（102人）	60	58.8	29	48.3	33	32.3	37	36.2
40—50岁（123人）	85	69	20	16.2	18	14.6	46	37.4
50岁以上（88人）	65	73.8	15	17	8	9.1	59	67

表4-8农村劳动力务农意愿问卷调查结果显示：在务农意愿调查中，务农愿望最低的是30岁以下的年轻人，意愿达到43.8%；随着年龄的增长农民务农意愿增强，50岁以上的老年人意愿最高，达到73.8%；表示不愿意务农者随着年龄的增长比率降低，30岁以下的23人、占25.8%；30—40岁农民29人、占28.3%，40—50岁的20人、占16.2%，50岁以上为15人、占17%，这说明农民年龄越大务农意愿越强。表示视情况而定者，中青年农民较多，而且接受调查的农民中有外出务工经历的返乡农民工较多，达168人。笔者在访谈中也了解到"70后"普遍不愿种地，"80后"大多表示不会种地，与"90后"谈种地的事大部分表示不感兴趣。其原因主要是农业经济效益不高，或不懂农业知识和技术、干农活很苦，但多数表示如果能学会务农的相关技术和知识，提高收入，愿意在家乡从事农业生产。因此，调查表明，发展农村职业教育，培养新型农民的个人需求旺盛。

（三）农民智力技术水平低

农民曾从事其他工作、接受培训情况调查如表4-9所示：

表4-9 农民曾有职业、接受培训情况调查表（N=402）

项目		人数	百分比（%）
曾从事其他工作	农村智力、技术劳动者	39	9.7
	企事业职工	7	1.7
	军人	12	3.0
	无以上经历	344	85.6
	合计	402	100
曾接受过培训	农业培训	56	13.9
	非农培训	83	20.6
	都没有	263	65.5
	合计	402	100

通过对农民曾经从事智力、技术方面工作的调查可知，多数人没有相关经历，占85.6%（见表4-9）。从事过农村智力、技术方面工作的农民仅为9.7%，在企事业单位工作过的只占1.7%，参过军的复员人员仅3.0%。然而，这部分人往往是农村中的"能人"代表，是农村脱贫致富的带头人、乡村振兴的"领头羊"，可是"能人"代表整体规模小，人数少，带头作用发挥得非常有限，因此，亟待培养这方面的人才，提升西南民族地区的人力资源素质。

在对农民是否接受过技能、技术等方面培训的调查中发现，没有接受过任何培训的占65.5%，参加过农业方面的培训的仅为13.9%，20.6%的人参加过非农培训。这一方面反映了西南民族地区现阶段对农民有针对性的培训严重不足，另一方面也反映出地方政府相关部门对农民的培训未能给予足够重视。从调查结果整体上看，影响西南民族地区农民人力资本水平的各种指标不高，农民的整体人力资本水平低。然而，无论是要打赢脱贫攻坚战、全面建成小康社会，还是要保持脱贫攻坚胜利果实，实施乡村振兴，实现"产业兴旺、生态宜居、乡风文明、治理有效、生活富裕"的目标，最重要的都是要坚持"志""智"双扶，激发农民的内生动力；要立足农村、服务农业、依靠农民，大力开展农村职业教育、培育新型职业农民、提高农民自身素质。

二、西南民族地区脱贫攻坚的需要

党的十八大以来，为让中国7000多万农村贫困人口摆脱贫困，以习近平同志为核心的党中央把"三农"问题的有效解决摆在治国理政的重要位置，确保到2020年农村贫困人口实现脱贫、全面建成小康社会。2015年，中共中央、国务院印发了《中共中央 国务院关于打赢脱贫攻坚战的决定》，决定提出打赢脱贫攻坚战的总体目标是："到2020年，稳定实现农村贫困人口不愁吃、不愁穿，义务教育、基本医疗和住房安全有保障。实现贫困地区农民人均可支配收入增长幅度高于全国平均水平，基本公共服务主要领域指标接近全国平均水平。确保我国现行标准下农村贫困人口实现脱贫，贫困县全部摘帽，解决区域性整体贫困。"提出"着力加强教育脱贫、阻断贫困代际传递""发挥科技、人才支撑作用""加强新型职业农民培训，大力实施边远贫困地区、边疆民族地区和革命老区人才支持计划，贫困地区本土人才培养计划"等实施路径。[①]

研究表明，教育具有极大的促进经济社会发展的作用。职业教育作为我国教育事业的重要组成部分，与经济社会发展关系最为紧密，它对于促进社会政治、经济、文化发展、维护社会稳定等有着重要的作用。农村职业教育与农村、农业、农民最接近，直接服务"三农"，更能满足农村社会发展需要，为扶贫济困、帮助农民脱贫致富、促进农村经济社会发展、实现西南民族地区脱贫振兴提供人才保障、智力支持和技术支撑。

（一）农村职业教育能助力西南民族地区农村"脱真贫"

农村职业教育能"授人以渔"，让贫困群众成长为有本领、懂技术、肯实干的劳动者，全面提升人力资源素质，增强自身"造血"能力。农村职业教育具有"门槛低""接地气"的特点。习近平总书记指出"要加大对农村地区、民族地区、贫困地区职业教育支持力度，努力让每个人都有人生出彩的机会"[②]。通过开展技能培训，确保适龄青少年在初、高中毕业未能升入普通高中、高等院校之后，能接受职业教育，能掌握专业技术技能，就地转化或外出务工、经商，确保就业，实现脱贫。对有劳动能力但文化程度低、技术技能差的贫困农民来说，可坚持"实地、实用、实效"的原则，发挥农村职业教育的田间地头课堂、农民夜校、工厂学校作用，全方位、靶向式地开展科普知识和实用技能培训的特点，有针对性地加强"点对点"指导，增强自身脱贫"造血"能力。

① 中共中央 国务院关于打赢脱贫攻坚战的决定［EB/OL］. 中国政府网，2015-12-17.
② 习近平：加快发展职业教育 让每个人都有人生出彩机会［EB/OL］. 新华网，2014-06-23.

农村职业教育与普通教育和成人教育相比，更侧重于培养操作技能和实践能力，是直接以就业为目的的"就业教育"，它不但能扶"智"，还能扶"志"，能"拔穷根"、阻断"代际贫困"。从西南民族地区过去扶贫的经验来看，党和政府给政策、送物资的"输血式"扶贫不能奏效，一次脱贫，再次返贫，不能达到"脱真贫"的效果。因此，最根本的就是要通过农村职业教育"扶贫先扶志""扶贫必扶智""授人以渔"，增强农民的"造血"机能。从西南民族地区农民致贫和返贫发生的实际情况看，大部分农民没有有效就业，缺乏稳定收入来源，而缺乏专业技术和职业技能是导致农民贫困的根源。只有通过农村职业教育进行技能培训，促使农民强技能、长本领，增强他们自身"造血"功能，实现充分就业才能"脱真贫"。

（二）农村职业教育能增强农民脱贫的内生发展力

西南民族地区有自然条件恶劣、基础设施不健全、发展基础有限、资源开发程度不高、农村人口老龄化现象严重、贫困人口多等不利条件是不争的事实，但这些不是西南民族地区农民贫困的根本原因。过去的扶贫实践证明，党和国家从来没有忽视过西南民族地区的扶贫帮困，党和国家尝试过政策的红利、物资的发放等"输入式"扶贫，但就是难以奏效，其最根本原因还是农民群众受教育程度低、思想观念落后、内生发展动力缺失等。

首先，贫困群众受教育程度严重不足，导致自我发展能力缺失。由于我国的区域发展长期失衡和民族发展差异，贫困地区长时间文化教育落后，部分贫困群众即使有健康的劳动能力，但由于受教育程度低、缺乏基本的文化素质、未接受合适的劳动技能培训等，难以融入现代社会生活。他们不易接受新知识、新观念、新思想，知识更新和知识再生能力十分有限，谋生技能难以提升，在劳动力市场中不具备竞争力，原本想着"致富靠打工"，结果"打工不致富"。此外，文化教育程度低下也导致他们把握现代市场经济规律和捕捉信息的能力缺失，使其难以在竞争激烈的市场经济活动中获取较高的收益，结果闯市场屡"碰壁"，话脱贫力不从心。

其次，受教育程度低导致脱贫信心不足。一些贫困群众受教育程度和文化水平低，捕捉信息能力弱，脱贫信心不足。在当今市场化、知识化经济和信息化的社会，一个人受教育的程度和知识水平的高低决定了其获取信息资源、提高收入能力的大小。一些农民受教育程度低下，把握市场经济规律的能力有限，在市场经济竞争中处于弱势地位，在生产经营活动中常常遭受挫折，入不敷出的情况时有发生，通过劳动脱贫致富的愿望也因此落空，甚至受到严重打击和伤害。这种劳动、创业脱贫道路上经历的"挫折感"使得他们失去通过劳动、智慧获得回报的信心和"东山再起"的勇气，以致发出"我做什么都不行，现在只能靠政府帮扶了"的哀叹，甚至对"勤劳致富"的朴实理念产生怀疑。

最后，受教育程度低制约部分农民劳动力素质。由于农民受教育程度低下，难以摆脱封建传统观念的影响，加上受经济发展条件和水平的限制，缺乏对正确伦理观、文明婚姻观、科学生育观的认识，近亲结婚现象时有发生，导致新生代劳动力先天性聋、哑、残、病发生率高，劳动人口素质低。即使部分群众有脱贫致富的愿望，但因缺乏良好的劳动能力和正常的劳动智力而难以脱贫。

三、西南民族地区乡村振兴的需要

为巩固脱贫攻坚成果，解决我国人民日益增长的美好生活需要和不平衡不充分发展之间的矛盾，实现"两个一百年"奋斗目标和中华民族伟大复兴中国梦，党的十九大提出把实施乡村振兴战略作为新时代解决好"三农"问题的总抓手，乘胜而上推动我国社会发展，开启全面建设社会主义现代化国家新征程。战略提出，要实现"农业农村现代化"的总目标，要坚持"农业农村优先发展"的总方针，要实施"强化乡村振兴人才支撑、培育新型职业农民、加强农村专业人才队伍建设"等措施。乡村振兴是一个系统工程，涵盖了"产业兴旺""生态宜居""乡风文明""治理有效""生活富裕"五大方面，除了经济，还包括文化、教育、科技、人才等要素的振兴。农村职业教育培养人才、服务社会、传承和引领文化、满足新时代人民群众"物质文化需要"和"美好生活需要"的功能决定了发展农村职业教育是乡村振兴的需要。

（一）人才培养需求

人才旺，乡村兴。乡村振兴，人才是保障。2018年中央一号文件明确指出："实现乡村振兴，必须破除农村人才瓶颈制约，将人力资本放在突出位置。"在某种程度上，人才制约着乡村振兴的实施效度与发展方向。乡村振兴战略必须要依靠一支懂农业、爱农村的人才队伍去实施，而且，这支人才队伍应满足乡村振兴的需求，具有示范引领作用。此外，农民作为乡村振兴的主体，既是乡村振兴的受益者，也是乡村振兴的实施者，只有提高农民的文化素质，将其培育成新型职业农民，才能为乡村振兴提供人才支撑，保障乡村振兴战略的实施效度。因此，作为服务"三农"发展的农村职业教育，要围绕乡村振兴的需求，将人才培养排在第一位，培育新型职业农民。

为了解决新时期"农村空心化、农民老龄化、农业边缘化"的难题，党中央明确提出：通过实施新型职业农民的战略，培养一批"有文化、爱农业、懂技术、善经营、能带富"的新型职业农民。在党中央的战略部署下，各地纷纷掀起新型职业农民培育的热潮，并取得诸多成效。如以县级职教中心为培育新型职业农民的主要阵地，从"三农"发展的实际需求出发，探索出"校乡合作招生""弹性学制""地方特色培训"及"写实性考核评价"四种新型职业农民培养模式，并开设了种植、农村经济管理、果蔬花卉及电子商务等专业。据统计，兴义市中等职业学校，2016—2018年共计招收2700余人，加上农民电子商务培训，每年完成2000余人次"新型职业农民"培训，农民参与率达80%以上。新型职业农民的培育，不仅提高了农民自身的综合素质和劳动技能，还促进了乡村全面振兴。

（二）经济发展需求

经济发展是实现乡村振兴的物质基础和前提，乡村振兴必须实现经济发展。农村职业教育与农村经济的联系最为紧密，对促进农村产业升级、经济发展最有效。目前，我国农村综合生产力依然薄弱，"三农"问题始终是社会经济发展的短板，所以必须通过农村职业教育助推农村产业发展、经济增长，从而带动农村其他经济同步增长。事实上，通过职业教育促进经济发展，一直是职业教育发展的宗旨。早在中华职业教育社成立之初，就将其宗旨确定为振兴国民经济。时至当下，我国建立的现代化职业教育体系，依旧旨在提高劳动者综合素质与技能，推动国民经济发展。

在实施乡村脱贫振兴的大背景下，要让西南民族地区农村实现"产业兴旺、生态宜居、乡风文明、治理有效、生活富裕"的目标，农村职业教育的重要性更为凸显。必须依靠农村职业教育培养一大批涉农专业人才，提供信息服务与技术支持，实现产业振兴、经济发展。

西南民族地区开阳县农村职业教育助推"产业兴旺"的成功经验可见一斑。该县是一个少数民族聚居区，涵盖 20 多个民族。曾经的贫困县如今被评选为贵州省乡村振兴示范县，有 20 个村镇分别上榜示范村和示范镇。近几年，为了深入贯彻落实党的十九大精神，推进乡村振兴战略实施，该县专门制定了《乡村振兴战略的实施规划》《关于推进乡村振兴战略的实施意见》及《关于坚持农业农村优先发展深入推进乡村振兴战略的实施意见》，并按照"二十字"方针，立足自身实际，坚持农业农村优先发展，以农业供给侧改革为主线，围绕"调结构、夯基础、理机制、补短板、促改革"的目标，推动农业全面升级、农村全面进步、农民全面发展，实现农业强、农村美、百姓富，谱写乡村全面振兴新篇章。

乡村振兴战略实施伊始，该县就制定了乡村产业发展计划以实现"产业兴旺"目标。以富硒农产品、丰富磷矿资源和十里画廊"三张名片"为引领，以农业供给侧结构为主线，以"三变"改革为抓手，打造"一环一线三走廊四板块"的产业布局。一是重点扶持传统优势农业产业发展。以退粮进经、退耕还林的形式，通过"政府+企业+农民"的共建共享机制，重点扶持发展枇杷、茶叶、中药材、食用菌、蔬菜等传统优势产业，构建现代农业产业体系。二是深度开发磷矿化工产业。实施工业补链强基工程，充分利用科学技术，大力开发和创新矿产资源价值，将丰富的矿产资源转化为动力电池、电解液、隔膜及新能源材料，促使磷化工产业由基础化工向精细化工转型，实现磷产资源的全产业链发展。此外，充分利用磷化工业"三废"次品，变废为宝，推进磷石膏的"以渣定产"。三是培育壮大旅游产业。以"四个统筹"为抓手，以农文旅一体化发展为模式，培育壮大旅游业。首先，开阳县以"观光农业、农事体验、文化传承、休闲度假"为发展理念，按照"农业园区化、园区景观化、农文旅一体化"的思路，将十里画廊打造成农旅一体的示范区，推进生态农业观光长廊建设，打造以南江大峡谷、白马峪温泉、紫江地缝、猴耳天坑为特色的景区，将龙岗镇、禾丰镇和楠木渡镇分别创建成全国旅游文化小镇、市级土司小镇，以及县级田园小镇。其次，开阳县积极寻求与国内外旅游公司、专业性旅游组织的交流合作，开发出具有专业化、个性化、自由化的"一站多程"式旅游产品，满足人民多样化的旅游需求。最后，开阳县探索茶旅融合、康养一体发展模式，力求将开阳的资源优势转化为经济优势，推动开阳产业全面提档升级。

　　该县之所以能实现一、二、三产业融合发展，实现农业现代化，最重要的一点就是充分发挥了县级农村职业教育的"农才"功能，培育新型职业农民，为乡村振兴提供人才、技术支撑。首先，扩大农村成人教育规模。实施学历教育与培训并举的法定职责，育训结合、长短结合、内外结合，面向在校学生和全体社会成员开展职业培训。其次，积极拓宽服务对象和办学渠道。广泛开展农村成人教育工作，满足各类群体接受职业培训的需要。再次，广泛积聚和培养技术人才。一是紧紧围绕该县传统特色农业、磷矿化工产业、旅游服务业等人才紧缺领域大力开展职业培训，为该县三个产业融合发展提供了"留得住、用得上"的技术技能人才；二是涉农专业是农业技术技能积累的高地，聚集了众多的专业师资和技术人员的优势，组建了强大的产业扶贫专家团队和技术团队，为该县产业发展提供强有力的技术支持；三是充分发挥职业学校教师的"智囊"作用，帮助开发适合当地经济发展的项目。

此外，良好生态环境是农村的最大优势和宝贵财富。在实施乡村振兴战略时应注重依靠发挥农村职业教育的作用，对农民进行科学生态观教育，增强他们尊重自然、顺应自然、保护自然的自觉意识，打造宜居乡村生活环境，推动乡村自然资本加快增值，增加农民的无形财富，促进经济发展。

（三）科技支撑需求

实施"乡村振兴"战略的根本目标是农业农村现代化，而农业农村现代化的关键在于科技创新。① 为了推动农业农村科技创新，助推乡村振兴，国家先后出台了《关于创新驱动乡村振兴发展的意见》和《创新驱动乡村振兴发展专项规划（2018—2022 年）》。我国农村经济发展的基础条件、主要矛盾和外部环境已经发生了翻天覆地的变化，农业正处于转变发展方式和结构升级的关键期，迫切需要以科技创新为支撑，推动农业供给侧改革，为农业现代化发展提供新动能。

当前，要实现农业农村现代化，必须依托科技创新，调整农业产业结构，提高农产品供给质量，延长农产品产业链，增加产品附加值，促进一、二、三产业融合发展。面向农村地区专门服务于"三农"的农村职业教育，理应加强对农业科技创新的推广与应用，为全面激活农村经济发展活力，推动农业产业机构升级贡献一份力量。

一方面，汇集科技创新资源。农村职业教育要充分发挥桥梁和纽带的作用，将农民、农村和科技研发机构连接起来，加快推动高新技术应用于农业生产。另一方面，农村职业教育发挥自身吸引力，与农民、科研机构及涉农

---

① 科技部关于印发《创新驱动乡村振兴发展专项规划（2018—2022 年）》的通知［EB/OL］.中华人民共和国科学技术部官网，2019-01-21.

企业共同组成农科教联合体，创新农业各类实用技术，推广农业种植新品种和新方法，促进科技成果向农业转移转化。

（四）文化传承需求

由于民族地区经济社会发展长期处于落后状态，农民对美好生活的向往和追求往往停留在物质层面，对现代生活文明缺乏正确的认识，封建、落后的思想观念根深蒂固，对现代文明生活理念和方式难以接受。在进行乡村公共设施改建、环境改造时势必影响部分群众的暂时利益，引起群众的不理解、不支持。农村职业教育可以发挥其"向农性"优势，在对在校学生进行技术技能教育的同时，加强法规、政策和现代文明教育，促进新型农民综合素质的提高；开展送教下乡活动，针对农民的实际需求，加强对农民的普法教育、现代文明教育、环境保护教育等，引导群众养成良好的生活习惯，营造一个绿色、美丽、舒适的生态环境，增加地方"颜值度"、宜居度，使自然资本加快增值。

实现"产业兴旺、生态宜居、乡风文明、治理有效、生活富裕"的总体目标，需要有乡村文化的引领和传承。繁荣兴盛的农村文化饱含着文明的乡风、淳朴的民风、良好的家风，以及农民的思想意识、精神情感和行为方式等丰富的内容，带有鲜明的地域色彩和乡土气息，与农民的生产实践活动联系紧密。它能改善农民精神风貌，不断提高乡村社会文明程度，焕发乡村文明新气象。

农村职业教育具有最贴近农民的特点。通过农村职业教育，开展乡村文化宣传活动，可为农民提供更多的文化产品，提升农民的精神风貌。农村职业教育在脱贫振兴中能发挥多种功能。一是能以先进文化立"志气"。用新时代下脱贫攻坚和乡村振兴的战略理论思想、政策措施和社会主义核心价值观教育群众，鼓舞士气，激励斗志，消除"习惯穷、不怕穷、温饱即足、不富也安"的守"穷"心理，让贫困群众树立"敢叫天地换新颜"的脱贫振兴决心。二是能挖掘传统文化，强"骨气"。常言道："人无刚骨，安身不牢。"

贫困群众如果缺乏勤劳致富的信念、主动脱贫的骨气，就无法摆脱"扶贫—脱贫—返贫"的魔咒。通过农村职业教育，开展切合群众实际的系列文明评选活动，如光荣榜、善行义举榜、红黑榜、曝光台等，可加强传统道德教育，弘扬优秀传统文化，倡导乡风文明，传播道德正能量，遏制不良风气，移风易俗，激励群众人心向善、人心向美、自立自强、自力更生，引导群众克服"坐等靠要"的"惰性"心理。三是能有效开展文明新风教育。它可以教育群众改变不良生活习惯、卫生习惯，引导其树立正确价值观念，诚信做人，维护和谐正义的社会环境，促进贫困群众精神面貌大转变。通过农村职业教育，引导和教育农民遵纪守法、提高修养、崇尚科学、移风易俗，转变贫困群众思想观念，改变其精神面貌，提升群众脱贫振兴的精气神。农村职业教育还担负着优秀乡村文化传承的使命。通过校村共建、法规和文明宣讲、送文化下乡、传承优秀乡村文化等举措，可增强村民法律意识，推进移风易俗，弘扬农耕文明和优良传统，培养良好家风、社风、民风，促进乡村文化繁荣，激发乡村活力，提升乡村魅力，助力乡村文化与精神文明建设。

在城市化、工业化和信息化的时代背景下，乡村文化日益凋零。"农村职业教育能继承和创新优秀的乡村文化，使之成为乡村文化建设的'源头活水'。"① 它可以综合当地优秀乡村文化资源，开设乡村文化课程，或聘请乡贤传授民间优秀传统文化，为传承乡村文化培植后备力量，引导村民积极学习乡村文化知识，将文化资源转化为经济资源，以文化脱贫振兴促进产业脱贫振兴，提高农民收入。

农村职业教育以其灵活、多样、"亲农"的特点，突破"时空"概念，在夜间、农闲、田间、地头，对农民开展乡风文明教育。农村职业教育在传承优秀传统文化、实现乡风文明中可以发挥先导作用。它以社会主义核心价值观为核心，进行环境治理、典型推广、文化活动和移风易俗等教育，提高

---

① 中共中央国务院. 乡村振兴战略规划（2018—2022 年）［EB/OL］. 人民网，2018-09-26.

农民文明素质，促进乡村文明建设，助力乡村振兴；以环境治理、美化乡村为内容，协助基层组织开展农村环境"脏、乱、差"整治活动，大力推进农村环境综合整治；深入各村镇广泛开展文明健康宣传活动，引导农民群众主动杜绝随地吐痰、乱扔垃圾、随意搭建等陋习，自觉养成良好的生活习惯；以职业技术学校为主导向农民推广典型，树立榜样，充分宣传和发挥"道德模范"的先进带头作用，组织开展"最美家庭""积德榜"和"邻里守望"等评选活动，展示人人行善、户户向善的良好风尚，推进崇德扬善的文明新风入乡村、进农家；发挥农校教师文艺特长，广泛开展"送戏""送电影"与"送书籍"等农民喜闻乐见的文化活动，让农民主动参与其中，并接受教育的洗礼；利用民间文艺团体宣传文明新风，引导农民践行乡风文明活动，实现文化惠民，达到弘扬文明新风尚的目的。

第四节　西南民族地区农村职业教育的现实差距

改革开放以来，我国农村职业教育已取得诸多成就，并总结出一系列的成功经验，如"三教统筹""农科教结合""绿色证书制度"等。但是，这些经验没有得到有效的推广与普及，理论与实践存在一定的偏差，陷入"一总结就成功，一推广就失败"的困境，农村职业教育发展举步维艰。脱贫振兴战略对农村职业教育提出了诸多需求，需要借助农村职业教育来助推乡村脱贫振兴。但是，农村职业教育的理想与现实仍存在较大差距，其原因主要体现在农村职业教育发展的外部之限和内部之困上。

一、农村职业教育的外部之限

从本质上看，农村职业教育是公共产品，具有社会公共价值，能促进社会和谐稳定与公平正义。农村职业教育作为一种面向农村地区的教育类型，主要服务于"三农"，而"三农"作为当前社会发展的短板，迫切需要国家和地方政府的扶持与投入，但是，教育经费投入不足、教育主管部门多头纷争以及师资力量薄弱严重阻碍了农村职业教育的发展。

（一）经费投入不足

长期以来，教育经费投入不足始终是制约我国农村职业教育发展的关键因素。从农村职业教育的经费来源来看，以国家的财政拨款为主，社会各界力量的投资为辅，而且国家的财政拨款按各地方的经济发展水平进行分配，无法保证对农村职业教育经费的充足供给。2018 年全国教育经费统计数据显示，普通高中教育经费为 7184 亿元，中等职业教育经费为 2463 亿元，中等职业教育经费约为普通高中教育经费的 1/3，而中等职业教育经费中农村职业高中的比例不足 5%。[①] 这与联合国要求的"同等层次类型的职业教育所需要的经费应该是同等层次普通教育所需经费的 153%"的标准相去甚远。[②] 近几年，国家先后出台了《"雨露扶贫"计划》《农民工返乡创业培训五年计划》《关于打赢脱贫攻坚战的决定》等文件，大力扶持农村职业教育，但仍然跟不上农村职业教育的发展速度。此外，农村职业教育被社会贴上"二流教育"的标签，自身吸引力不足，吸引社会力量投资的能力有限。农村职业教育仅仅依靠政府的财政拨款，缺乏社会力量的参与，不能有效地服务乡村振兴。

（二）多头管理的纷争

现阶段，我国实行的是中央和地方分级管理、分级负责的教育管理体制。从纵向来看，农村职业教育的管理机构分别是党中央、省、市、县和乡镇；横向来看，主要由教育部统一领导下的教育、经济、农业及劳动部门负责。农村职业教育主要由涉农的职业学校和各种职业培育机构共同构成。农村职

① 中华人民共和国教育部. 关于 2018 年全国教育经费统计快报［EB/OL］. 中华人民共和国教育部官网，2019-04-30.

② 唐冬生. 湖南农村职业教育发展的问题及对策探讨［J］. 企业天地下半月刊（理论版），2010（1）：18-19.

业学校主要由教育主管部门负责，职业培育机构则由农业、劳动、科技、经济等部门联合创办，逐渐形成了条块分割、分散办学、分散管理的分裂管理状态。经过时间的沉淀，这种管理制度的弊端日益突出，严重阻碍了农村职业教育的发展，其弊端主要体现为以下三个方面：首先，各部门权责交叉严重，使得农村职业教育处于多头管理的混乱状态，导致人才培养效率低下。其次，由于各部门之间相互制衡，农村职业教育在执行某项决议时，有时会出现"有令不行"与"有令争行"的现象，造成行政成本的增加，加重地方政府的财政负担。最后，各行政部门会按照自身发展需求，优先将优质职教资源投放到投资少、回报快的领域，教育资源无法得到充分利用，造成资源的浪费与流失，从而影响农村职业教育服务"乡村振兴"战略的质量。

（三）师资力量薄弱

教师是办学水平和教学质量的关键。自我国职业教育发展以来，师资力量薄弱始终是影响其可持续发展的桎梏，农村职业教育的师资更是严重不足，主要体现在以下三个方面：

首先，教师数量的不足。根据 2010 年《中等职业学校设置标准》，中等职业学校专任教师的师生比至少为 1∶20，然而，《2015 年中国农村教育质量报告》显示，农村职业学校的师生比仅为中等职业学校的 1/2。① 可以看出，农村职业教育中师生比远低于国家要求，如此低的师生比，也反映出农村职业教育师资的严重匮乏。

其次，农村职业教育的教师学历水平相对偏低。据统计，截至 2016 年，我国中等职业教育中具有本科学历的教师达 80% 以上，而本科学历以上的教师占比不足 30%，与国家设定的教师学历标准相去甚远。对于经济不发达的西南地区，农村职业教育中具有硕、博学历的教师更是寥寥无几，更遑论教师的科研能力了。

---

① 邬志辉，秦玉友，等. 中国农村教育发展报告 2016［M］. 北京：北京师范大学出版社，2017：163-164.

最后，农村职业教育的师资结构不均衡。一方面，农村职业教育缺少既能进行理论教学，又具有专业实践技能的"双师型"教师；另一方面，农村职业教育中兼职和专任教师的比例不协调。按照《中等职业学校设置标准》中的要求："外聘兼任教师应占专任教师的20%。"[①] 而2016年，我国中等职业学校兼任教师仅占专任教师的14%，仍然没有达到国家的标准，这也在一定程度上，影响了农村职业教育的教学质量。

二、农村职业教育的内部之困

（一）教育形态的模式单一

伴随着农村一、二、三产业的融合发展，农民对职业教育的需求逐步呈现多元化，因此，必须建立结构合理、开放多元的现代农村职业教育体系。但是，就农村职业教育的现状而言，办学层次不合理和办学类型单一化，已严重掣肘农村职业教育功能的发挥。

农村职业教育的办学层次不合理。从纵向来看，虽然普通教育上下层之间的通道畅通无阻，但是职业教育上下层之间的通道则处于下通、上封的状态。普教与职教互不渗透，职业教育没有形成完善的中高等职业教育衔接的学历教育体系，导致接受农村职业教育的学生升学通道狭窄，容易进入死胡同。从横向来看，农村职业教育的办学类型单一，目前，我国农村职业教育主要由公办和民办两种类型构成。由于民办职业教育发展比较缓慢，并集中分布在城市地区，所以，农村职业教育实际上的分布格局是以公办职业教育为主、中等职业技术学校居多、涉农高职院校偏少。如睢宁的农村职业教育，只有一所公办和一所民办职业学校，而且皆是中等职业教育，没有高等职业教育。此外，学历教育和职业培训融合发展是农村职业教育服务"乡村振兴"战略的关键，然而，长期以来，农村职业教育普遍存在"重学历、轻职业培

---

① 教育部关于印发《中等职业学校设置标准》的通知［EB/OL］.中华人民共和国教育部官网，2018-04-28.

训"的现象，导致农村职业院校片面重视对口升学，忽视新型职业农民对职业技能培训的诉求。

(二) 涉农专业的"缺位"

学校的专业设置可以反映出其办学定位与功能取向。对于农村职业院校而言，究竟姓"城"还是"农"，通过考察其涉农专业的数量、规模及质量便可知晓，而其涉农专业结构与农村经济产业结构的吻合度更能体现出农村职业院校服务"三农"的能力。职业教育专业与产业结构的吻合度是指区域内职业教育的专业类别、规模、培训的专业人才与区域产业发展需求相对接的一致性。① 因此，农村职业院校在专业设置时要优先考虑本地农村经济产业结构对人才的需求。如 2015 年和 2018 年黔西南州地区生产总值（GDP）分别为 801.65 亿元、1163.77 亿元。按产业分，第一产业增加值分别为 168.30 亿元、212.92 亿元，比上年增长 6.5%、6.9%；第二产业增加值分别为 273.29 亿元、375.80 亿元，比上年增长 13.3%、11.5%；第三产业增加值分别为 360.06 亿元，575.05 亿元，比上年增长 15.6%、14.3%。② 一、二、三产业呈现"倒三角"的经济发展格局，以农林养殖业为主的第一产业的增加值有所上升，这主要是乡村振兴战略实施后农村产业结构升级换代、特色农业发展的结果。通过对该州唯一的一所职业技术学院进行调研发现，该校开设了畜牧兽医、计算机网络技术、电力系统自动化技术、会计、药学、护理等 23 个高职专业，而园林绿化、农作物栽培、植物保护、农产品储藏加工、农牧经济管理与营销、花卉、盆景、果树、蔬菜、中草药材种植及畜牧、兽医、草地畜牧业等涉农的专业较少，且多设置在中等职业教育专业中。可见目前西南民族地区职业院校涉农专业发展情况不容乐观，农村职业教育的支农力度在涉农专业的数

---

① 马建富. 社会转型与中国农村职业教育发展道路的选择［M］. 北京：知识产权出版社，2014：48.
② 黔西南州 2015 年国民经济和社会发展统计公报［EB/OL］. 中国统计信息网，2016-05-31；黔西南州 2018 年国民经济和社会发展统计公报［EB/OL］. 中国统计信息网，2019-06-04.

量、质量上亟待加强。

一方面，涉农专业不断萎缩。2010年教育部重新修订的《中等职业学校专业目录》中，涉农专业（农林牧渔类）有32个，不足总数的10%。在涉农专业数量减少的情况下，涉农专业的招生数量也逐步下降。据统计，2010—2015年，我国中等职业学校涉农专业的招生人数由85.4万人下降到34.33万人，在校生人数也由225.96万人下降到了104.77万人。① 涉农专业招生人数的大幅度下滑，与农村职业学校的"弃农"行为息息相关。无论是地方还是全国的农村职业学校，其中的涉农专业都面临难以为继的境况。另一方面，已设置的涉农专业质量不佳，主要表现为涉农专业的滞后性。新时期，随着农业现代化的快速发展，人民对乡村的需求，不仅是提供丰富、绿色的农产品，还要提供清新的空气、恬静秀美的田园风光等生态产品，以及乡村风俗文化、优良传统等精神产品。换言之，农村要大力发展都市农业、观光农业以及休闲农业，满足市场的需求，而农村职业院校作为服务"三农"发展的重要载体，要主动跟上市场的变化，及时调整涉农专业结构，更好地服务于乡村振兴。

（三）培训方式的单一

长期以来，对农民的培训主要采用课堂讲授和实践教学两种方式，这两种方式都曾发挥过有益的作用。但随着我国经济综合实力的不断提升，尤其是"乡村振兴"战略的实施，农民的诉求日益多样化，这两种培训方式已不能满足农民的多元化需求。

一方面，培训方式的单一性。虽然农民的培训有课堂讲授和实践教学两种方式，但是，在现实生活中，课堂教授和实践教学是分离的。在过去，传统农民培训方式以"专家讲、农民听"的单向知识传授形式开展，鲜有地区实行"理论+实践"的培训方式。后来，培训的主体由单一的中等职业院校发

---

① 国家统计局. 中等职业学校农林牧渔类专业2011、2015年招生数和在校生数［EB/OL］. 国家统计局官网，2017-11-03.

展为农业广播大学、农业科研机构及各种短期培训班等，职业农民的培训规模不断扩大，但是，总体而言，职业农民的培训方式依然没有改进，导致培训职业农民的效率偏低。现在，为了提升新型职业农民的培训效能，应充分满足农民对于培训方式的需求，调动农民学习的积极性。张水玲对山东省新型职业农民培训需求的调查发现，在多种新型职业农民培训方式中，38.9%的农民倾向于多种方式结合，27.7%的农民愿意接受课堂集中讲解，19.2%的农民喜欢到农业生产企业观摩学习，14.2%的农民愿意采用在实际生产经营中相互讨论的学习方式。① 可见，农民更倾向于多样化的培训方式，单一的培训方式会抑制农民参与培训的积极性。

另一方面，培训方式的有效性差。目前，新型职业农民的培训主要分为两大类，一是以理论课程为主的课堂授课，通过集中教学的方式，向农民（学生）传授农业生产经营的管理知识，普及国家相关利农政策和法律法规，以及基础的文化知识，但缺少具体的实例支撑，导致农民（学生）学习注意力不集中，难以达到良好的培训效果。二是实践教学，农民（学生）到企业实训，或是到农业生产实践基地观摩学习，但这种实践方式多流于形式，实效性不强。

---

① 张水玲. 基于农民需求的新型职业农民精准教育培训研究 [J]. 成人教育，2017（5）：40-43.

第五章

农村职业教育服务西南民族地区脱贫振兴路径

农村职业教育"为农"的价值取向和服务"三农"的天然使命，决定了西南民族地区脱贫振兴必须依托农村职业教育培育新型职业农民，同时必须创新农村职业教育发展方式、提升服务效能。

第一节　依托农村职业教育培育新型职业农民

新型职业农民是农村农业现代化建设的主体和生力军。培育新型职业农民是提高农民素质、促进农村经济发展、实现贫困农民脱贫致富、解决"新三农"问题的根本途径。它对深化农村改革、发展现代农业、确保农村、农业、农民可持续发展、解决"谁来种地、谁来养猪"问题、推进现代农业转型升级、保障农产品供给安全等具有重要的现实意义。因此，西南民族地区必须依靠农村职业教育服务"三农"的独特功能培育新型职业农民，实现脱贫振兴。培养新型职业农民的应然性分析主要有以下五点。

一、培养新型职业农民是对"三农"政策的积极响应

"农村落后、农业弱质、农民弱势"的现实一直困扰我国经济社会发展，是西南地区、民族地区、贫困地区农村脱贫振兴需要攻克的艰难堡垒。解决

好"三农"问题一直以来都被我党作为工作的重中之重。改革开放40余年来,随着快速的工业化和城市化,农村劳动力大量向二、三产业转移,大批中青年农民进城务工,新生代农民工对土地"陌生"。这不仅导致农村各类管理人才、经营人才、专业技术人才缺乏,还导致留守农村人群总量相对不足、劳动力和种田能手严重短缺、整体素质偏低、结构不合理等问题。

2004年至今,党和国家的重要政策和决议持续关注"三农"问题。2008年党的十七届三中全会通过的《中共中央关于推进农村改革发展若干重大问题的决定》指出,农业基础仍然薄弱,最需要加强;农村发展仍然滞后,最需要扶持;农民增收仍然困难,最需要加快。该决定用"三个最需要"对"三农"问题进行了总结,提出了农村改革发展的指导思想、基本目标任务和遵循原则,并指出"三农"问题是中国改革的焦点问题。2013年,党的十八大报告对"三农"问题作了许多重要阐述,部署了"推动城乡发展一体化"工作,明确提出加快发展现代农业、增加农民收入、建设新农村、推进"四化同步"等重大任务,提出了一系列新思想、新观念、新举措,进一步发展了我们党关于"三农"工作的指导思想与政策理念。党的十九大报告中更是划时代地提出了"乡村振兴战略",对"三农"工作作出了新的战略部署。报告指出,要坚持农业农村优先发展,按照产业兴旺、生态宜居、乡风文明、治理有效、生活富裕的总要求,建立健全城乡融合发展体制机制和政策体系,加快推进农业农村现代化。2017年习近平总书记在参加"两会"四川代表团审议时指出,要就地培养更多爱农业、懂技术、善经营的新型职业农民。2017年1月9日,农业部《"十三五"全国新型职业农民培育发展规划》提出发展目标:到2020年全国新型职业农民总量超过2000万人。提出以提高农民、扶持农民、富裕农民为方向,以吸引年轻人务农、培养职业农民为重点,通过培训提高一批、吸引发展一批、培育储备一批,加快构建一支有文化、懂技术、会经营、善管理的新型职业农民队伍。2018年中央一号文件《中共中央国务院关于实施乡村振兴战略的意见》描绘了"乡村振兴战略"

的实施路径。该意见提出，实施乡村振兴战略，必须破解人才瓶颈制约，要把人力资本开发放在首要位置，畅通智力、技术、管理下乡通道，造就更多乡土人才，聚天下人才而用之。要大力培育新型职业农民，全面建立职业农民制度，完善配套政策体系，实施新型职业农民培育工程。

可以看出，党和国家关于解决"三农"问题的重要政策，从过去确保农业在"三产"中的地位、重视农村基础设施的改善、合理配置资源、促进农业生产稳定发展的"物"的投入到推动农村农业现代化发展、注重农民素质的提高、促进农村"人"的发展的转变；"从培养新型农民、以农村劳动力转移培训为重点到大力培育新型职业农民、培养稳定的新型职业队伍的转变"①。自 2012 年中央一号文件明确提出培育新型职业农民以来，党中央每年都强调新型职业农民培养工作。

目前，我国正处于传统农业向现代农业转化的关键时期，大量先进农业科学技术、高效率农业设施装备、现代化经营管理理念越来越多地渗透到农业生产的各个领域，迫切需要高素质的职业化农民。因此，农村人力资本和有文化、懂技术、善管理的高素质农民的匮乏是新时期农业和农村现代化面临的重要问题。可见，培育新型职业农民是新时代解决"三农"问题的重要路径和方法；是化解我国目前社会人民日益增长的美好生活需要与城乡发展不平衡、农村发展不充分矛盾的重要举措；是保证我国农村农业现代化政策顺利实施的必然选择；是对党和国家在新时代解决"三农"问题政策的积极回应；有利于维护农业、农村、农民的利益，确保国家的长治久安，实现贫困人口全面脱贫、城乡同步实现小康目标，促进社会和谐与稳定。

---

① 张伟 . 2004—2017 年中央一号文件关于新型职业农民培育政策的演变分析［J］. 河南农业，2018（11）：6.

二、培养新型职业农民是发挥农业天然优势的需要

(一) 发挥农业生产的自然资源优势

西南民族地区有着发展农业的独特自然资源优势。一是"山地农村"特征明显。西南地区河流纵横，峡谷广布，地形地貌复杂多样，以高原和山地为主，还有分布广泛的喀斯特地貌、河谷地貌和盆地地貌等。地势起伏大，海拔5000—6000米的高峰众多，山地特征十分明显。如云南虽然处于山地高原，但属于典型的低纬度高原，地理位置特殊而重要，地形地貌复杂多样，山地起伏多变，东部的滇东、滇中高原是平均海拔为2000米的中等高原，分布着起伏缓和的低山和浑圆的丘陵；北部高山峡谷相间，平均海拔3000多米，南部山势趋于缓和，山地海拔不足3000米；西南部边境，山势和缓，平均海拔不足1000米。贵州地处云贵高原，素有"八山一水一分田"之称，多为山地、丘陵地形地貌。四川省有平原、丘陵、高原和山地等多种地形地貌，以山地和高原为主要特征。西南高原地区平均海拔达4000米以上；东部丘陵、盆地平均在2000米左右。重庆市有高丘陵、中丘陵、低丘陵、缓丘陵、中山、低山、台地、平坝等多种地形，可用于农业生产的中、低、缓坡地占80%以上。这里的农村有着独特的地理环境、丰富的山地资源、千差万别的海拔高度，这里群山环绕、大山如屏、山高水长、山水相依；这里的农村"村在山里、山在村里"，可谓是"山地农村"。该地区复杂多样的地形地貌及特殊的地质史，不仅使该地区蕴含丰富的生物物种资源，还使该地区适宜多种动植物生长，为发展特色农业生产创造了有利条件。

二是农村发展优势和潜力凸显。西南地区地广人稀，农村人口多。生态环境好、开发程度低、发展不充分。这里河流纵横、峡谷广布、雨量充沛，年平均降雨量为1000毫米以上，属于典型的亚热带季风气候，年温差小。如贵州省属于亚热带湿润季风气候，气温变化小，冬暖夏凉，一月平均气温3℃—6℃，七月平均气温22℃—25℃，降水充足，雨季明显，阴雨天多、日

照少，素有"一山分四季、十里不同天"之称。云南地处低纬度高原，地形地貌复杂，气候呈现区域性、立体性特征，垂直变化十分明显，有着南亚热带、中亚热带、中温带和高原气候等立体多样的气候特征。大部分地区冬暖夏凉、四季如春，一月平均气温在7℃左右，7月平均气温在20℃上下。四川省有着从南亚热带到寒温带的多种立体的气候，地域差异大，盆地气温高，高原、山地气温低。该地区复杂的山地环境、立体多样的气候特征适合多种动植物生长、繁衍，具备发展的潜力和优势。

（二）特色农业发展优势

一是"山地农业"资源丰富。近年来，尽管工业化、城镇化进程加快，但由于特殊的历史、区位、地理等原因，西南民族地区二、三产业发展基础薄弱，二产发展不强，三产发展不活，农业依然是基础性产业和主要经济支柱之一，是该地区"身份农民"脱贫致富的主要依靠。西南地区处处是山，山高谷深、地形起伏大、地势独特、地貌复杂，全域分布着河谷区、山地峡谷区、侵蚀山区、高原草原区等，土地土壤种类多种多样。山的好处是可以做好"山地"文章，发挥"山地"优势。山地坡地多，更宜林、宜牧、宜畜，可充分利用林木、坡地、草场等资源，进行生态养猪、林下养鸡、种草养畜，发展特色养殖业，以及茶叶、核桃、板栗、药材、鲜花等名、特、优农产品。

二是地理独特、气候立体、生态良好，具备打造立体山地特色农业的天然优势。全区地理形态呈现出西高东低、北高南低的走势，海拔落差高达1800余米。年平均气温为13.8℃—19.4℃，日照时间充裕，冬暖夏凉，无霜期长，降雨较为充沛，适宜热带、亚热带经济植物如百合、石斛、金银花、兰花等的生长。多样性的地理土壤、立体化的气候为多样性的动植物的生长繁衍提供了得天独厚的天然条件，适宜进行农业综合体开发，发展特色农业。如四川盆地紫色土地面积广达14万平方公里，土壤呈中性或中性偏低碱，富含磷、钾等多种矿物质成分，质地疏松，通气性、透水性较好，土地可利用率高,是我国最大的油菜、水稻生产基地之一,柑橘、白蜡、油桐、蚕桑产量位居全国第一。位于滇桂黔高原的贵州省西南民族地区境内生长的动物有500多种,国家一、二级保护动物占全省的45.98%;植物有3913种,珍稀植物300余种。该地区独特的地理、气候条件为打造立体山地特色农业体系提供了无与伦比的条件,可以发挥山地立体气候特征优势,瞄准城市"餐桌需求",在低海拔地带(海拔800米以下)发展百香果、芒果、火龙果等精品水果产业带;在中海拔地带(海拔800—1200米)发展油茶、精品蔬菜、中药材、薏仁米等特色产业带;在高海拔地带(海拔1200米以上)发展苣草、茶叶等生态产业带;综合发展低、中、高立体交叉的特色农业种植产业带。由此可见该地区农业发展大有可为。

因此,可以充分利用西南民族地区的自然资源,培养有文化、懂技术、会经营,具有现代观念,对生态、环境、社会有高度的社会责任感,留得住、用得上、全职务农、把务农作为终身职业的新型职业农民,发挥发展特色农业的优势,促进农民增产、增收、脱贫致富,实现农民富、农业强、农村美的目标。

三、培养新型职业农民是农村劳动力资本和产业升级的需要

（一）培养新型职业农民是西南民族地区农村劳动力资本升级的需要

农民是发展现代农业和建设新农村的主体。农民劳动力素质的高低,直接关系着脱贫攻坚战的成败和乡村振兴战略目标的实现与否。只有培养造就千千万万高素质的新型职业农民,才能形成持续推动农村农业现代化建设的力量源泉,加快农村农业现代化建设步伐。

农村劳动力资本包括由农民的文化程度决定的脑力劳动能力和由年龄、性别、身体健康程度所决定的体力劳动能力。农村劳动力资本的强弱在很大程度上决定了农村脱贫振兴的成败。为更好地了解西南民族地区农村劳动力资本情况,本研究对云南大理白族自治州、贵州黔西南布依族苗族自治州、

广西隆林各族自治县等西南民族地区部分农户进行了劳动力资本情况调查，结果如表 5-1 所示：

表 5-1　西南民族地区部分农户劳动力资本情况调查表（N=907 人）

项目		人数	人数百分比（%）
性别	男	549	60.5
	女	358	39.5
	合计	907	100
年龄	18—45	491	54.1
	46—60	312	34.4
	60 以上	104	11.5
	合计	907	100
健康状况	健康	624	68.8
	一般	162	17.9
	不健康	121	13.3
	合计	907	100
文化程度	大专及以上	15	1.7
	中专	36	4.0
	高中	107	11.8
	初中	316	34.8
	小学及以下	433	47.7
	合计	907	100

由表 5-1 可知，一方面，农村劳动力质量有待升级。在所调查的 343 户农户家庭中，有劳动能力的成员为 907 人，劳动力成员中男性 549 人、占 60.5%，女性 358 人、占 39.5%；在劳动力成员的年龄上，18—45 岁的中青

年为491人、占54.1%，46—60岁中老年人为312人、占34.4%，60岁以上老年人为104人、占11.5%；从受教育程度来看，大专及以上学历者15人、仅占1.7%，中专为36人、占4.0%，高中为107人、占11.8%，初中为316人、占34.8%，小学及以下有433人、占47.7%；从健康状况来看，身体健康的为624人、占68.8%，身体一般的有162人、占17.9%，不健康的有121人、占13.3%。可见，西南民族地区农村劳动力的整体健康状况较好，体力劳动能力较强，这为农民劳动力水平的提升提供了基础条件。但这些劳动力的平均受教育年限较短，整体文化水平不高，他们的智力劳动能力和创造能力较弱。因此，西南民族地区在脱贫振兴过程中要宣传教育的重要性，加大对农村职业教育的投入力度和对新型职业农民的培养力度，创造条件帮助农民积极参加职业技术培训，提升他们的智慧生产能力，为脱贫振兴提供人才保障。

另一方面，农村劳动力资本升级需求旺盛。对西南民族地区部分农村劳动力参加职业培训意愿的问卷调查结果如表5-2所示：

表5-2　西南民族地区部分农村劳动力培训意愿问卷调查结果（N=506人）

项目	愿意	百分比（%）	视情况而定	百分比（%）	不愿意	百分比（%）
30岁以下	132	26.0	12	2.4	7	1.4
30—40岁	187	37.0	7	1.4	5	0.9
40　50岁	115	22.7	21	4.2	20	4.0

在接受调查的农民中，30岁以下农民愿意培训者132人、占26.0%，视情况而定者12人、占2.4%，表示不愿意培训者为7人、占1.4%；30—40岁农民中，愿意接受者187人、占37.0%，视情况而定者7人、占1.4%，表示不愿培训者5人、占0.9%；40—50岁者，愿意参加培训者115人、占22.7%，

视情况而定者 21 人、占 4.2%，表示不愿意参加培训者为 20 人、占 4.0%。可见大多数农民愿意参加农村职业技能技术培训，尤其是中青年农民意愿更为强烈，不愿意参加培训的农民趋于老年化。笔者在调查中也了解到很多农村劳动力不愿从事农业劳动的，原因是农业劳动收入低，自己又没有农业生产技术。因此，地方政府应加强农村职业教育，培养有文化、高素质、高技能的年轻一代从事农业生产，增加农民收入，提高新型农民的社会认知度，有效解决"新三农"问题。

（二）培养新型职业农民是推进现代农业产业转型升级的需要

本课题组对黔西南民族地区的晴隆、望谟、册亨等县的调查、对部分的乡（镇）、村的随机走访了解及整理的相关数据资料都显示出以下特征：一是农村青壮年人口受教育程度普遍偏低。作为当地农村经济社会建设主力军的18—45 岁的青壮年人口占总人口的 51.3%，但这部分人群受教育的程度较低：大专以上占 3.5%，高中（中专）文化程度占 5.7%，初中文化程度占30.8%，小学占 47.5%，文盲占 12.5%。二是该地区劳动力人口少、老龄化现象较为严重。农村 65 岁以上老人占总调查人数的 8.05%，已经超过国际通行的 65 岁及以上人口占总人口比重 7% 的标准。当前正处于改造传统农业、发展现代农业的关键时期，现代农业生产要求改变劳动强度大、生产效率低、大量人力和畜力消耗的传统生产方式，采用机械和科学技术大大提高生产效率的生产方式，要求构建新型农业经营主体，形成以家庭承包经营为基础，专业大户、家庭农场、农民合作社、农业产业化龙头企业为骨干的新型农业经营体系。然而，改革开放以来，我国农村劳动力数量不断减少，素质结构性下降，"谁来种地"的问题日益突出。西南民族地区支撑现代农业发展的人才更是青黄不接。农民科技文化水平不高，许多农民不会运用先进的农业技术和生产工具，接受新技术、新知识的能力有限，市场经济观念不强，难以应对现代农业转型。要适应现代农业发展要求，解决这些问题，就急需培养一大批具有较强市场意识，懂经营、会管理、有技术的新型职业农民，通过技术培训、政策扶持等措施，留住一批拥有较高素质的青壮年农民从事农业，才能促进农业现代化转型，不断增强农业农村发展活力。

四、新型职业农民培养是确保国家粮食安全和农产品有效供给的需要

"仓廪实，天下安。"只有确保充足的粮食供应才能国泰民安。党的十九大报告中提出"要确保国家粮食安全，把中国人的饭碗牢牢端在自己手中"。习近平总书记强调"粮食安全要靠自己"。粮食保障和安全始终是关系我国国民经济发展、社会稳定和国家自立的全局性重大战略问题。我们要提高我国的农业综合生产能力，让十四亿中国人吃饱吃好、吃得安全放心，最根本的是要依靠农民，特别是要依靠高素质的新型职业农民。随着人口总量增加、城镇人口比重上升、居民消费水平提高、农产品工业用途拓展，农产品需求呈刚性增长。据统计，我国粮食进口量逐年增加，正在成为全球第一粮食进口大国。2017年，中国粮食进口量为1亿3千万吨，大豆和稻米进口量为世界第一。① 西南民族地区有着发展农业生产的自然条件和优势资源，是我国粮食生产的重要基地，其现代农业生产事关能否有效保障国家粮食安全和农产品的供给。因此，提升农民队伍的整体素质，调动其从事农业生产的积极性，加快培养一代新型职业农民具有重大现实意义。

五、培育新型职业农民是脱贫振兴的现实需要

西南民族地区的贫困是历史、地理区位、传统观念、生活方式等多种因素交织而成的结果，其原因可谓盘根错节、纷繁复杂。党和政府经过长期的不懈努力，仍未使农民完全摆脱贫困，其根源是贫困农民受教育程度不高、自我发展能力不足和素质低下的"穷根"未得到根本改善，其实质是"素质型贫困"。这种素质型贫困集中表现在以下方面：

---

① 秦政．中国粮食行业发展现状及发展趋势分析［EB/OL］．前瞻网，2018-06-07．

首先，由于受教育程度不高，"代际贫困"现象十分突出。据对黔西南州6个县（区）14个乡（镇）、27个村的调查和问卷统计发现，该州贫困的"代际传递"现象在贫困山区仍然严重。父辈与子辈两代人人均纯收入都在2800元以下（2015年中国贫困线）的占总贫困户数的13.6%。其中因病、因残、因灾而导致"贫困代际传递"的为26.7%；因父母受教育程度不高、缺乏培养子女的技能和正确引导子女通过接受教育摆脱贫困的意识而导致的知识技能缺乏型代际贫困者占72.6%。"穷二代"中多数子女文化程度为小学以下，平均受教育年限仅为4.6年。晴隆县中营镇小红寨村全村共有569户2540人，高中文化程度111人，初中601人，小学1158人。贞丰县鲁容乡纳翁村有人口770户3286人，全村平均受教育年限仅为3.11年，其中文盲586人、小学及以下文化程度1339人、初中文化1232人、高中文化56人、中专文化34人、大专文化20人、大学本科文化19人。文化程度较高者（高中以上）多数外出就业或在本地创业，成为当地的"富农"。该村"穷二代"中，69.3%的是文化程度较低（初中及以下）的村民。

其次是受教育程度低，劳动技能缺失，家庭增收方式单一。劳动技能水平决定着劳动者使用劳动工具的能力和作用于劳动对象的方式，也体现着劳动者受教育的程度和水平。农民劳作方式是其劳动技能水平的主要表现。劳作方式的现代化程度折射出劳动技能水平的高低。也许是"因地制宜"和"各尽所能"的原因，这里的农民劳作工具主要是犁、耙、镰刀、牛车等，现代机械化的生产工具比较少见，原始的刀耕火种的生产方式较为普遍，现代劳动技能水平普遍较低。农民就业门路窄，务农比例高，少有从事种、养殖业的，经营二、三产业的少。农业是这里农民家庭收入的主要或唯一来源，农民主要种植玉米、红薯、土豆、甘蔗、水稻等传统作物。统计显示，受访家庭中，全家年收入仅靠农业收入的占82.6%，主要依靠农业收入，兼有种、养殖业收入的占7.8%，主要依靠务工或经营二、三产业的家庭仅为9.6%。

再次是受教育程度低，导致内生发展能力弱。通过查找普安、晴隆、望谟等县几个较贫困村 223 名村民的户籍资料可知：18—45 岁年龄段青壮年平均受教育的年限为 7.3 年，其中文化程度为大专以上的占 3.1%，高中（中专）文化程度占 6.7%，初中文化程度占 30.8%，小学文化程度占 47.5%，文盲占 11.9%。足见，主要劳动力受教育程度低。由于村民们文化科技素质低，无论是思想观念还是思维方式、生产方式和生活方式都较为落后，思想观念陈旧，科技意识不强，他们接受新思想、新知识、新技术的能力十分有限，生产经营水平较低，发展商品生产、开拓市场的能力较弱，自身"造血功能"不足，缺乏致富能力和发展门路，制约其内生性发展能力，甚至有相当一部分农民存在着"等、拿、靠、要"的思想，缺乏自力更生、艰苦创业、勇于创业的智慧和动力。

最后，精神世界空虚，思想观念落后，信息意识薄弱，进取欲望低迷。精神生活和物质生活是人生中既相互联系又相互依存的有机整体。没有物质生活的基础，精神生活就沦为空谈；同样，没有精神生活的充实，再丰富的物质生活也将缺失趣味。贫困地区农民的贫困不仅是物质的不足，更是精神的缺失。据对某贫困村调查发现：农民每天配用于生产或经营的时间平均为 10.7 小时，占全天时间的 44.6%，用于精神文化和娱乐的空暇时间仅为 2.4 小时，占全年生产生活的时间比重仅为 10%。而这些精神文化和娱乐的空暇时间主要是消遣娱乐。当问及"你是如何度过你的休闲时间的"时，选择"打麻将、打牌"的为 47.6%，选"聊天、串门"的为 21.5%，选"看电视"的为 26.4%，选"看书、读报"的仅为 3.2%。可见，贫困地区农民的休闲时间少，休闲方式封闭落后，较难接触现代社会的新思想、新观念，现代文明和多元文化难以抵达此地区。

受制于有限的教育文化水平，贫困地区农民习惯于日出而作、日落而归的生活，信息意识淡薄。当问及"你主要从哪里获得信息"时，67%选择"电视"，24.6%选择"从他人那里打听"，5.1%选择"报刊、杂志"，4.3%的人是通过"外出咨询"。可见，这里的农民主要是通过被动的方式接受信息，主动获取信息的意识和能力有限。当问及"你对脱贫致富的想法"时，选择"我想致富，但没资金和技术"的占28.4%，选择"想过，但觉得没有信心"的为40.6%，选择"没有想过"的为31.0%。农民的致富愿望不强，大多数人苦于知识、技术、资金、市场信息和管理经验的欠缺，对致富普遍感到迷茫和无助。

可见，影响农民脱贫、乡村振兴的关键是农民受教育的程度和水平。而无论是农村脱贫还是农村振兴，最根本的就是要促进农村经济社会发展，最关键的是要依靠人。因此，正如习近平总书记所说，"农村经济社会发展，说到底，关键在人"，要"就地培养更多爱农业、懂技术、善经营的新型职业农民"。①

第二节　西南民族地区培养型职业农民的现实困境

一、干部群众认识有偏差，农民动力难以激发

一方面，干部"轻农"。脱贫攻坚与乡村振兴是新时期实现两个百年奋斗目标的系统性工程，二者在内容上的"共融性"和功能上的"互构性"要求在方案的设计上和施工进程上协同推进、相互促进、深度融合。目前，一些干部迫于完成"压倒性"的脱贫攻坚政治任务，割裂二者内在联系，认为脱贫攻坚是当前工作的第一要务，是必须如期"啃下"的硬骨头，而新型农民的培养是脱贫攻坚战胜利后乡村振兴工作的内容和任务，脱贫攻坚阶段可以缓一缓；认为新型农民培育属于公共事业，政府投入大、见效慢，拉升地方经济增长指标难度大，对于地方政府GDP的贡献小，而且短时间内很难取得

---

① 习近平要求乡村实现"五个振兴"［EB/OL］.人民网，2018-07-16.

明显的效果。因此，新型农民培育难以引起地方政府干部的重视。

另一方面，农民"厌农"。受历史、传统等因素影响，"农民真苦、农民真累、农民真穷"的观念早已扎根在农民的心底里。农活累、风险大、收入低、产品难卖、对天然要素资源依赖性高，农民被贴上了"穷"标签，农村成为"落后"的代名词。许多新生代孩子从懂事之日起或在学校受教育时就被家长和老师灌输"没出息的孩子当农民""不好好学习就累死在农活上"的思想。加之城市的绚丽多彩与农村的单调落后形成了鲜明对比，逃离农村、落户城市成为大多数青年人立志追求的人生目标。

二、法规制度不完善，机制保障乏力

一是法规政策保护"缺位"。依法治教是我国依法治国的重要组成部分，农民教育和培训的实施和目标的实现也离不开相关法律法规的保驾护航。我国其他类型的教育基本制定了相关法规政策以保障工作的实施和措施的落实，而新农民培育由于起步晚、基础差，仍处在探索前行过程中，政策法规建设比较滞后。尽管《教育法》《职业教育法》《农业技术推广法》等有关法规中有部分涉及农业从业者职业教育的内容，但目前没有出台一部全面、系统、独立的有关新农民培养的法规政策，如新农民培育的经费保障、认定办法和标准、管理与考核制度等。

二是制度建设滞后，实施部门主体地位不明确，惠农政策难以落实。目前，我国"三农"问题，涉及多个部门，如农业、林业、发改、财政、水利、国土、住建、教育等。新农民培养以政府为主导，社会参与积极性不足，管理部门多，职能交叉、管理混乱，各部门分工不明、职责不清，往往会削弱农业部门主导地位，限制其主体作用的发挥，导致农业部门只管农业生产环节。尤其是在涉农项目如新农民培养经费实施中，财政部门话语权大，农业部门集体"失声"。农业部门主导地位的丧失，削弱了其主动性和执行力的发挥，导致新型职业农民培养实施缓慢，甚至许多需要地方各级财政提供资金

配套的中央财政支农项目因地方财政捉襟见肘而夭折，导致国家支农、惠农政策难以落地。

三是经费保障机制不健全，跟踪服务难以保障。目前，新型职业农民培养经费来源缺乏稳定供给机制、渠道单一、数量有限，大多培训机构办学"硬件"不硬，设施陈旧不全，"软件"太软，师资难以满足农民需求，难以培养适应新型产业发展需要的合格新型农民。在调查中发现，西南民族地区新型职业农民培育的主要任务在农业广播电视学校，但培养经费不足，电脑等基本办公设备不全，教师参加师资培训的交通费用难以满足，一些学员居住偏远山区，路途遥远又缺乏交通费补助等因素，严重影响培训人员后期跟踪指导服务的积极性，从而影响培养质量。

三、培养制度体系不健全，培养目标难以如愿

一是培养对象遴选不精准。农民是脱贫振兴的建设者，也是受益者，脱贫振兴要依靠农民。因此，要培养更多的新型职业农民，培养对象上既要包括已从事农业生产的群体，又要包括有从事农业生产经营意愿的群体。然而，目前新农民培养对象遴选主要局限于务农群体，忽视返乡农民工、涉农专业的大学生和从事农业生产经营的城市居民。问卷调查统计表明：接受过农业培训的253人中，242人从事农业生产，平均年龄达41.3岁，年龄普遍偏高；文化程度普遍偏低，文盲16人、占6.3%，小学67人、占26.5%，初中105人、占41.5%，高中56人、占22.2%，中专（技校）7人、占2.7%，大专以上2人、占0.8%；有主动参加培训意愿但未接受培训的为89人，占35.1%。培训对象的老龄化、凑数化现象突出，局限性大。

二是培养方式不灵活。由于西南民族地区农村处处是山，是典型的"山地农村"，农民居住较为分散，而目前集中培训的方式受交通、时间和食宿等条件的限制，农民就近培训的诉求难以实现，参与的主动性和积极性不高。尽管一些县城或农村的培训中心（教学点）开展过一些短期（一天或半天）

的技能培训，但是因考核机制导向，培训往往只注重形式和任务的完成，忽视后续跟踪服务，培训效果不理想。

三是培养内容不实用。一方面，随着农村经济社会的发展，农民生产、生活方式发生了变化，不同经营方式的农民对培训内容的需求也日益多样化。课题组对问卷进行统计分析发现，回答"你对培训内容是否满意"这一问题时，56.8%的农民表示"不满意"，31%的农民表示"基本满意"。问及原因时，多数农民认为，培训内容基础性和常识性知识多，实用性、针对性不强，授课标准、教学目标不明确，不切合农村、农业、农民实际需要，"所教非所需""所需非所教"，不能与现代农业发展趋势和要求保持一致，对农民的培训效果没有达到预期，难以满足新型农民岗位的复杂性、需求的多样化与个性化。

第三节　西南民族地区培养新型职业农民的现实路径

一、加强宣传力度，提升新型职业农民的社会认可度

受"农民真苦""农民真穷""农村落后""农业没出息"等思想观念的束缚和"传统农民"境况的影响，农民"弱势群体"的印象早已在人们心目中根深蒂固。因此，人们谈"农"色变，"跳农门"成为农民尤其是年轻一代的人生价值追求。"离农""弃农"成为年轻一代对职业的理想选择，这就导致农民离农、农业荒废、农村空心，农村劳动力大量向二、三产业转移，新生代农民工对土地的"陌生"与"无视"。"新型职业农民"是一种新兴的职业，与以"身份"作为主要特征的传统农民有着本质的区别。新型职业农民有文化、懂技术、会经营，是以从事农业作为固定乃至终身职业的真正的农业继承人，有着高度的社会责任感和现代观念，具有较高的经济收入且能

受到社会的尊重，享有较高的社会地位。与"传统农民"相比，"新型职业农民"的出现意味着"农民"不再是一种被赋予的身份，而是一种自由选择的职业，不仅可以养家糊口，还能致富奔小康。从政治和社会角度来说，它更加崇尚"人本"理念，尊重人的个性和选择，激发农民的积极性和创造性，更符合"创新、协调、绿色、开放、共享"的发展理念。从经济角度来说，它有利于劳动力资源最大限度地优化配置，有利于农民、农业、农村的可持续发展和城乡融合发展，实现农村兴、农业旺、农民富的目标。因此，培育新型职业农民、壮大新型农民队伍，首先要从思想上、观念上颠覆人们对"传统农民"形象的顽固认知，重塑农民的新形象，提升"新型职业农民"的社会认可度。

（一）强化舆论宣传

首先，要充分利用现代媒体如互联网、电视、报刊等各种形式，加大对新型职业农民的职业认识宣传力度，让更多农民尤其是青年农民充分认识到新型职业农民是一种能赚钱、可致富、受尊重、有尊严、有出息、有保障的职业；引导农民充分认识新型职业农民对实现自己人生的价值和意义，意识到新型职业农民促进社会发展的作用和价值，强化他们对新型职业农民的认同感，增强他们的自豪感和自信心。其次，要抓住有利时机反复宣传国家"扶农、富农、强农"政策，让农民认识到广阔的农村是一片创业的新天地，农业是一个大有希望的旺产业，农民是一份很有前途的好职业。讲好农民勤劳致富、成功创业的故事，用身边的真实案例、先进人物、创业能人教育和鼓励农民，增强农民的"农"厚情怀。

（二）加强政策引导

首先，制定和落实"惠农"政策。要通过政策向真正从事农业生产经营的新型职业农民"倾斜"，充分调动新型职业农民从事农业生产和经营的积极性，让农民得到实惠、增强农民的"获得感"，确保"三农"政策的实施效率和效果。其次，要加强落实"扶农"政策。要将扶持新型职业农民的政策，包括土地流转、农业基础设施建设、金融信贷、农业补贴、农业保险、社会保障等，特别是 2013 年中央一号文件明确的扶持专业大户、家庭农场主、合作社带头人、社会化服务人员、农村实用人才的政策措施，细化落实到经过认定的新型职业农民，使种粮务农不吃亏、得实惠。再次，要加大"强农"政策的实施力度。新型职业农民是现代农业生产经营的核心主体。组织形态的龙头企业、家庭农场、合作社等和个体形态的新型职业农民将是现代化农业的主体。新型职业农民是构成各类新型经营主体的基本单元和细胞，对于加快构建集约化、专业化、组织化、社会化相结合的新型农业经营体系，将发挥重要的主体性、基础性作用。因此，必须加快落实新型职业农民培育政策，为加快实现农业现代化和脱贫振兴目标提供人才和智力支撑，提升农民的综合素质，从而提升新型职业农民的社会影响力。

二、合理定位政府角色，积极发挥政府职能

在我国，新型职业农民培育是一件新生事物，根不深、叶不茂，在生产、经营、管理、教育培训等环节都会面临诸多困难和问题，需要为其成长提供良好的生态环境和充足的养分。根据现代经济理论中的公共物品理论可知，新型职业农民培育是一种准公共产品，政府在其中正确的角色定位和职能的发挥至关重要，不能缺位、错位或越位，理应扮演主导者角色，发挥积极引领作用。

（一）加强制度体系建设，创建长效扶持机制

要把培育新型职业农民视为一项"扶农、富农、强农"的重要工程常抓不懈，积极构建教育培训、认定管理和政策扶持"三位一体"的新型职业农民培育制度体系。将优势资源向新型职业农民培育倾斜，加大投资力度，重点支持农广校体系，从而形成健全完善的新型职业农民培育体系。地方政府要成立组织机构和完善机制，成立地方性新型职业农民培育工程工作组织机构，完善议事协调机制，加大工作指导督导考核力度，及时研究解决新型职

业农民培育体系建设中的重大问题，大力推进地方新型职业农民培育体系
建设。

（二）深化制度改革，提高新型职业农民的社会地位和职业魅力

农业是整个国民经济的基础。但长期以来，农民收入低、劳动条件差，
缺乏社会保障，农民的社会地位低，农民的职业得不到尊重，农民的价值得
不到体现，严重挫伤了农民的积极性。因此，必须发挥政策引领作用，提高
新型职业农民的社会地位和职业魅力。一要加大政策扶持。加强政策、技术、
金融等方面的支持力度，将强农、惠农、富农政策向新型职业农民倾斜，尽
快落实农业基础设施建设、土地流转、农业保险、社会保障、金融信贷、农
业补贴等优惠政策，研究出台符合地方特色的优先扶持政策，形成清晰完整
的扶持政策体系。二是加强宣传。通过社会舆论宣传，防止农村剩余劳动力
盲目转移和无序分流，鼓励和引导更多的农村劳动者投身农业产业，成为扎
根农村、奉献农业的新型职业农民。三是明确政府责任。应发挥政府是教育
资源整合者的作用。教育是一种公共物品，政府既是其中的利益相关者，法
律又赋予其对公共物品进行合理安排的责任与义务，这也是政府合法性的来
源之一。政府要在"责、权、利"对等的基础上，明确地方各级政府在培育
新型职业农民上的职责，整合本地教育资源。四是破除制度"藩篱"，淡化农
民"身份"。当前，我国公共服务的分配未能很好地惠及农民群体，导致原本
在资源上处于弱势的农村发展进一步被边缘化。因此，要加快户籍制度的改
革，改变现存制度的不合理性，实现城乡人口的自由流动，实现公共服务的
均等化，实行城乡统一规划、公共设施统一布局、公共资源统一配置；加强
医疗卫生、文化教育、社会福利等方面的改革，实现农民和城市居民待遇平
等共享。五是深化改革，推动转型。激发农村发展活力，增添农业进步动力，
帮助农民增强致富能力，让农民农业经营有效益，让农业成为有奔头的产业，
促进城乡一体化，提升新农村魅力。

三、强化新型职业农民培养和管理力度

新型职业农民是实现农村农业现代化的主力军和依靠，其数量的众寡和质量的优劣是关乎农业的成败、农村的兴衰、农民的贫富的大事。因此，要加强新型职业农民的培养和管理力度，提升新型职业农民的数量和质量。

（一）拓宽培育内容和形式，创新培育制度和方法

新型职业农民培育的主要途径和关键环节是农村职业教育和职业培训。但有些农村职业教育和培训机构只注重农业技术知识传授，忽视了对新型职业农民应具备的懂市场、能经营、会管理的理念和能力的培养。尤其是一些偏远贫困地区交通闭塞、信息不畅、师资力量薄弱，教学内容陈旧，教学方式单一，实践经验不足，甚至地方政府部门间对培育机制的设计缺乏沟通和合作，从而制约了农民参与培训的积极性的发挥和教育培训质量的提升。因此，政府部门要整合各部门的教育资源，依托现有的农民科技教育培训中心、农业产业园或农广校培训农业生产型职业农民；以农业企业、农业高校和科研机构为依托，培养专业技能型职业农民；积极与农民专业合作社和企业合作，培养生产经营型农民。在大数据时代背景下，充分发挥互联网在职业农民培育中的作用，利用电视、广播、QQ、微信等载体，根据农民远距离、农活忙难以及时参与培训的实际困难，打破培训的时间和空间限制，探索构建科学、灵活多样的"移动课堂""空中课堂""田间课堂"的培训模式。

（二）严格进出机制，实行动态管理

首先根据不同地域、产业、生产力水平等因素，对新型职业农民的认定条件、程序、标准、主体、承办机构和相关责任等制定相应准入机制。其次，建立新型职业农民的退出机制，根据资格级别实行分级管理。省（市）、地（州）、县三级分别对高级、中级、初级资格进行认定、复审管理，按照政府主导、农民自愿的原则，严格按认定标准、条件、程序进行资格审核，对审核不合格的取消资格证书。规范职业农民信息和档案管理，加强培训环节管

理，对培训过程、考核方式、发证办法、质量控制等环节严格把关。强化督促检查，落实扶持政策。要因地制宜地将农补、农保、社保、农贷、农村基础建设、土地流转等惠农、富农、强农的优惠政策，尤其是优先扶持政策向新型职业农民倾斜并落到实处。加强对新型职业农民培育工作的日常监管，在对象确定、培训组织、信息报送、绩效考核、台账建立、认定管理等方面进行全程监管。要认真抓好培育方案制定、培育对象筛选、教育培训环节落实、帮扶指导制度实施、扶持政策出台等日常工作的督促，组织开展专项检查，制定绩效考评办法，并进行量化考核。

四、精准遴选培育对象，创新培养方式

西南民族地区要加快农业现代化建设和农业可持续健康发展，实现农民脱贫、乡村振兴，关键在于培养一大批高素质的新型职业农民队伍。新型职业农民是农村农业现代化的主体，要求具有开拓创新、诚信守法等现代新观念；要有文化、科技、道德、身体、心理等方面的新素质；要有发展农业产业化、农村工业化、合作组织、特色农业等新能力。在因新型职业农民严重短缺而制约农村"脱贫振兴"的背景下，除了要积极引导优秀的人才进入农村，更重要的是大力发展农村职业教育，培养新型职业农民。

（一）精准遴选培育对象

在遴选新型职业农民的培育对象时，主要以吸引年轻人和聚焦务工返乡青壮年、自主创业大学生、复员军人为重点，培育职业农民、构建职业农民队伍，形成一支高素质农业生产经营者队伍。一方面，他们经过多年城市或发达地区的浸润，见多识广，落后观念有了颠覆性改变，工业化、市场化、组织化理念已经深入骨髓，他们重返农村已不再甘心从事普通的、自给自足的传统农业，有发展现代农业的愿望和迫切需求；他们大多已经承担起家庭的重责，在职业选择上逐渐务实稳重，职业外表的光鲜不再作为其唯一的选择，他们更在意的是职业收入的实惠、对子女及老人照顾的便利。他们在性

格上也已经成熟，不再追求生活上的热热闹闹，相互攀比的动机减少，能够耐得住寂寞。另一方面，农业生产既与土地紧密联系又需单独作业的特点，更适合这部分群体。他们经过多年在异地他乡的学习和打拼，学会了一定的技术，积累了一定的经验和资金，可以为发展农民专业合作社、创办家庭农场或经营其他产业解决资金的困扰；他们长时间生活在农村、熟悉农村、服务于农业，与当地农民和政府有着千丝万缕的联系，在熟人社会的农村他们与外来人员相比更"水土相符"。

（二）创新培养方式

心理学研究表明，人的求知动力来自需要，如果满足不了人的需要就会丧失求知的动力。因此，在新型职业农民的培养中，要最大限度地满足农民对培训内容的需要。一是在课程设置、培训内容上要从农民的实际需求出发，同时加强田间地头一对一、手把手的指导和跟踪反馈等实践培训。二是要在传统生产环节培训基础上，更加注重向产前、产后延伸，特别是加大农产品电子商务、互联网、物联网技术等方面的精准农业培训，促进一、二、三产业融合发展。同时，要强化法制素养、职业道德、诚信理念、生态保护等方面的培训，着力转变农民的传统思想观念和发展理念，提高新型职业农民的整体素质，提升创业创新能力。如果培养方式不合理、缺乏灵活性和针对性，就会影响农民参与培训的积极性。因此，要充分征求农民意愿，开展"菜单式"培训。要顺应生产规律和农民学习特点，根据农产品生产、加工和销售的农时季节和不同需要，把集中培训分解为应季、应时培训。要充分利用现代信息技术，创新培训的方式方法，发挥互联网的优势，加大网上培训力度，开发基于移动互联的 App、微课，推进线上线下培训相结合的方式方法，增强培训效果，提高培训效率。

五、改善新型职业农民培育和创业环境

当前，与传统农民相比，新型职业农民已不再受户籍的限制。既可以是

本地的农民，也可以是外地的农民，还可以是打破传统意义上身份限制的人，新型职业农民有着越来越多的大学毕业生、商人、企业家、非农人员、新生代农民工、返乡农民工等。对西南民族地区而言，由于历史、地理、交通、信息、传统、教育、文化等因素的制约，以及长期受我国城乡二元体制的影响，新型职业农民在此创业、立业的"硬件"不硬，"软件"太软。其表现为发展农业的基本条件不足，农村基础设施建设滞后，职业农民成长、发展的人文环境缺失，导致许多高素质人才不敢、不愿投身于农业发展和创业中，本地人才留不住，外地人才请不来。因此，创业环境成了西南民族地区新型职业农民成长和发展的"拦路虎"。

（一）"软硬兼施"，创造良好的基础条件和人才成长环境

良好的基础条件和新型职业农民成长创业环境在很大程度上影响着新型职业农民培育的积极性。据了解，西南民族地区的某县以石漠化、高寒山区、崇山峻岭、沟壑纵横地形为主，坡地多、平地少、土质差，保水保肥能力弱，成片大面积、可用于农业产业化生产的土地十分有限。水、电、通信等基础设施建设滞后，多数村镇水利设施不全，农业、工程建设用水严重不足，甚至生活用水困难，"雨养农业，靠天吃饭"的现象较为普遍。有些地区用电难以保障，通信网络未能全覆盖，群众与外界交流受阻，获取新知识、新信息的途径十分有限，生产、销售信息难以对称。一些乡镇未实现"村村通"、未建成"串户路"、更没有建成"产业路"，有些乡镇道路年久失修。智力资源是"软肋"，群众受教育程度低，"乡贤、能人"少，能带动群众通过技术生产、创业的人才严重不足，本地能人留不住，外地人才引不进。诸多发展要素的限制，使产品生产、运输、销售成本增加，在市场竞争中失去"天然优势"，难以激发群众产生通过发展产业脱贫致富的动力和信心。该县曾尝试过因地制宜发展产业化农业，从外省引进了一些大学生进行黑山羊养殖，他们带着技术和希望，尝试过、努力过，最终因为交通不便、基础设施建设滞后、技术人才队伍匮乏，创业梦想未能实现。一位村干部告诉我们，耳闻目睹的

鲜活事实，使邻近的一部分农民参加新型职业农民培训的意愿一扫而光，兴趣不再。

为此，一方面要大力推进基础设施建设，提升公共服务能力，补齐基础设施和服务设施"短板"，做到发展的"硬件"不能"软"，着力加快完善水、电、路、讯、网、房、寨等设施建设。如大力推进"小康路"建设，提高农村公路畅通率；加快实施水库、水坝等骨干水源工程建设，确保农村饮水、农田灌溉、工程用水；加快农村电网和乡村光网改造升级；积极推进生态移民搬迁、农村危房改造、地质灾害搬迁等项目；继续推进示范村（寨）建设，打造一批宜居、宜业、宜游的"小康寨"。另一方面，要改善新型职业农民的创业环境。要以改善人才环境为导向，其中发展文化教育事业、为新型职业农民创业提供人才支撑是关键。贫困地区群众的文化教育长期处于相对落后的状态，是其脱贫致富路上的"拦路虎"，致使其丧失脱贫的能力和动力，并成为"代际贫困"之根源。因此，要重视发展基础教育，斩断"代际贫困链"；要大力发展职业教育，创新职业教育发展模式和人才培养方式，培养有本领、懂技术、会经营、肯实干、留得住、用得着的新型职业农民，为农民创业提供良好的"软"环境。

（二）发挥政府职能，营造良好的服务环境

政府尤其是地方政府既是新型职业农民培育的相关利益者，又是其中的相关责任主体。因此，政府尤其是地方政府对于发挥其职能，创造有利于新型职业农民培育和创业的服务环境有着义不容辞的责任。首先，发挥政府职能，整合优质教育资源。一是地方政府要将本地涉农教育资源、民办教育资源和社会公益资源合理整合，充分发挥农村中职、高职等农业院校资源在培育新型职业农民方面的作用。二是构建校企合作培育平台、组建职教联盟或集团，构建校地合作育人的机制。三是将民办教育与普通教育连接，协同培育新型职业农民，丰富教育资源，鼓励和支持民办教育加入新型职业农民的培育队伍，集合民间力量和社会资金，服务新型职业农民培育。四是地方政

174

府要与社会公益组织合作，整合社会公益资源，满足新型职业农民培育对教育资源的需求。

其次，发挥政府职能，确保土地资源流转。新型职业农民培育与创业顺利与否，直接影响农民参与新型职业农民培育的积极性，而新型职业农民创业离不开对规模土地资源的需求与利用。当前，农村土地资源流转不畅。一是大多数农民受传统的"种田养家"的思想观念影响，对土地的依赖性较高，对土地资源流转认识不清，不愿意转让出租。二是基层政府对土地流转的政策法规的宣传和研究不深入，重视度不足，引导不力，造成土地流转服务"缺位"。三是受西南民族地区特殊的山地地理环境影响，土地分散、成片规模化土地少，给新型职业农民进行土地流转、规模化用地增加了难度。因此，需要充分发挥政府职能，为新型职业农民创业创造良好的土地流转环境。一是要加强宣传，引导流转。广泛宣传土地流转制度与政策，消除农民的传统思想观念，加强对农民的思想教育，引导农民进行土地流转。二是要严格管理，规范流转。严格执行土地承包的相关法规政策，引导规范签约，加强对土地流转事项的审查、监督，规范基层组织土地流转规范。三是要加大农业投入，保障流转。加大对农业基础设施建设的投入，改善农业生产环境，同时利用土地流转发展特色农业，促进青壮年劳动力就地就业，为新型职业农民创业提供人力资源保障，形成农村发展长效机制。

（三）创新财政投入机制，提供多元化的投融资环境

新型职业农民培育和创业离不开必要的经费支持和保障，为此，应建立政府主导的多元化的投融资保障制度。第一，充分发挥政府在经费筹措方面的主导作用。各级政府财政应该在经费预算上加大对新型职业农民培育和创业的支持力度；地方政府要将职业教育经费的"县乡财政统筹"模式改为"省级财政统筹"模式；中央财政要向西南边远地区、民族地区、贫困地区的农村职业教育倾斜，最大限度地实现"差异性公平"的政策效果。在加大财政投入的同时，还需要拓展非财政投融资渠道，通过金融、信贷等非财政渠

道进行职业农民培育和创业投融资。鼓励社会、个人和企业投资办学和捐（集）资，不断完善多渠道筹措经费的体制。

第二，创新财政投入机制，提升新型职业农民培育和创业财政投入效益。建立"基础性拨款+项目式拨款"的投入机制，基础性拨款是按照生均经费标准核算拨付金额，是一种均衡化的投入方式。通过基础性拨款来确保和维持新型职业农民培养创业工作的持续和"生存"。而项目式拨款是通过竞争机制进行拨款，通过利用财政投入的"杠杆"作用引导非财政资金的投入，激发培训机构的创新和发展，为新型职业农民的培育和创业注入源头活水。

第三，创新财政投入方式。政府的财政资金投入要根据新型职业农民培育和创业的独特性，采取补助、奖励、无息贷款、资源划拨、购买服务等多样化的投入方式，变直接投入为间接投入，让那些办学和创业效益好、与国家产业发展契合度高的农村职业学校和产业获得更多的财政支持；对农民工技能培训、新型农业技术推广等纯公益性或国家发展战略需要的农村职业教育项目实行"教育券"制度，由政府购买农村职业教育服务，形成有效的竞争机制，提升农村职业教育的质量，从而提升政府财政投入的效益和新型职业农民培育质量。

六、重视"留守女农民"培育

西南民族地区第二产业发育不完善，地区经济发展落后，城镇化水平低，农民就地进城务工脱贫致富的机会和条件严重不足，而农村发展得极不充分，仅依靠农业收入难以满足农民日益增长的物质和文化生活的需要。因此，农村男性劳动力不得不背井离乡、奔赴经济发达地区谋求生计和发展。而由于老人的照料、子女的教育等现实困难，农村妇女不得不选择留守家乡，担起农业大任，因而出现了大量农村"留守女农民"。她们大多受教育程度不高、技术技能知识缺乏，但她们普遍为中青年妇女，有着年龄优势和能力提升的空间，她们对现代新生事物有着较强的接受能力，能敏锐捕捉现代信息。因此，在新型职业农民的培养中，不能忽视对"留守女农民"的培养，应重视将其转化为新型职业女农民，使其在脱贫振兴中发挥作用。

在培养过程中，一是要确定"人本"培养理念。在培训内容、培训方式、培训地点、培训途径等方面应首先考虑农村女性农民的需求与意愿。具体来说，充分发挥农村职业教育"向农""为农"的特点，教育培训中以促进"留守女农民"职业技能发展为目标，不仅要尊重她们的主体地位，充分考虑她们对培养内容上的需求，还要考虑她们对培训"时间"和"空间"的需求。同时，在满足她们多样性、个性化需求的基础上，要着力围绕当地特色农业发展需要培养她们的技术技能，使她们成为农村中"留得住、用得上、干得好"的新型职业农民。二是培养方向上，实现"五方面"的转变。即实现从就业型向创业型转变，实现从身份型向职业型转变，实现从经验型向知识型转变，实现从单干型向组织型转变，实现从被动型向主体型转变。三是培养原则上，灵活多变、长短结合。从短期目标来说，要尽快采取快捷有效的措施把"留守女农民"培养成农业生产能手。从长期目标来说，应关注"留守女农民"思想、文化、心理等方面的教育，提升她们的综合素质。培训方式上，要按分类原则，根据农村妇女的知识水平，采取形式多样、内容各异的分类职业教育培训。四是培训内容要丰富多彩、形式多样。"必须根据当地农业、农村经济发展的现实状况，满足农村妇女的实际需求，突出重点，利用教育系统的场地、师资和设施等优势"，增强职业培训的针对性、实效性，"按照农村妇女受教育的层次、接受职业培训的能力，分领域、有重点地开展形式多样、内容丰富多彩的培训工作"。首先，应有重点、抓主次，以种植业技术培训为主，以养殖业、新兴特色产业培训为辅，兼顾妇女个人生活兴趣开展职业培训。其次，要增强服务意识，改进服务方式。采取送教下乡、就近培训原则，时间、周期应兼顾她们的农业生产需要，深入田间地头"手把手"培训。五是要创新培训制度，建立"传、帮、带"培训制度。培训的过程中，针对师资匮乏问题，可以采取"传、帮、带"的形式解决，鼓励一部分已经掌握农业生产先进技术的妇女起带头作用，积极主动带动其他农村妇女，实现共同进步、共同致富。

第四节　创新农村职业教育发展方式提升服务效能

一、"脱贫振兴"战略下农村职业教育发展反思

我国以城市为中心的职业教育格局，决定了大量优质的教育资源将不断流向城市，农村职业教育在"先天基础薄弱"的情况下，地位日趋式微。而"脱贫振兴"战略的实施，为农村职业教育发展提供了新的机遇，但也暴露了农村职业教育存在的弊端，包括内源性和外源性问题。

（一）价值取向之困：思维理念滞后

无论是西南民族地区乡村脱贫，还是乡村振兴实现"农业强""农村美"和"农民富"，都离不开现代科技的支撑、农村本土化人才的培养，以及农民综合素质的全面提升。农村职业教育作为培养乡土人才、改善农村劳动者素质结构的有效路径，在"脱贫振兴"的实施过程中发挥着不可替代的作用。然而，农村职业教育服务乡村"脱贫振兴"的作用能否有效地发挥，还取决于其价值取向是否正确。所以，农村职业教育服务乡村"脱贫振兴"不仅仅是技术层面的支持，更是思想理念层面的支持，是一个人本价值高于工具价值的过程。当前，我国农村职业教育在服务乡村"脱贫振兴"上面临着诸多思维理念的障碍。

一方面，从整个教育体系服务乡村"脱贫振兴"来看，思维理念滞后，忽视农村职业教育的价值。目前，国家将政策、经费侧重于"补基础教育短板，强高等教育一流"，再加上职业教育服务乡村"脱贫振兴"具有过程的长期性、效果的迟效性及价值的潜隐性等特点，致使农村职业教育处于弱势地

位。乡村脱贫振兴的时效性导致各地方政府为了加速实现乡村"脱贫振兴"，将优质资源更多集中在凸显"政绩"的领域，而忽视了农村职业教育的价值。

另一方面，从农村职业教育自身来看，其办学目标异化。农村职业教育作为面向农村地区的一种区域性职业教育，理应立足"三农"发展，为新时期破解"三农"难题做出应有的贡献。然而，在实际发展过程中，受当前"招生难、就业难、普高热"等因素的影响，全国各地绝大多数农村职业院校将"对口升学"作为其办学目标，导致"轻农、去农、离农"的现象相当普遍。如一些农村职业院校为了迎合社会大众对升学的期望，将农村职业院校变成高考或升学的辅导班；有的学校为了争抢生源、扩大学校规模，淘汰传统的涉农专业，将有限的优质资源投入到通信技术、机械自动化及电子商务等"时髦""热门"的专业上。更为严重的是，我国各类中等农业职业学校仅有 237 所，中职农林类涉农专业招生人数从 2010 年的 110.4 万人逐年下滑，截至 2017 年，已不足 40 万。①

（二）办学机制之困：经费投入机制不畅，办学主体单一

从某种程度上说，经费投入机制的单一化决定了农村职业教育办学主体的单一化。从农村职业教育的属性来看，它具有公共产品的属性，因而决定了其经费投入必须纳入公共财政的供给范围内，政府理应承担财政投入责任。尽管法律已经划定了政府在职业教育经费投入中的责任，但由于政府"利益人"的本质，部分地方政府利用自身的公权力而转嫁或逃避责任，造成职业教育投入的"阻滞"现象，从而影响职业教育的发展。主要表现为：

1. 政府投资责任层层"转嫁"

"中央、省（市）、县"三级科层结构是我国行政体制的基本特征，尽管法律界定各级政府在职业教育经费投入中均是投资责任主体，但是，并没有法律规定三级政府具体的投资比例边界，因此，在公共财政相对独立分割的

---

① 车明朝. 寻找真问题 破解真难题——《新型职业农民教育培养重大问题研究》课题研究取得丰硕成果［J］. 中国职业技术教育，2017（13）：13.

背景下，各级政府往往会利用自身的权力将投资责任全部或者部分转嫁给下一级政府，造成基层政府的财政压力过大而不得不减少投入或削减部分投入。如中央政府通过遴选"国家级重点职业中专"对职业教育进行选择性投入，将大部分职业教育经费的投入责任转移至省级政府，而省级政府又遴选部分职业学校进行投入，将其余的投入责任转嫁到地级市或县。其结果是城市中基础较好的职业教育往往得到中央政府财政的"垂青"，而农村地区的职业教育因为地方政府财政不足最为薄弱。尽管中央政府对部分基础薄弱的民族地区或者经济欠发达地区实行"财政转移支付"政策，但这对全国职业教育总经费来说仅仅是"杯水车薪"，难以解决职业教育的发展困境。例如，改革开放以来我国出台了 10 多部专门的法律、法规与政策来发展民族地区的职业教育，但是，笔者经过梳理，发现其中多数是中央和省级政府通过文件来强调地级市或县级政府的投入责任，而中央政府的财政责任划分并不明显。尽管很多文件对职业教育经费的来源、筹措方式和途径都做了明确规定，但是，主要责任都落在了地方政府，而很多地方政府本身的财政自给率较低，根本无法完成投入，如"云南省大多数县级财政自给率为 20%，甘肃甘南州财政自给率只有 18.48%"。① 笔者对西南某省 2011 年全省生均预算内教育事业经费构成进行了分析，其中普通初中为 4125.55 元，普通高中为 4867.87 元，中等职业教育为 4921.87 元，普通高校为 10140.61 元。② 中职教育经费虽略高于普通教育，但远低于高等教育，这与中职教育的生均成本应为普通教育的二至三倍的要求相比严重不足。

同时，公共财政的供给与地区的经济发展水平的对称性也会影响农村职业教育经费的获得。经济越发达的地区，农村职业教育获得的资源和经费投入就越多，反之，则越少。如现阶段我国农村职业教育实行的"分级管理、

① 谢冰. 我国少数民族地区民生问题与责任政府建设 [J]. 科学·经济·社会，2009 (1)：7-10.
② 贵州年鉴 2010 年（教育部分）[EB/OL]. 贵州省人民政府官网，2011-01-18.

以县为主、政府统筹、社会参与"的经费投入机制，它与地方经济发展水平和财政状况密不可分，经济相对越发达的县域，其农村职业教育配套经费越能满足，经济越落后的县域，其农村职业教育经费越难以满足。笔者在调研中了解到西南某民族地区自实行中职教育免费政策至今，该自治州财政从未足额落实过中央政府要求的配套资金，其中一位主管领导道出了地方政府的苦衷："我们民族地区经济落后，首先得保证普通教育的经费正常运转，哪还能顾得上职教啊，它毕竟还可以求助企业和社会。"可以看出，由于地方政府的财政能力有限，无法履行中央政府所规定的投入责任。再者，一些政府认为职业教育服务社会的外域性很强，本域政府不愿承担或故意规避投资主体责任，因而往往重普通教育、轻职业教育。

2. 政策效度逐级"衰变"

政策效度的衰变主要体现为中央政府的政策不能在地方政府完全落实，使原有的政策效度不断衰减。改革开放以来，我国已经相继出台了一系列的职业教育经费政策，如《职业教育法》规定："职业学校举办者应当按照学生人数平均经费标准足额拨付职业教育经费。各级人民政府、国务院有关部门用于举办职业学校和职业培训机构的财政性经费应当逐步增长。任何组织和个人不得挪用、克扣职业教育的经费。"[①] 同样，《国家中长期教育改革和发展规划纲要（2010—2020）》也要求各级政府优化财政支出结构，优先保障教育财政支出，把教育作为财政支出重点予以优先保障，严格按照教育法律法规执行。然而，由于这些法律与法规并没有明确界定政府责任，政策的可操作性与监督惩处措施不全，加上我国执法体系不够严密，因此，不同层级的政府会基于自身的利益考量而对法律、法规与政策"打折"，使法律法规与政策的本意受到扭曲，政策效度自然就会在不同层级政府的流动中出现衰退或者变异的现象。特别是在一些财政状况捉襟见肘的民族地区、贫困地区，往往会出现地方政府对中央经费投入拒不配套，甚至挪用、挤占与滞留等现

---

① 中华人民共和国职业教育法［EB/OL］. 中华人民共和国教育部官网，1996-05-15.

象。西南某民族地区一个职业的学校校长沮丧地说道:"现在是年底了(2013年11月),我们今年的公用经费、学生生活补助费还没到位,我们必须抓紧追讨,否则,学校维持不下去,只能关门了。"另一位民办职校校长更为愤怒:"中央财政拨款早就到地方了,但是地方各级政府、教育部门'踢皮球',我们只有准备组织学生到政府静坐讨要去,地方政府几乎没有配套资金,职业学校真的办不下去了。"

3. 社会资金的引导责任"缺位"

政府作为职业教育的利益相关者与利益的协调者,不但要直接承担投资责任,更要充当社会协调者的角色,履行引导非财政资金参与职业教育的责任。我国社会资金远离职业教育既有历史文化原因,也有政策引导不力的原因。儒家传统文化中"君子不器"的重伦理、轻技艺的痼疾已积淀为读书人的重要价值取向,"修身、齐家、治国、平天下"成为读书人的最高价值目标。由此衍生的贱工、贱农、贱商、贱技、"读书为做官家人"的就业观在国人的观念中根深蒂固,使个人在职业教育选择上丧失内在需求力。加之西南民族地区第二、第三产业不够发达,城镇化、工业化程度不高,以及职业教育的"外溢性",政府对企业投资职业教育的相关激励政策和措施不完善,使得企业投资职业教育的热情十分有限。观念的转变、热情的激发以及资金的参与都离不开政府舆论的宣传和政策引导。尽管《国务院关于大力发展职业教育的决定》以法规的形式要求"广泛宣传职业教育的重要地位和作用,宣传优秀技能人才和高素质劳动者在社会主义建设中的重要贡献,提高全社会对职业教育的认识,形成全社会关心、重视和支持职业教育的良好氛围"①,然而,光靠舆论宣传还不足以调动社会资金的积极性,需要地方政府通过稳定而积极的政策引导,确定社会资金在职业教育利益中的收益,才可以促进社会资金通过投资、捐赠、合作等方式向职业教育领域流动。目前,地方政府鼓励社会资金参与职业教育的政策与法规还很少。笔者调查发现,西南某

———————
① 国务院关于大力发展职业教育的决定 [EB/OL]. 中国政府网, 2005-10-28.

民族自治州近三年社会捐资职业教育总和仅为 0.68 万元，社会资金参与职业教育的总额不足 100 万元，无任何企业参与职业教育。当问及"政府对职业教育有关政策宣传过吗"，大多受访者表示"没有""很少""主要是学校宣传"，企业对投资职业教育的有关优惠、激励政策知之甚少。

综上，政府规避经费投入责任，农村职业教育自身吸引力不足，再吸引社会力量投资和捐赠的可能极为有限，导致农村职业教育普遍存在"生存靠财政""运转靠收费""建设靠举债"的状况。此外，职业教育办学成本高——"职业教育办学经费投入约为同类教育的 2.6 倍"①——等诸多现实，使农村职业教育经费难以足额供给。所以，单一的政府经费投入机制导致了办学主体的单一性。

从人才培养机制上看，职业教育作为一种应用型教育，其本质属性决定了职业院校的人才培养离不开涉农企业或行业的鼎力支持，必须走校企合作、产教研融合和工学交替的发展之路。但是，由于农村职业院校的校企合作缺乏有效的法制保障、刚性约束和激励机制，所以农村职业学校的校企合作只停留在松散的单一结合面上，仅局限在学生顶岗实训和学生毕业就业上，行业和企业没有真正深度参与到农村职业教育办学的全过程，这在一定程度上制约着农村职业教育人才培养的质量。

（三）法规环境之困：重法规政策制定，轻执行监督

1. 法规政策制定

十一届三中全会以来，党和政府在对中华人民共和国成立以来各项工作反思的基础上实行改革开放，在推行稳定而又创新的家庭联产承包责任制促进农村发展的同时，农村职业教育法规政策如雨后春笋般地出台，恢复了农村职业教育的地位，农村职业教育担负了更多的职能。

（1）办学形式与规模的政策。为了改变中等教育结构单一化发展局面，

---

① 梁国超. 职业教育办学成本分析 [J]. 职业技术教育，2008 (28)：44-46.

探索农村职业教育发展之路，1983 年，中共中央、国务院的《关于加强和改革农村学校教育若干问题的通知》确立了农村各类职业技术学校的发展目标、规模、层次结构和课程目标，奠定了改革开放后农村职业教育发展的基本模式。1988 年的"燎原计划"、1991 年的《国务院关于大力发展职业技术教育的决定》和中共中央《关于进一步加强农业和农村工作的决定》，促进了农村职业教育"农科教一体""三教统筹"的综合改革与发展。1992 年《国务院关于积极实行农科教结合推动农村经济发展的通知》强调农科教结合，建立以技术培训和成果推广为任务、多形式和多部门结合的农村科技培训和推广体系。

2002 年国务院公布了《关于大力推进职业教育改革与发展的决定》，提出农村和西南地区的职业教育是今后一段时期职业教育发展的重点。文件提出根据现代农业发展和经济结构调整的需要，推进农科教结合和基础教育、职业教育、成人教育的"三教统筹"，加强农村职业学校与企业、农业科研和科技推广单位的合作，发挥专业优势，实行学校、公司、农户相结合，建立县、乡、村三级实用型、开放型的农民文化科技教育培训体系，把职业学校和成人学校办成人力资源开发、技术培训与推广、劳动力转移培训和扶贫开发服务的基地。同时，提出扩大职业学校的办学自主权、增强其自主办学和自主发展的能力，从制度上保障职业学校在专业设置、招生规模确定、学籍管理、教师聘用及经费使用等方面享有充分的自主权，并提出了跨区域招生、异地联合办学的思路。

（2）财力支持体系的政策。为了解决农村教育发展中的经费紧张问题，国务院公布了《关于筹措农村学校办学经费的通知》（1984）、《征收教育费附加的暂行规定》（1986）、《关于修改〈征收教育费附加的暂行规定〉的决定》（1990）三个文件，充分调动了农村集体经济组织和其他各种社会力量办学的积极性，增加了地方使用教育费附加的权利；1985 年中共中央《关于教育体制改革的决定》提出了教育投入的"两个增长"原则，即中央和地方政府教育拨款的增长要高于财政经常性收入的增长，并按在校学生人数平均的教育费用逐步增长；1991年《国务院关于大力发展职业技术教育的决定》提倡主办单位投入、社会力量捐资办学、国家贷款、勤工俭学和收取学费等多渠道的职业教育经费筹措体制，并在《中华人民共和国职业教育法》（1996）中得到法律确认。2002年国务院公布了《关于大力推进职业教育改革与发展的决定》，提出中央财政增加职业教育专项经费，重点用于补助农村和中西南地区加强职业教育师资培训、课程教材开发和多媒体教育资源建设以及骨干和示范职业学校建设；各级人民政府在安排使用农村科技开发经费、技术推广经费和扶贫资金时，要安排一部分农村劳动力培训经费，安排农业基础设施建设投资时，要安排一部分农村职业学校和成人学校的建设经费。至此，具有现实意义的农村职业教育经费筹措体制才基本形成。

从2005年起，中央财政进一步加大资金投入，积极支持农村教育实训基地建设，逐步引导建设一批能够资源共享，集教学、培训、职业技能鉴定和技术服务为一体的职业教育实训基地。同时，积极探索并启动中等职业教育贫困学生的资助工作。2006年，财政部、教育部联合印发了《关于完善中等职业教育贫困家庭学生资助体系的若干意见》和《中等职业教育国家助学金管理暂行办法》，对建立和完善中等职业教育贫困家庭学生资助政策体系、中等职业教育国家助学金评审程序、助学金的管理与监督等内容都做出了明确规定。从2006年起，中央财政每年安排8亿元、"十一五"期间共安排40亿元专项用于支持中等职业教育贫困家庭学生助学制度建设。2007年5月国务院公布了《关于建立健全普通本科高校、高等职业学校和中等职业学校家庭经济困难学生资助政策体系的意见》，决定从当年秋季学期开学起，进一步建立健全经济困难学生资助政策体系。中央与地方共同设立国家助学金，用于资助中等职业学校所有全日制在校农村学生和城市家庭经济困难学生，资助面由5%扩大到90%，资助标准从每生每年1000元提高到1500元，国家资助两年，第三年学生工学结合、顶岗实习。

（3）师资培养政策。1983 年，中共中央、国务院《关于加强和改革农村学校教育若干问题的通知》规范了农村职业学校师资来源、培训渠道；1985 年，中共中央《关于教育体制改革的决定》提出要建立职业技术师范院校，有关大专院校等要培训职业技术教育师资；1992 年国务院《关于积极实行农科教结合推动农村经济发展的通知》又强调加强农村职业技术教育和技术培训的师资、教材建设，促进各类学校积极探索培养学生留校任教、社会选聘相结合的多渠道职业学校师资培养和继续教育的形式。同时，中共中央、国务院《关于加强和改革农村学校教育若干问题的通知》（1983）和《中华人民共和国教师法》（1993）在行政法规与法律上提出了采取有效措施逐步改变中小学教师生活待遇偏低的状况，以确保教师的权利。2002 年国务院颁发了《关于大力推进职业教育改革与发展的决定》，提出加强东西部地区、城市与农村学校对口支援的力度，通过培训、挂职以及合作办学的方式改善农村职业学校的师资和办学条件。

（4）劳动就业政策。适当的劳动就业政策能彰显职业教育的价值、保障职业教育受教育者的合理权利；给予农村职业学校的毕业生以身份奖励，有利于激发农村人口的职业教育需求。1985 年，中共中央《关于教育体制改革的决定》确立了职业学校毕业生"先培训、后就业"的就业制度。后来，国务院《关于大力发展职业技术教育的决定》（1991）、《中华人民共和国职业教育法》（1996）、劳动和社会保障部等六部委《关于积极推行劳动预备制度加快提高劳动者素质的意见》（1999）以及劳动和社会保障部《关于大力推进职业资格证书制度建设的若干意见》（2000）等文件和法律进一步完善了此种制度。

与之对应，农业部《关于开展农民技术资格证书制度试点工作意见》（1990）和国务院《关于大力发展职业技术教育的决定》（1991）提出了推行"绿色证书"制度，推动了农业从业人员的专业化，把农村人口的就业同职业教育紧密结合起来。1999 年修订的《中华人民共和国农业法》《中华人民共和国农业技术推广法》把农民绿色证书教育写进相关条款，这是"先培训、后就业"制度在农业从业人员就业方面的具体化，是规范农民就业、促进农民专业化、提高农业科技含量的重要措施。2002 年国务院公布了《关于大力推进职业教育改革与发展的决定》，提出大力推行劳动预备制度，完善学历证书、培训证书和职业资格证书制度，优先在具备条件的职业学校设立职业技能鉴定站（所）或职业资格考试机构；鼓励毕业生到中小企业、小城镇、农村就业或自主创业，优先为符合贷款条件的农村职业学校毕业生开展生产经营提供小额贷款。

2. 法规政策执行监督

改革开放以来，农村职业教育政策建设注重政策的稳定性，克服了政策执行的人为性，农村职业教育在总的良性政策的引导规范下数量增多、专业设置多样、层次结构复杂、办学主体多元。与此相适应，政府逐步创建了多途径的师资培养渠道，实行了劳动就业制度改革，不仅激发了职业教育的需求，而且赋予了农村职业教育新的内涵和意义。然而，政策中一些命令式的表述、缺乏计划性和可操作性的监督措施，消减了政策的执行力，导致政策落实不到位。其表现如下：

第一，与城市相比，农村职业教育机构发展水平一直较低。据 1991—2000 年《中国教育事业统计年鉴》数据显示，城乡职业中学的数量差距始终保持在 2000 所左右，与我国农村和城市地域面积和城乡人口比例严重失调，导致教育资源向城市流动，这不利于农村人口就学。甚至自 1992 年起，农村职业教育机构数量出现明显下降趋势，农民成人教育机构、农民中等专业学校、农民技术培训学校数量也从 1996 年左右开始下降，与政策形成反差。

第二，农村职业学校教师的结构严重失衡。职业学校专业性很强，师生比大于普通学校才能保证职业教育的需求。1995 年全国职业高中专业教师和在校生之比为 1∶14，1996 年为 1∶14.74，1997 年为 1∶15.22，而普通中学的师生比分别为 1∶13，1∶13.45，1∶14.05；1996 和 1997 年全国职业高中专业教师学历合格率分别为 31.2% 和 33.86%，远远低于普通高中专任教师 57.95% 和 60.73% 的学历合格率。另外，技艺型教师比例过低，影响实践性课程的教学和学生技能的培养。

第三，农村职业学校的经费严重短缺。职业教育的教学公用经费比例逐年下降，如 1996 年生均预算内公用经费是 232.77 元，2000 年下降为 214.9 元；职业教育总经费占全国教育总经费的比例也在下降，1996—2000 年的 5 年时间内，二者比例由 11.67% 下降到 10.59%。同时，1996 年国家用于农业技术推广的经费仅占当年农业总产值的 0.25% 左右（发达国家是 0.5%），而且十多年不变。农业科技推广机构是"自收自支"单位，相应农业科技人员的工资、工作、生活条件得不到保障，造成人员流失。据统计，中华人民共和国成立以来，国家培养的大中专农业科技人员流失过半，其中县以下农技推广人员的流失最为严重。政策对农村职业教育资金的来源缺乏必要的强制性措施，导致农村职业教育投入的随机性较大。农村经济发展水平低，限制了外来投资的利益选择；农村人口缺乏自我投入的能力，政府就成为唯一的投入主体，但农民职业教育经费一直没有纳入财政预算，因而农民职业教育只能是"讨米下锅"；同时，农村的传统观念、生存环境也严重制约着教育投入行为，势必导致农村职业教育政策依然走"供应驱动"的老路。因此，农村职业教育出现"述而不作""做而不实"的现象，违背了农村职业教育之本意，削弱了其政策效力。

二、"脱贫振兴"战略下农村职业教育发展的新路径

农村职业教育作为中国特色职业教育体系中的重要组成部分，它与基层社会经济发展的联系最为紧密，具有教育托底和教育扶贫的重要价值。当前，在新时代、新矛盾的现实背景下，农村经济社会发展正面临新环境，农村职业教育应如何应对？如何服务"脱贫振兴"、助推精准扶贫目标和乡村振兴战略的实现？基于此类问题，农村职业教育需从宏观、中观和微观三个层面来

进行改革，以期探索出一条服务乡村脱贫振兴的最佳路径。

（一）宏观行动：加强国家对农村职业教育的顶层设计

"顶层设计"一词最早应用于工程技术行业，后从自然科学领域迁移到人文社会科学领域，其根本要义在于运用系统论的方法，从全局的角度出发，自上而下地对某个项目的各方面、各层面、各要素进行统筹规划，集中有效资源，高效率地解决问题。① 近年来，"顶层设计"多被用于与国家改革相关的社会治理方面，如在党中央制定的"十二五"规划中出现，并被当作"十二五"改革发展的重要指导方针。由此可知，"顶层设计"已成为我国改革发展的主要思路，推动着中国向社会主义现代化强国迈进。

中华人民共和国成立以来，我国"三农"工作经过"以农促工"到"以工带农"，再到"工农一体化"的一系列政策改革，取得了诸多成就。但是，总的来说，"三农"政策改革的深度和广度与当前国家的经济发展要求依然存在较大差距。对此，针对新时期的"三农"问题，习近平总书记明确提出，为了补齐"三农"这块短板，必须大力实施"乡村振兴"战略，筑梦"强富美"。然而，"乡村振兴"战略的实施离不开农村职业教育的人才支撑与技术保障。近年来，为了大力发展职业教育，国家先后出台《关于加快发展现代职业教育的决定》《国家中长期教育改革和发展规划纲要（2010—2020 年）》《现代职业教育体系建设规划》《国家职业教育改革方案》等文件。教育部原副部长鲁昕曾指出，这些文件的颁布，"标志着发展现代职业教育的顶层设计已经完成"。② 但是，职业教育尤其是农村职业教育要想更好地服务乡村脱贫振兴，其自身发展仍然面临地位边缘化、政策执行监督不力、经费不足、管理混乱等问题，迫切需要农村职业教育从顶层设计出发，创新外部管理体制，完善终身化的职业教育体系，建立多元化的投资回报机制和办学模式。

---

① 章苒，余晓洁，舒静."顶层设计"：在高层次上寻求问题的解决之道［N］. 新华每日电讯，2011-03-14.
② 陶叶. 教育部：我国职业教育改革基本完成顶层设计［EB/OL］. 新华网，2014-06-26.

1. 完善和落实农村职业教育政策

改革开放以来，党和政府十分重视农村职业教育法规政策的制定，确保其能有效服务"三农"。然而，在政策规范及其执行之间，并不是一一对等的关系，在执行过程中，对政策总是有所损益的，其损益的方向和程度，不仅受到政策规范本身特点、执行组织的影响，还较多地受到政策背景的制约。为了使农村职业教育在脱贫振兴中发挥应有作用，需要政策及时、准确地引导和规范农村职业教育的操作，密切关注农村职业教育环境的改善，从内到外为农村职业教育的发展创造良好的条件。

一是要在加大对农村职业教育投入的基础上增强政策的适用性。通过农村职业教育培养农村建设中需要的各种规格和类型的人才，提高农村人口的整体素质，无论是对农村脱贫振兴还是农村农业现代化都有重要的现实意义。而西南民族地区教育总体投资不足以及投资的城市化倾向，导致农村职业教育经费无法落实，严重影响了农村职业教育的改革和发展。因此，政府要在制度安排上加大对农村职业教育的投入，把它作为解决"三农"问题的关键因素来抓。同时，以系统观为指导，增强政策适用性，保证政策"制定—执行—监督—评价"这一动态系统中的各个环节影响政策的效度。在重点加强政策实施环节的同时，要制定科学、系统的评价体系，既要使所有的政策都以解决问题为中心，又要充分考虑政策的可能性和现实性，并通过制定其他辅助性政策，创设政策执行的有利条件，克服政策执行中的不利因素，促进政策的落实。

二是改革管理体制，提高办学灵活性。目前，我国农村职业教育没有相应的管理机构。普通教育机关、农业厅（局）等部门对其"兼"而不管。对此，政府要加强统筹，建立与市场需求、农业产业结构调整、农村城镇化发展相适应的布局合理、资源共享的农村职业教育体系。在中央和地方设立上下统属、专门管理农村职业教育的机构，负责农村职业教育在全国和地方的协调开展，并促使其与农村职业学历教育、农民培训和农业推广形成既相互竞争，又相互促进、相互配合的良性关系。同时，改变以县为主的农村职业教育投资主体，集中财力、物力在区域中心城市集中建设一批高质量的职业学校，有效扩大教育对劳动力资源的配置半径，以此有效解决目前农村职业教育的办学效益问题。另外，要打破城乡界限，使城市职业教育资源下移，面向农村招生或学校之间进行对口支援，利用城市职业学校教学设备、教材建设、师资队伍等方面的优势，带动农村职业教育的改革与发展。在政策的引导上，要逐步形成职业教育层次上的初、中、高序列和进程上的终身化序列，构建相互补充、相互协调、相互促进的完善的农村职业教育体系。

三是转移关注点，促进农村职业教育主体需求。农村职业教育的正常发展及其独立生存能力的增强，有赖于受教育需求的激发。以往的农村职业教育政策在以政治倾向和经济倾向为主导的政策前提下，往往只关注政治和经济建设所需的农村职业教育应是什么样的、应得到怎样的发展、应如何发展等问题，而忽略了影响农村职业教育发展的内在动力——人的受教育需求；只关注社会需求与人类需求的一致性，而忽视了社会需求与具体人需求间的距离，从而导致政策的理想与现实产生了冲突。

目前，独立的经营权和独立的经济利益，使农民越来越重视农业专业技术，由此刺激了对农村职业教育的内在需求。但原有计划体制下的农村职业教育体制对市场信息缺乏灵敏度，所提供的教育服务不能满足农民的真正需求，造成了农村职业教育供给与需求脱节的矛盾。为此，将政策的关注点转移到人的需求和人未来的生存状况上，可以有效地解决这种矛盾，这也成为农村职业教育政策新的关注点。

首先，转变投入方式，使得农村职业教育因人受益而受益。转变按校投入的方式，实施教育券制度，通过学生自由选择学校促进学校办学体制的改变，进而发展自身的优势专业、提高教育的质量。政府还可以根据当地经济发展需要，预留部分职业教育经费，直接从各级各类职业学校或培训机构中购买培训成果，这样既能减少政府的风险，又能促进职业教育的市场化运作。

其次，要整顿就业市场，增加农村职业教育受众的就业机会。通常人们接受教育的目的是提高货币收益或身份收益，而农村职业教育毕业生的货币收益和身份收益都明显偏低，而求学的机会成本不降反升，直接影响着人们对农村职业教育的入学选择。所以必须落实、加大用人单位和职业教育机构的法律责任和社会责任，整肃就业市场和劳动力市场，改革劳动人事制度，以提升职业教育的价值，提高职业教育的收益率。最后，加快农村经济发展，刺激农村人口受教育需求。职业教育是科学技术普遍应用、社会劳动分工不断发展的结果。在生产力水平较低的农村地区，劳动分工和专业分化很不充分，难以形成有专业技术含量的职业，因而无法形成有效的职业教育需求。特别是我国西南老、少、边、穷地区，农耕和养殖业基本处于粗放阶段，为数众多的农村劳动力被束缚在有限的土地上，导致职业教育需求不足。所以，应在倡导农村职业教育的同时，注重农村经济的发展，提高农村劳动的科技含量，进而激发农民的受教育需求。

2. 创新省级政府统筹的农村职业教育管理体制

职业教育管理体制是国家治理职业教育的各种制度的总和，它不仅决定了职业教育发展的速度、规模与质量，还在一定程度上影响着职业教育的办学、投资和招生体制等。有效的职业教育管理体制既有利于发挥政府统筹管理的协调作用，又有利于提高职业教育的办学积极性。回顾改革开放40余年，我国职业教育管理体制经历了由统一管理与分工负责，到以地方统筹为核心，再到以国务院领导下的多元管理为核心的三个阶段。但是，我国现行的管理体制是国务院领导下的"分级管理，地方为主，政府统筹，社会参与"，这意味着县级人民政府是农村职业教育发展的最大责任主体。如《中华人民共和国职业教育法》提出："县级政府应按照农村经济、农业产业化、农民创业发展的实际需求，开办多种形式的职业教育，推动农村职业教育可持续发展。"而《国务院关于大力推进职业教育改革与发展的决定》更加明确指出"发展职业教育的主要责任在地方。县级以上地方各级人民政府要加强对本行政区域内职业教育工作的领导和统筹协调，结合当地经济建设和社会发展实际，制定促进职业教育发展的政策和措施，研究解决工作中的实际问题"①。

这种以县为主的农村职业教育管理体制，在过去农村职业教育的发展过程中起到了积极的作用。但是，由于我国农村经济发展具有区域性和不平衡性的特征，各地县级经济发展差异较大，这种教育管理体制在一定程度上也制约着农村职业教育的均衡发展。经济发达的地区实行以县为主的职业教育管理体制是完全可行的，如东部地区的农村职业学校，无论是办学条件抑或是人才培养，都能吸引众多学子前来学习，可谓是"风景独好"。而经济相对不发达的西南民族地区，县、乡两级政府往往因财政入不敷出，严重依附于上级政府的财政支援，导致这些贫困地区将仅有的财政优先用于民生保障，或者是满足当地经济建设需要，而对农村职业教育的投入则是"心有余而力不足"。因此，因区域和经济差别，不同地区的农村职业教育间的差距不断被拉大。所以，以县为主的农村职业教育管理体制已经不适用于当今"脱贫振兴"背景下农村职业教育的发展，迫切需要将农村职业教育的管理权限上移，创建省级统筹管理体制。

省级政府教育统筹并不是一个新的概念，它源于义务教育均衡发展的需要，但其现实价值和内涵已超出义务教育的范畴，成为省级政府对区域内各级各类教育的统筹。具体而言，省级教育统筹是指作为地方最高行政建制的省级政府，对本辖区内各级各类教育的发展目标、办学条件以及学科规划等日常事务管理进行统一预测、规划和实施的过程。近年来，省级政府统筹成为国家治理教育的一项重大决策，如党中央《关于全面深化改革若干重大问题的决定》中提出要"扩大省级政府教育统筹权"。国家教育体制改革小组公布的《关于进一步扩大省级政府教育统筹权的意见》，对进一步扩大省级政府教育统筹权提出了具体要求，"建立健全由省级政府统筹推进、各部门分工协

---

① 国务院关于大力推进职业教育改革与发展的决定［EB/OL］. 中国政府网，2002-08-24.

作的工作机制"①。《国家中长期教育改革和发展规划纲要（2010—2010年）》明确强调："省、市级政府统筹农村职业教育发展的责任，并要求适度提高农村职业教育发展管理体制的重心，促进各地区农村职业教育实现均衡发展。"② 而提高农村职业教育的管理重心是将职业教育当成义务教育对待，实行以省级政府全面统筹为主、县级政府为辅的管理体制，其核心内容在于加强省级政府对农村职业教育经费的统筹，整合区域内教育资源，强化对农村职业教育的经费投入，化解县政府财政对农村职业教育投入不足的矛盾，使农村职业教育发展有一个基础的经费保障；缩小区域间农村职业教育的发展差距，实现教育公平；同时，打破县级政府教育经费供给制度所导致的地域封锁，真正使农村职业教育面向人人。

3. 完善终身化的农村职业教育体系

构建与经济社会发展相适应的现代职业教育体系，是我国教育领域始终追求的目标。中华人民共和国成立至今，国家非常重视构建和完善职业教育体系，并一直围绕构建科学完善的职业教育体系进行顶层设计。

1951 年《关于改革学制的决定》中首次明确了职业教育的战略地位，并尝试构筑了符合当时国情的职业教育体系。1985 年《中共中央关于教育体制改革的决定》中提出要构建行业配套、结构合理，而且能与普通教育相互沟通的职业教育体系。1996 年《中华人民共和国职业教育法》中明确指出："国家根据不同地区的经济发展水平和教育普及程度，实施以初中后为重点的不同阶段的教育分流，建立、健全职业学校教育与职业培训并举，并与其他教育相互沟通、协调发展的职业教育体系。"③ 2005 年《国务院关于大力发展

① 国家教育体制改革领导小组办公室关于进一步扩大省级政府教育统筹权的意见［EB/OL］.中华人民共和国教育部官网，2014-12-22.
② 国家中长期教育改革和发展规划纲要（2010—2020 年）［EB/OL］.中华人民共和国教育部官网，2014-07-29.
③ 中华人民共和国职业教育法［EB/OL］.中华人民共和国教育部官网，1996-05-15.

职业教育的决定》中首次提出要建立"有中国特色的现代职业教育体系"①，即适应社会主义市场经济体制，满足社会大众终身学习的需求。2010 年《国家中长期教育改革和发展规划纲要（2010-2020 年）》中提出："到 2020 年，形成适应经济发展方式转变和产业结构调整要求、体现终身教育理念、中等和高等职业教育协调发展的现代职业教育体系，满足人民群众接受职业教育的需求，满足经济社会对高素质劳动者和技能型人才的需要。"② 2014 年《国务院关于加快发展现代职业教育的决定》中明确提出："到 2020 年，形成适应发展需求、产教深度融合、中职高职衔接、职业教育与普通教育相互沟通，体现终身教育理念，具有中国特色、世界水平的现代职业教育体系。"③ 综观国家关于构建职业教育体系的文件，可以将现代职业教育体系的内涵概括为："'两个适应'，即适应经济发展方式的转变，适应产业结构的调整；'一个体现'，即体现终身教育理念；'两个协调'，即横向上职业教育与普通教育协调发展，纵向上中等和高等职业教育的协调发展。"④

　　农村职业教育体系是职业教育体系的重要组成部分，我们可以参照职业教育体系的内涵，将农村职业教育体系解读为能够适应农村城镇化，满足农业现代化对人才的需求，初等职业教育与中高等职业教育有效衔接，职业教育与普通教育相互融通，农村职业学校、农村社区学院与职业培训并举，并体现终身教育理念的农村职业教育体系。从职业教育体系和农村职业教育体系的内涵来看，终身教育理念是指导我国建构现行职业教育体系的重要理论依据。"终身教育"的概念最早是保罗·朗格朗在 1965 年联合国教科文组织的成人教育大会上提出的，他认为："终身教育不是一个具体的实体，而是泛

---

① 国务院关于大力发展职业教育的决定［EB/OL］. 中国政府网，2005-10-28.

② 国家中长期教育改革和发展规划纲要（2010-2020 年）［EB/OL］. 中华人民共和国教育部官网，2010-07-29.

③ 国务院关于加快发展现代职业教育的决定［EB/OL］. 中国政府网，2014-05-02.

④ 周建松. 关于全面构建现代农村职业教育体系的思考［J］. 中国高教研究，2011（7）：74.

指某种思想或原则，抑或是一种研究方法。"① 从时间维度上看，它冲破了学历教育阶段对学习活动的"禁锢"，提倡在入职以后对自身技能水平进行再提升，接受职业培训；从空间维度上看，它拉近了职业学校同社会之间的关系，丰富了职业学校的办学形式与教学内容。虽然，我国农村职业教育起步较晚，但是，终身教育的理念在职教届被广泛传播，并达成共识。然而，在实际的职业教育教学活动中，终身教育沦为"纸上谈兵"，没有真正将终身教育理念应用于职业教育和培训中。因此，如何让终身教育这一理念走向实践，是完善农村职业教育体系的重中之重。

其一，构建具有区域特色的农村职业教育体系。农村职业教育与地方经济发展的联系最为紧密，地方经济发展是农村职业教育健康成长的土壤。当前，我国不同区域的经济发展存在较大差异，即便在同一区域，不同县域的经济异质性和差距都很大，这就导致不同区域、县域的农村职业教育在发展规模、办学层次和类型上存在较大差距，这种差距不仅体现在量的方面，还体现在专业设置、课程安排及教学内容的异质性上。因此，应根据地方经济发展需要和本地农村职业教育发展的现状，进一步完善具有区域特色的农村职业教育体系。一方面，现有的农村职业教育体系已经呈现出一定的区域性特征。如经济发达地区，以大力发展农村高等职业教育为主，适度发展农村中等职业教育；而相对欠发达地区，以发展农村中等职业教育为主，并兼顾发展农村职业中学。另一方面，不同区域的经济发展对区域内农村职业教育又有不同的诉求。所以，农村职业教育要科学分析区域内经济产业结构对人才的需求，建立农村职业教育人才培养目标与区域经济发展需求之间的互动体系。

其二，打破关系壁垒，构建农村职业教育内外部衔接机制。当前，农村职业教育不应仅仅将自身定位为学生（农民）的职前技能技术培训，而是应

---

① 高志敏. 关于终身教育、终身学习与学习化社会理念的思考 [J]. 教育研究，2003（1）：79.

将"人人、时时、处处"的理念贯穿于个体职业生涯的全过程，包括职前准备教育、就业培训、转业、再就业，以及创业培训等一系列的教育活动。随着社会经济的快速发展，新技术、新行业层出不穷，对人才的层次和规格提出了新的诉求，这就要求人们不断接受学习、更新知识，而且所接受的学历教育或是非学历教育，必须满足学生职业转换的需求。所以，终身化的农村职业教育体系，应满足不同年龄、不同职业、不同阶层的人的不同学习需求，打破其内外部关系壁垒，构建职业资格与学历互认机制，实现农村中高等职业教育的有效衔接及同普通教育的相互融合。具体见图5-1。

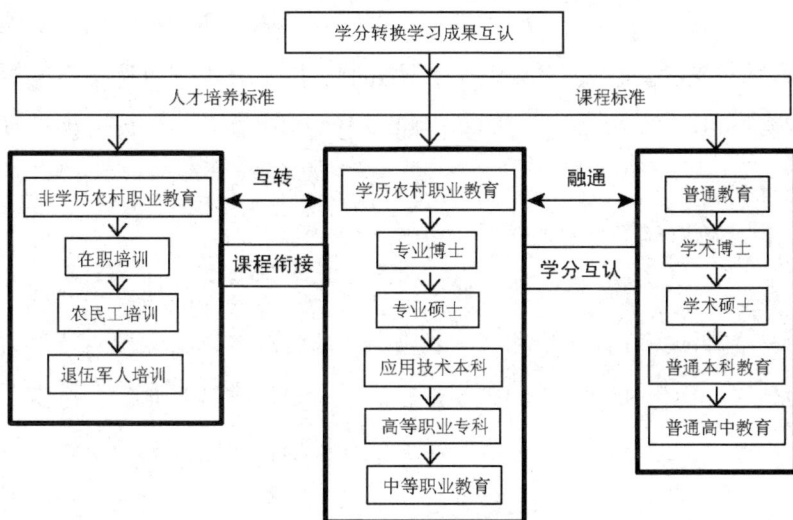

图5-1 终身化农村职业教育体系的构建①

农村职业教育体系内部中高等职业学校的衔接与互转非常重要。一方面，从内部来看，终身化的农村职业教育主要体现为学历层次上的连续性和办学模式的多样性，即为每个人的职业生涯提供多种灵活的学习方式。所以，必

---

① UNESCO-UNEVOC. UNESCO TVET Strategy 2016-2021：Report of the UNESCO-UNEVOC virtual conference［J］.世界教育信息，2016（22）.

须解决好农村职业教育内部各阶段衔接不畅的问题，从战略规划、培养目标、课程设置到教学模式实现中高等职业教育的一体化发展，并将人才培养按照现代农业全产业链来进行思考与布局。

另一方面，从农村职业教育体系的外部来看，农村职业教育要与普通教育实现双向融合，确保两者之间的学分和学习成果互认，为个人学习提供更加个性化的服务。正如终身教育理念强调的"各种教育的整合、统一与沟通"①，将各教育阶段、层次和类型视为一个整体，并加强各教育机构的横向沟通与纵向衔接②。此外，无论是农村职业教育内部中高职的衔接，还是外部与普通教育的融合，其关键因素都在于课程。英国、澳大利亚以及欧盟的实践经验表明，通过课程体系模块化、学分制，以及分类制定课程标准等形式可实现农村职业教育不同层次和类型间的衔接和转换，为学习者提供终身学习的渠道。

4. 强化政府经费投入责任

职业教育是教育与经济的最佳结合点，它不但关系到地方经济社会的发展，更是提升国民教育水平和劳动者素质、增强综合国力和国际竞争力、实现社会公平、构建和谐社会的重要途径。人、财、物是职业教育稳步发展的必要条件，因此经费投入具有基础性地位。根据我国的社会管理体制与教育体制，政府是社会的管理者与经营者，又是教育的主要投资者与举办者，法律不但赋予了政府发展社会与教育的重任，而且赋予了政府分配社会资源的权力，"权力与责任共存"的公共管理理念就是"责任政府"的核心。因此，从"责任政府"的理论角度来说，政府在法律制度与行为层面应强化自身的"角色意识"，在发展农村职业教育经费投入中应当履行责任担当，以促进农村职业教育的健康快速发展。

---

① 保罗·朗格朗. 终身教育导论 [M]. 北京：华夏出版社，1988：20.
② 霍丽娟. 终身教育理念下现代职业教育体系构建的思考 [J]. 中国职业技术教育，2015 (15)：10-17.

（1）农村职业教育经费投入中政府应承担法理责任

从行政法学的视角来看，"责任政府"的本质意蕴是指政府在行使社会管理职能的过程中，权力行使主体对权力授予者应履行的义务和承担的职责，政府违法或者行使职权不当，应当依法承担法律责任，实现权利和责任的统一。在中国语境中，"责任政府"强调行政体系的责任担当，即政府在行政过程中敢于担当责任，认真履行政府的政治责任、行政责任、法律责任和道德责任，切实做到依法行政，积极回应社会民众的诉求，并采取积极的措施，公正、有效地实现公众诉求、维护公众利益。从现代民主社会的本质来看，公民与政府的关系就是一种"委托—代理"关系，政府作为国家权力的执行机关，"它的权力来自公民主权的委托，权力的身份一旦确立，它就必须承担相应的责任"①。尽管我国"责任政府"建设的实践还需要进一步加强，但是这种民主理念却为人们所接受，并将法治政府和依法行政作为政府行政追求的重要目标。因此，从法理的角度来分析政府特别是地方政府在职业教育经费投入中的责任与行政作为，有利于强化政府的责任意识和责任担当，正确处理好政府的责、权、利的关系。

第一，法律规定了政府在职业教育经费投入中的责任。中华人民共和国成立以来，我国陆续颁布的教育领域的一系列法律均对政府的权力（利）进行了明确：《中华人民共和国教育法》总则的第十五条指出："国务院教育行政部门主管全国教育工作，统筹规划、协调管理全国的教育事业。县级以上地方各级人民政府教育行政部门主管本行政区域内的教育工作。"第七章也规定："各级人民政府的教育经费支出，按照事权和财权相统一的原则，在财政预算中单独列项。"②《中华人民共和国职业教育法》指出："各级人民政府应当将发展职业教育纳入国民经济和社会发展规划。行业组织和企业、事业组

---

① 毛寿龙. 责任政府的理论及其政策意义 [J]. 行政论坛，2007（2）：5-10.
② 中华人民共和国教育法 [EB/OL]. 中华人民共和国教育部官网，1995-03-18.

织应当依法履行实施职业教育的义务。"① 在我国社会实践中，一些非法律形式的条例与政策往往比法律条文更具有可操作性与实效性，如《国务院关于大力推进职业教育改革与发展的决定》等更进一步明确了我国职业教育实行的是"在国务院领导下，分级管理、地方为主、政府统筹社会参与的职业教育管理体制"②。

第二，政府掌控职业教育经费分配的"公权力"。我国的经济行为方式主要表现为政府经济，即以政府为主体参与社会的资源配置及宏观经济管理，并且，政府经济活动的核心就是对公共财政进行合理分配，提升公共服务质量，这就意味着政府通过法律赋予的"公权力"掌握着社会资源的配置权（包括部分国民收入或国民生产总值的分配），以达到社会公共利益最大化的目标。就职业教育而言，政府可以代表社会向职业教育直接分配公共财政经费，或者通过提供资助、贴息贷款等间接拨款方式来主导职业教育经费的投入，促进职业教育的发展。

第三，政府集利益相关者与利益协调者于一身。公共政策的本意就是对公共利益进行权威性分配，因此，政府公权力的使用就是要协调各利益相关者的利益诉求与逐利行为。职业教育中存在学生、企业、政府等利益相关者，这些利益相关者各自的利益诉求、价值预期能否实现、实现程度如何都会直接影响他们参与职业教育的动力和信心。参与职业教育的学生期望能够通过时间与经济投入成本较低的职业教育获得较好的职业技能与社会适应能力，以便在职场中具有更强的竞争力，从而为自己的生活增添稳定性与幸福感；企业以经济利益为核心追求，它参与职业教育是希望从中吸引、培养高技能人才，提高劳动生产率，达到经济效益的最大化；而政府举办职业教育可以提升社会就业率、发展经济、维护社会稳定，这不但是政府的法律义务，也是政府政治合法性的来源之一。可见，学生、企业与政府都是职业教育的直

---

① 中华人民共和国职业教育法［EB/OL］. 中华人民共和国教育部官网，1996-05-15.
② 国务院关于大力推进职业教育改革与发展的决定［EB/OL］. 中国政府网，2002-08-24.

接受益者。但是，政府不仅仅是利益相关者，更是利益的协调者，因为法律已经赋予了政府一定的"公权力"来平衡企业、学生与政府之间的利益，通过政策的制定与实施使三者之间形成合理的张力，构成了职业教育稳定协调发展的合理机制。因此，在政策制定与实施过程中政府的公权力必须受到制约，不能因为政府自身的利益诉求就挤占学生与企业的利益，而要在追求自身利益的同时不忘自身的责任与义务，甚至在适当的时候还要牺牲自己的利益。根据"权责利匹配原则"，职业教育应该实行"政府投入为主，家庭（个人）、企业、社会各界多渠道支持"的经费筹措机制。但是，职业教育的本质就是平民教育，其学生群体普遍存在家庭经济困难的现实，如果完全按照成本分担原则收费，一部分学生就会因此而失学。另外，尽管在市场经济体制中企业是职业教育的重要受益主体，但我国并非完全市场化国家，企业、社会与个人参与职业教育的责任划分不清、回报机制还不够顺畅，在"投入"与"产出"无法匹配的情况下，企业、社会组织与个人出资参与职业教育的积极性难以激发。而政府不但有发展职业教育的法定义务，有公共财政的分配权，更是职业教育的得利者，因此，政府应当更多地承担职业教育经费投入的责任。

我国职业教育发展经费短缺与政府责任紧密相关，特别是财政投入问题涉及政府事务的价值取向与服务能力。各级政府担负着发展社会经济、改善社会民生、促进社会和谐等多种责任，而职业教育是促成政府履行多元化责任的重要途径，因此，这是政府不可推卸的责任。就当前的职业教育经费投入来说，最重要的是构建有效的责任机制，促使各级政府切实承担责任。

（2）构建有效的政府经费投入机制

第一，按照"责任先置与责任分置"原则确定各级政府的责任担当。现代政治学理论将人民与政府之间的关系看作一种"委托责任关系"：人民将权力委托给政府的前提就是政府必须提供良好的公共服务，促成社会良序的形成。因此，政府在接受人民权力委托的同时也就担负了责任。职业教育具有

"公益性"大于"私益性"的特点,是国家受益多于个人受益的"准公共产品",因此,政府需要承担主要的经费投入责任。当今,世界职业教育经费投入呈现"政府财政逐步增长、个人承担日渐减少"的发展趋势。美、德、丹麦等发达国家中政府成为职业教育最主要的投资者,在职业教育经费投入中起"杠杆"作用。如德国政府的财政投入占职业教育总经费的55%,美国占75%,丹麦也高达67%—75%。① 我国还处于职业教育初步发展阶段,政府投入的主体地位不容动摇。

　　"责任分置"是指政府责任的纵向分置与横向分置。所谓的纵向分置就是按照我国的行政结构层级,将责任在中央、省、市(地)以及县(区)级政府之间清晰分置,不同层级的政府承担相应的投入责任;而横向分置就是指"将政府的责任按决策、执行与监督三项基本组织活动进行分置……实行决策权、执行权与监督权三权分立体制"②。因此,我们必须通过立法与政策形式强化政府间的责任分置。在纵向上要建立"教育需求、中央财政投入、地方财政投入三者相互协调的投融资机制"③。中央政府要根据区域财政状况,并在与地方政府进行协商的基础上划分财政投入责任,对于财政自给率差的区域要重点扶持,提升中央政府的责任;而地方政府要认真落实地方财政投入的责任担当,保证政府财政投入落实到位,既可以通过财政直接投入也可以通过减免职业学校建设的各种费用等方式间接投入。在横向上,要在各级政府部门之间合理设置相应的决策权、执行权与监督权,以重构责任政府间合理的责权关系,这不但可以从制度上保障各级政府有效地履行职责,还可以防止各级政府权力的滥用。

　　第二,以公众满意度为标准建立政府绩效评价机制。党的十七大报告中

---

① 李惠艳.中等职业教育经费投入中的政府行为分析 [D].长春:东北师范大学,2007:36.

② 陈国权,王勤.责任政府:以公共责任为本位 [J].行政论坛,2009(6):15-19.

③ 李华玲.对我国农村职业教育财政政策的回顾与建议 [J].职教论坛,2013(31):35-39.

提出："建立以公共服务为取向的政府业绩评价体系，建立政府绩效评估机制。"政府在职业教育经费投入中的绩效不仅以经费的多寡为目标，而且要看系统性与综合性的效果，这样可以"为政府部门追求'卓越'与'高绩效'提供行动指南和衡量标准，而且也为政府责任机制的建立打下基础"①。政府投入的绩效评价需要从资金是否足额拨付、资金的拨付周期、资金的使用效率等维度进行客观评价，而且这种评价并不是以上级行政评价为唯一途径的，而是要通过第三方以公众的满意度为核心进行评价。另外，发展职业教育不仅需要政府直接投入足够的人、财、物等，还需要政府创新理念、优化社会环境、打造职业教育发展的"软"实力。因此，评级机制还需要涵盖多方面的软性指标，如通过政策引导增强职业教育吸附社会资源投资的能力，通过文化引领改变人们重伦理、轻技艺的落后观念，增强职业教育吸引力、非财政资金参与职业教育的积极性与畅通性、职教融资渠道的多样性等。

第三，勘定政府的权力与责任边界，建立政府问责机制。哈耶克曾指出："欲使责任有效，责任必须是明确且有限度的。"② 对政府权力与责任边界的勘定需要以责任作为本位，只有这样才能明确政府权力的性质与行使范围，同时，责任本位也是对政府权力的制约，一旦政府权力越位或者履责不力就会受到一定的惩戒。而政府责任具有政治、法律与道德的内涵，其中的法律责任规定了政府及其成员必须在一定的法律法规中活动，凡是违背法律法规的行政行为均属无效，并且相关责任者会受到追究。因此，在职业教育经费投入中，政府责任的核心就是依靠法规政策的强制性来保证各级政府履行责任。我国已经初步建立具有体系化的职教法规政策，并对各级政府的责任进行了划分，"依法治教"已经成为可能。如2005年国务院以行政法规的形式公布的《关于大力发展职业教育的决定》要求："各级人民政府要加强对职业

---

① 张劲松，涂益杰.县级政府能力绩效评估的内涵、依据及其模式［J］.理论导刊，2006
（6）：8-11.

② 哈耶克.自由秩序原理：上卷［M］.邓正来，译.北京：生活·读书·新知三联书店，
1997：99.

教育发展规划、资源配置、条件保障、政策措施的统筹管理，为职业教育提供强有力的公共服务和良好的发展环境。"①

另外，还有其他相关方向性、基础性、原则性的法规政策为职业教育经费投入政策执行提供法规依据。但就职业教育经费保障尤其是地方政府经费投入缺位问题，尚缺乏监督惩处性法规。如针对中央财政拨付给各地的职业教育的经费用在哪里、用了多少，地方政府是否严格遵照中央指示及时、足额拨付，对违反法规政策、经费不拨付、拖延拨付、挤占、挪用等进行监督处理等，未做出明确、具体的法规规定。尽管国家以法律的形式颁布的《中华人民共和国职业教育法》规定："在职业教育活动中违反教育法规定的，应当依据教育法有关规定给予处罚。"② 但对履行财政责任不到位的行为人或责任人缺乏具体的惩罚措施，造成违规成本过低，约束力和强制力松弛。因此，我们应以国家法规为依据，根据本地区实际，制定具体的、可操作的法规政策，约束地方政府投资行为，对违法行为人（责任人）予以刑事、行政等处罚，"规范权力与责任的关系，实现权力与责任的平衡，保持责任与权力的统一……不但惩戒政府官员的渎职、失职行为，更要强化他们的责任意识与履责觉悟"③。同时，建立问责机制还需要有公平合理的制度化程序，防范在实际运作中"权与责"的背离。

5. 建立多元化的投资回报机制

教育是培养人的一种社会实践活动，需要持续且大量的人、财、物的投入（教育投资），而教育通过培养社会发展所需的生产劳动者，创造更大的经济效益，推动生产力发展，回馈社会（教育回报）。农村职业教育因与地方经济发展联系密切，故其投资回报效应更加显而易见。然而，目前农村职业教育的投资热情和学习者的参与积极性并不高，农村职业教育发展的理想之

① 国务院关于大力发展职业教育的决定 [EB/OL]. 中国政府网，2005-10-28.
② 中华人民共和国职业教育法 [EB/OL]. 中华人民共和国教育部官网，1996-05-15.
③ 陈国权，王勤. 责任政府：以公共责任为本位 [J]. 行政论坛，2009（6）：15-19.

"美"与现实之"困"存在巨大差距，成为阻碍农村职业教育发展的"悖论"。① 究其原因，这与农村职业教育的投资和回报不成正比息息相关，尤其是农村职业教育投资渠道单一、回报周期长、效果隐性化。因此，应建立多元化的农村职业教育投资回报机制，提高其办学效益。

（1）建立 PPP 的农村职业教育投资模式

2014 年国务院《关于加快职业教育的决定》一文中，将经济学领域的"股份制""混合所有制"引入教育学领域，探索发展股份制的职业学校，并允许以资本、知识及技术等要素参与职业学校的办学。② 这为各级政府创办公办职业院校和社会合作提供了政策支撑。在经济学领域，这种政府和社会资本合作的投资模式被称为 PPP（Public-Private Partnerships），简称 PPP 模式。它由政府部门与社会资本主体通过项目融资协议的形式，明确双方的权利与义务，以优势互补、资源共享的方式，为社会发展提供优质的公共服务，满足人民多元化的教育需求。正规的 PPP 投资模式源于 1922 年的英国，后得到政府部门和经济学界的普遍认可，并在医疗、教育和养老等公共领域快速普及。此外，据英国对 PPP 投资模式的统计，75%的政府管理者认为 PPP 投资模式可节省项目总支出的 17%，且 80%的项目可如期高质量地完成。③

中国版的 PPP 投资模式始于 1995 年国计委实施的 BOT 试点项目，PPP 投资模式在中国从污水处理、供水和燃气等传统公共领域逐步扩展到教育、医疗甚至航天等新的公共领域。同时，职业教育的 PPP 投资模式正在不断实践探索中，其发展前景十分广阔。2014 年《国务院关于加快发展现代职业教育的决定》提出，"鼓励社会力量捐资、出资兴办职业教育，拓宽办学投资渠道"④。同时，"积极探索公办和社会资本共同举办的职业院校"。2016 年

① UNESCO-UNEVOC. UNESCO TVET Strategy 2016-2021：Report of the UNESCO-UNEVOC virtualconference［J］.世界教育信息，2016（22）.
② 国务院关于加快发展现代职业教育的决定［EB/OL］.中国政府网，2014-06-22.
③ 刘更生，张彤.职业教育混合所有制发展问题研究［J］.职教论坛，2018（8）：14-20.
④ 国务院关于加快发展现代职业教育的决定［EB/OL］.中国政府网，2014-05-02.

《国务院关于鼓励社会力量兴办教育促进民办教育健康发展的若干意见》提出："推广政府和社会资本合作（PPP）模式，鼓励社会资本参与教育基础设施建设和运营管理、提供专业化服务。积极鼓励公办学校与民办学校相互购买管理服务、教学资源、科研成果。探索举办混合所有制职业院校。"① 这在一定程度上为 PPP 投资模式的职业院校指明了新的方向，拓宽了职业教育经费的投资渠道，为职业教育的可持续发展提供了经费保障。

丹寨县是一个国家级贫困县，为了摘掉扶贫的"帽子"，推动经济发展，实现农民增收，2017 年丹寨县政府和万达集团共同创办了一所公办职业院校——万达职业技术学院，大力提升农民的文化技能素质，为地方经济建设提供所需的人才。目前，万达职业技术学校根据地方经济产业需求，已开设护理学、旅游管理和会计三个特色专业，招生人数由 2017 年的 404 名学生上升到 620 余名学生。而且，万达集团考虑到学生的贫困发生率较高，设立了 7 亿元的扶贫专项资金，构建立体化的学生扶贫政策体系，通过国家助学金、励志奖学金及校园创新创业补贴等形式，确保学生不因贫困而辍学。同时，万达集团每年录取优秀毕业生中的前 50% 进入万达工作。此外，近两年，学校通过职业培训的形式，培养了 2000 余名农村劳动力和返乡创业者，并在学校毗连的万达小镇，提供了就业创业的机会，如韦山凤、杨芳分别在万达小镇开办了"韭菜一汤""苗乡血浆鸭"这两家餐厅（见图 5-2、5-3）。这种 PPP 投资模式的万达职业技术学院，短短两年间，就实现了"职教一人、就业一人、脱贫一家"的教育扶贫目标，并且，从根本上切断了代际贫困的纽带，推动了丹寨县经济社会的快速发展，促进了农民增收。

---

① 国务院关于鼓励社会力量兴办教育促进民办教育健康发展的若干意见 [EB/OL]. 中国政府网，2016-12-29.

图5-2　韦山凤开办的"韭菜一汤"餐厅

（2）建立非政府组织的农村职业教育投资模式

非政府组织，又称为非营利性组织，在 20 世纪 80 年代逐步受到关注。它是指以非营利为目的，独立于政府和市场之外的第三方公益性社会组织，具有正规性、组织性、自治性、公益性等特点①，主要包括社会慈善机构、志愿者协会、行业协会，以及教育发展基金会等。农村职业教育助推乡村振兴，其首要任务就是通过教育或培训的方式，提高学生（农村劳动力）的文化技

———————

① 王名. 非营利组织管理概论［M］. 北京：中国人民大学出版社，2002：36.

图5-3 杨芳开办的"苗乡血浆鸭"餐厅

能素质，这就要求农村职业教育或培训的专业涉及面广。然而，仅仅依靠农村职业教育学校、成人教育机构和社区教育是远远不够的，还需要非政府组织在促进农村职业教育发展中发挥作用，推动办学多元化，拓宽投资渠道。

第一，非政府组织有助于扩大经费投入，改善办学条件。非政府组织可以充分利用广泛的社会关系，建立多元化的农村职业教育筹资渠道，如成立教育基金，发放教育券、实施"希望工程"等。同时，非政府组织可以客观地监督政府的教育投入使用状况，并鼓励社会其他群体参与农村职业教育的办学，有针对性地为特殊群体提供优质的教育资源。如姚莉等一批社会爱心人士在北京创建的全国首家全免费的职业学校——百年农工子弟职业学校。它是由中国青少年基金会和"希望工程"定点资助的学校，依托社会各界爱心人士参与管理，以贫困家庭子女为服务对象，对其提供正规的职业教育，以培育学生未来发展所需的人生技能和就业技能，学制两年，学费和住宿费全免，并且每年有 2000 元的助学补贴。

第二，为弱势群体提供特殊服务，推动全民教育进程。社会弱势群体是因缺乏政治和经济机会而处于社会边缘的人群。政府在行使职能的过程中存在一定局限性，导致一部分群体长期处于社会分配不均的状态，使其政治权力、社会地位和财富分配得不到满足。而非政府组织可以深入基层，为基层弱势群体提供优质服务，有效填补政府救助的局限性。如为少数弱势群体提供特殊教育和技能培训；根据地方经济发展特色，合理开设相关专业；对残疾儿童进行特殊教育，提高残疾人的生活能力、学习能力以及生存能力。百年职校与雷山职业学校合作办学，在"教育照亮人生、技能立足社会"的教育理念下，根据雷山县的经济支柱产业——文化旅游业的需求，合作开设了民族歌舞和酒店管理两个特色专业。而且，身高在 160 厘米以上的学生学习酒店管理专业，可以在学费全免的基础上，每月补贴 500 元的生活费。此外，为了保证学生顺利就业，学校积极联系当地相关企业，为学生提供实训基地，甚至提供就业岗位，实现学生上学、实训和就业的"一条龙"服务。

第三，解决城乡教师不均的问题，促进教育公平。教育公平是社会公平的底线，是城乡均衡发展的轴线，更是农村脱贫的生命线。城乡教育公平的关键在于数量充足且质量过硬的乡村教师队伍，然而，我国乡村职业教师队伍的现实情况是老龄化现象严重、正规教师偏少以及教师流动性大，导致现有的乡村教师队伍面临的境遇是工作强度大、教学任务超负荷、进修培训机会少、教师工资和补贴相对较少，以及职称评定机会过少。非政府组织格外重视乡村职业教师的培训，每年针对贫困地区的教师培训经费投入达到 2 亿元。[①] 例如，雷山县百年职校每年寒暑假都会派教师出去进修学习，而且，针

---

① 胡秀锦，王伟杰．上海职业培训的特征与趋势研究［J］．职业技术教育，2006（25）：18-22.

对师资短缺问题,百年职校会发动社会各界的爱心志愿者前去支教,并向社会广泛招聘优秀教师。同时,邀请各领域专家学者进校讲学,为学生传递大山之外的前沿技术理念。

综上,这种非政府组织的投资模式,不仅可以拓宽农村职业教育的经费投入渠道,还可以丰富农村职业教育的办学模式。比如,雷山县百年职校为贫困、弱势群体中的年轻人提供优质的教育资源,解决其继续教育和就业的难题,从而推动社会消除贫困,摘掉贫困"帽子",实现农村职业教育投入与回报的正相关。

(二)中观行动:农村职业教育供给侧改革

供给侧结构性改革是习近平总书记提出适应和引导经济新常态的重大战略部署。当前,供给侧改革是我国经济发展的大逻辑,也是新时期职业教育改革发展的逻辑起点。作为职业教育体系的重要组成部分,伴随着社会主要矛盾的转变,农村职业教育发展迎来了新的曙光与机遇。

1. 建设涉农专业群,提高专业与产业的"吻合度"

产业兴旺是乡村振兴的核心任务。要实现产业兴旺,一方面,要将传统农业进行转型升级,紧扣县域的支柱产业和特色产业,主动开发农业多种功能,大力发展休闲观光农业,延长农业产业链,提升价值链,保障供给链,完善利益链。另一方面,随着社会主要矛盾的转变,人民对农业的需求,不再仅仅是丰富、绿色的农产品,还有田园风光等生态产品,以及乡村优良的风俗文化。这就需要培育一批农村新产业,如创意农业、特色的文化产业与观光旅游业等,实现农村一、二、三产业融合发展。要实现这两个目标,迫切需要农村职业教育根据农业产业结构升级,建设精准服务现代农业产业的专业集群,助推农村产业兴旺。

在一所农村职业学校中,涉农专业所占比例是其服务乡村脱贫振兴的一个重要体现。在当前全国涉农专业萎缩的情况下,农村职业院校如何建设涉农专业集群,如何提高专业与产业的"吻合度",是农村职业院校服务乡村产业的关键。对此，西南民族地区农村职业院校要建设涉农专业，必须立足长远。一方面，要结合民族地区经济发展特色调整或重建涉农专业，增强产业与专业的契合度；另一方面，要规范现有涉农专业，打造"农"字专业品牌。

首先，农村职业院校的涉农专业要具有地域特色。地方主导产业或特色产业是推动地方经济发展的重要动力，而这些优势产业的发展亟须大批优秀的相关专业人才。农村职业教育作为培养这些人才的有效途径，必须精准把握当地经济产业结构发展的方向，有效整合区域内的教育资源，建设一批与地方主导产业相契合的特色专业，形成专业品牌，从而更好地服务于地方经济发展。如过去以水电、煤炭、有色金属等资源开发为主导产业的贵州省黔西南州，现如今以电子商务、医药、康养、旅游为支柱性产业，该州职业教育院校迅速对专业结构做出调整，大力发展电子商务、医药、康养、旅游专业群，力争实现专业设置与地方经济产业接轨。同时，顺应"互联网+"新趋势，依托"沙集电子商务模式"，为该民族地区乡村脱贫振兴探索出了一条"互联网+农村职业教育+农民创新创业+农民增收致富"的新路径。

其次，农村职业院校的涉农专业要具有延伸性。现代农业产业分工、细化和产业化的形成，促使与现代农业相关的新兴职业不断涌现。现代农业不再局限于传统的种养畜牧的范畴，而是与信息、物流、金融等相互联系，形成产前、产中和产后一体化的全产业链。这就需要农村职业院校在分析产业群或产业链的基础上，进行复合专业群建设。一方面，有涉农专业的农村职业院校，要根据地方优势产业发展对人才的需求，优化调整涉农专业群结构，以生产型、服务型和创新型等不同类型的新型职业农民岗位职责为基础进行分析，制定相应的培养目标和专业标准，实现产业链与专业链的无缝对接①，提升其服务农业的效能。另一方面，没有涉农专业的农村职业院校，可以建立进退机制，在原先传统专业上进行淘汰升级，并通过调整合并相近专业，

---

① 黄建平. 高职院校涉农专业群的改革与建设——以广西职业技术学院为例［M］.北京：北京师范大学出版社，2012（8）：4.

加强复合型涉农专业集群建设，反映现代农业发展新需求，以响应农村一、二、三产业融合发展的策略，如开设"互联网+农业"专业，发挥互联网连接人、市场和农业的作用，促进城市资本、人才、信息和技术等要素向农村流动，完善农村市场流通体系，提升农产品的附加值；开设"智能化农业"专业，利用现代人工智能技术加强对农产品产地环境、营养成分和风险预警的全方位质量安全监测，实现农产品从"田间"到"舌尖"的质量保障，增强农民的抗风险能力。

最后，农村职业院校的涉农专业要具有前瞻性。城镇化以及农业现代化的发展，使农村产业结构和职业结构日益更新。由于教育总是滞后于经济社会发展的，所以，农村职业教育在专业设置上要具有前瞻性，既要立足于当前经济发展需要，又要根据市场产业结构变化，有适度的超前意识。课题组通过对西南民族地区 3 所"农"字牌专业高职进行调查，发现其不但设有与传统农业相关的种养畜牧渔等专业，还设有园林技术、现代农业、茶艺以及动物医学等具有前瞻性的专业，如表5-4①所示：

表5-4　西南民族地区3所涉农职业院校专业设置对比表

学校	开设专业
贵州农业职业技术学院	水产养殖业、作物生产技术、种子生产与经营、生态农业技术、农业环境保护技术、园林技术、观光农业、现代农业、园艺技术等
云南农业职业技术学院	畜牧兽医、动物防疫与检疫、园林工程技术、农村能源与环境、园林技术、园艺技术、观光农业、园林绿化、农产品质量检测、茶艺等

---

① 资料来源：贵州农业职业技术学院、云南农业职业技术学院和玉溪农业职业技术学院的学校官网。

续表

学校	开设专业
玉溪农业职业技术学院	烟草栽培技术、种子生产与经营、农产品质量检测、中草药栽培技术、动物医学、动物药学、宠物养护与驯导、畜牧工程技术、水产养殖、园艺技术、生物制药技术、食品加工技术、生物技术及应用等

2. 优化课程内容，提高课程与职业衔接的"精准度"

黄炎培曾言："职业教育之要义，在使受教育者各得一艺之长，藉以从事有益于社会之生产事业，俾获适当之生活。"简言之，职业教育旨在青年毕业后持所抉择之职业以自谋生计。为了实现此目标，2011年《教育部关于推进中等和高等职业教育协调发展的指导意见》中明确提出"职业教育的五个对接"，即"专业与产业对接、课程内容与职业标准对接、教学过程与生产过程对接、学历证书与职业资格证书对接、职业教育与终身学习对接"①。基于此，笔者拟从优化农村职业教育的课程内容入手，浅淡如何提高课程与职业衔接的"精准度"，实现农村职业教育人才培养的高质量。

涉农专业与农村产业的对接，仅仅解决了农村职业教育招生专业的规模问题，而农村职业教育如何培养产业所需的人才，使其具有一定的专业知识、技术技能和职业道德，则必须设置符合职业标准的课程内容。课程内容是各学科中特定的知识、技能与情感的总和，它是学校实施教学的依据和内容，是连接人才培养目标和职业岗位需求的纽带。而职业标准是根据各行业的职业活动内容，对从业人员工作能力的一种要求，它是从业人员接受职业教育培训、职业资格鉴定，以及用人单位录用员工的主要依据。职业标准是确立正确课程内容的前提，应参照职业标准来开发课程资源，在职业教育课程内

---

① 教育部关于推进中等和高等职业教育协调发展的指导意见［EB/OL］. 中华人民共和国教育部官网，2011-08-30.

容中充分体现出职业标准。从职业教育的本质来看，它具有职业性和实用性，其主要任务就是培养职业技术技能型人才，所以，农村职业院校的课程内容要满足社会各行业、企业及地方经济发展的需求，也就是职业标准的需求。从职业标准来看，它具有针对性和普适性，所以，农村职业院校在设置课程内容时要适当引入职业标准，建构以职业能力知识为核心的课程体系，形成振兴乡村产业的课程内容。课程内容与职业标准的关系并不止步于此，还应使课程内容高于职业标准，用高于职业标准的要求设置课程内容，同时，教育有一定的延迟性，所以，职业院校的课程内容设置要具有前瞻性和适度超前性，满足各职业岗位变化对人才的要求。此外，职业院校的课程内容不应局限于具体岗位的技能需求，还应该遵循学生的身心发展规律，将职业技能以外的世界观、人生观以及价值观融入课程，使职业院校能够培养全方面高素质的技能型人才。因此，只有理解课程内容与职业标准的关系，才能实现农村职业教育课程内容与职业岗位的无缝对接，提高课程与职业衔接的"精准度"。

课程与职业对接，简言之，就是将职业标准融入课程开发中，使课程目标、课程内容及课程结构满足职业标准的需求，从而实现课程与职业对接。在乡村振兴背景下，要实现乡村振兴这一目标，其关键在于人才振兴，人才是第一资源，人才兴则乡村兴。而农村职业教育作为乡村人才培养的最有效的路径之一，其课程设置的好坏直接影响人才培养的质量。因此，农村职业教育要优化课程内容，提高人才培养质量，实现课程与职业的无缝对接。

首先，课程目标：立足"乡村"需求与特色。一方面，要深入农村地区，充分了解乡村脱贫振兴需求，在此过程中，农村职业教育要推动乡村经济产业发展，促进人民增收，其课程设置必须考虑学校、农民和当地经济产业的实际情况，确保课程目标的设定真实可靠。一是调查该地农职院校的课程现状，并在全面评价已有课程的基础上，对原有课程目标进行修订和完善；二是通过田野调查法，了解农职院校学生的就业方向、学习方法与职业需求；

三是通过调研收集翔实的数据，分析不同区域的乡村特色与人口分布趋势，了解农村劳动力的供需情况，明确区域经济发展目标，加强与政府、行业和企业的交流与合作，建立产教研共同体，共同开发课程资源。另一方面，在课程目标的设定上，不仅要关注乡村脱贫振兴的需求，还要凸显其特色。第一，课程目标要符合职业教育的特性。第二，彰显乡村脱贫振兴的特色，即当地产业的特色。因此，西南民族地区在实施"乡村脱贫振兴"战略的过程中，农村职业教育课程目标在保持自身特色的前提下，还要兼顾乡村脱贫振兴的实际需求，实现农村职业教育与乡村脱贫振兴的双赢。

其次，课程结构：均衡与自主。合理的课程结构，是农村职业教育将课程目标转化为社会成果的重要纽带。第一，在乡村脱贫振兴背景下，农村职业教育需要通过协调、渗透和平衡等方式重新建构一个合理、有序和均衡的农村职业教育课程结构体系，发挥整体的最大功能。如农村职业教育协调好必修课、专业课与选修课、理论课与实践课、显性课与隐性课的均衡发展；构建以专业知识为基础、职业能力为核心、职业素养为主线的课程机构体系，提高学生的综合素质，实现学生全面发展。第二，要统筹城乡职业学校课程结构的有效衔接，使农村职业院校的学生能够具备进城就业的能力。第三，农村职业学校在以国家课程为蓝本的基础上，根据区域特色与学校特色，自主开发适合当地经济产业发展的校本课程。因此，要构建以培养学生职业能力为目标、体现均衡与自主发展的课程结构，实现学生最优化发展。

最后，课程内容的实用性。一方面，在乡村脱贫振兴背景下，农村职业教育培养的是面向农业生产、管理与服务的应用型人才，他们必须拥有较强的实践能力，以解决农业发展过程中的问题，因此，农村职业教育的课程内容要具有实用性，让学生（农民）通过理论教学、实践和体验等方式掌握相应的知识与技能。第一，农村职业教育的课程内容要根据该区域的经济产业、学校特色和涉农企业需求来选择。第二，农村职业院校要积极与企业、行业或当地农业科研所进行有效交流与合作，构建产学研发展共同体，共同开发以职业能力为逻辑主线的农村职业教育课程内容。① 第三，结合乡村振兴的需求，农村职业教育课程内容不仅需要开发现代农业发展的课程资源，还要开发与现代工业、服务业相关的课程资源，实现课程内容与农村一、二、三产业融合。

3. 加强乡村教师队伍建设，提高人才培养质量

"乡村脱贫振兴"战略是习近平总书记指导新时期中国农村改革的重大战略，是党关于农村建设思想与时俱进的体现。脱贫振兴，必兴教育，农村职业教育是实现"脱贫振兴"战略的新动能，而农村职业教师队伍则是提供动能的"主机"。加强农村职业教育教师队伍建设，促进农村职业教育教师队伍改革发展，对提高农村职业教育质量、促进"脱贫振兴"战略实施有着至关重要的作用。目前，西南民族地区农村职业教师面临数量少、质量低和结构失衡等问题，已严重制约农村职业教育的人才培养质量。因此，必须从教育的内外部环境入手，加强乡村教师队伍建设，提高人才培养质量。

（1）从内部环境来看，第一，大力发展师范类大学和综合性大学的师范类专业，从源头上保障西南民族地区农村职业教育教师的数量和质量；同时，在这些师范类大学内实施农村职教公费师范生定向培养计划，规定免费学习的师范生毕业后要回到生源所在地的农村职业学校从事教学工作，解决西南民族地区农村职业学校教师"等靠要"的被动局面，确保农村职业学校有稳定的师资。第二，改革教师招聘制度。一方面，要招聘一些高学历的涉农专业教师，弥补西南民族地区农村职业学校高层次人才的缺失。另一方面，要打破唯学历招聘教师的制度，鼓励学校到农业龙头企业引进或招聘实践经验丰富、理论水平较高的涉农企业家，到学校担任兼职教师或客座教授；同时，邀请当地一些"土专家"、农业科技研究员和能工巧匠兼任农村职业学校的教师，壮大农村职业学校的师资队伍。第三，强化对农村职业学校现有教师的

---

① 李继延. 中外职业教育体系建设与制度改革比较研究［M］. 上海：复旦大学出版社，2014：33.

职业培训。一方面，要定期派遣农村职业学校教师到师范院校和高等院校进行理论知识技能的提升；另一方面，为了提升涉农职业学校教师的职业能力，实行涉农专业教师到对口实训单位定期轮岗培训机制，校企合作共同培养师资，从而加速"双师型"教师队伍建设。第四，建立"模范引领"机制，完善"监督评价"体系，强化教师师德建设。强教必先强师，强师必先强德。一方面，职业院校教师要加强自身思想道德修养，恪守职业道德。"内因"是问题的根本原因，教师师德建设必须从教师的思想深处抓起，切实加强教师理想信念教育，把教师师德建设内容与我国社会主义核心价值观和中国优秀传统文化相结合、把理论知识与工作实践相结合，让广大农村职业院校教师进一步提高思想觉悟，树立正确的世界观、人生观和职业观。同时，学校要积极优化师德建设环境，定期开展师德评比活动，对先进教师事迹多加宣传，以"榜样人物"激发其他教师对职业的自豪感，努力营造良好的氛围，积极引导教师加强师德建设的自觉性。另一方面，启动教师师德建设监督和评价机制。建立教师师德师风记录档案，制定教师师德考评标准，并且把师德考评成绩与个人职称评审、职位晋升直接挂钩。① 凡师德考评较差的或者有重大错误的教师，实行"留校察看"或"一票否决"制。第五，构筑职教教师交流平台，促进教师专业成长。通过"互联网+教育"平台，鼓励农村职业学校教师与城乡职业学校教师进行交流与合作，不仅可以实现教育资源的有效共享，还可以提高农村职教教师的业务水平。

（2）从外部环境来看，西南民族地区政府、学校要采取不同的激励策略，提高农村职业教育教师的职业吸引力，力争做到政策留人、待遇留人和感情留人。② 一方面，要健全农村地区教师社会保障体系。农村职业教育需要稳定的教师队伍才能得到可持续发展，而教师社会保障问题是事关西南民族地区

① 黎荷芳. 高职院校教师绩效评价制度有效性研究［J］. 重庆高教研究，2015，3（4）：75-79.
② 覃兵，何维英，胡蓉. 基于乡村振兴战略的农村职业教育问题审视与路径构建［J］. 成人教育，2019，39（8）：60-64.

农村教师队伍稳定的关键，同时还是实现"脱贫振兴"高质量发展的需要。政府、社会和学校应该更加关注与关心农村教师的社会保障问题，健全农村教师社会保障机制。政府作为农村职业教育的宏观管理者，拥有制定当地教育发展规划、分配教育资源等权利，政府要适当调整政策倾向，为农村职业教育教师队伍建设量身定做合适的政策，营造出良好的政策环境。政策内容要对职称评定、职位晋升和社会地位保障等方面做出明确规定，并适当增加限额和放宽条件。同时，各地政府要动态调整工资标准，在社会保障、医疗保险、奖励等方面缩小农村职业教育教师与城镇教师的差距，改善其生存状态，提高其经济地位和社会地位，增大农村地区职业教师吸引力，使更多优秀人才投入到农村职业教育事业中，稳定和壮大农村职业教育教师队伍。另一方面，国家要明确农村职教教师的特殊法律地位。据统计，在全国教师队伍中，有超过30%，总数约为400万的教师遍布中国农村地区，为中国农村教育普及和发展做出了巨大贡献。在实施"脱贫振兴"战略的背景下，我国各阶段农村教育的教师待遇、质量和工作条件得到良好的改善，同时，也得到相应的政策扶持，主要包括提高工资和生活津贴、提供培训及职称评定倾斜政策等。当前，西南民族地区农村最需要关注的教育就是义务教育和职业教育，然而，农村义务教育教师队伍建设已有国家硬性标准和法律制度保障，而农村职业教育教师建设则相对处于弱势地位，迫切需要将农村职业教育教师与义务教育的教师平等对待，明确其公共属性和特殊的法律地位，提升职教教师的政治地位、社会地位和职业地位，增强农村职教教师的吸引力。总而言之，通过对农村职教教师内外部环境的优化，可以在一定程度上提高农村职教教师队伍的整体素质，壮大农村职教教师队伍。

（三）微观行动：创新农村职业教育的培训方式

农民不仅是实施"脱贫振兴"战略的主体，还是其受益者。当前，培育新型职业农民是农村职业教育人才培养的首要目标。对此，要确立好培训对象，精准培育，创新农村职业教育培育新型职业农民的方式，将教育培训内容、方式与农民的实际需求有机融合，办农民满意的培训。

1. 要明确培训对象，分层次开展培训活动

长期以来，我国实行的城乡二元分割体制，导致今天形成了二元，甚至三元的社会群体，即农民、市民以及尚未市民化的"农民工"。应根据这三种不同层次社会群体的实际需求，有针对性地分类开展培训活动。第一，对基层的普通农民而言，农业生产是基层农民的实际需求，针对这一点，要对农民实行以授农业实用技术为主，普及农业科技文化为辅的培训活动。充分利用农民喜闻乐见的方式，如广播、电视、文化演出等，将农业种子新品种、新技术以及强农惠农的新政策编辑成教学资源，送到农村千家万户；并组织农业专家、农技人员和农业"土专家"将关键农时与生产环节所需关注的重难点编辑成简单、易懂的教材，综合运用集中办班、现场培训、入户指导等多元培训方式，为农民普及农业实用技术，提高农民的科技文化素质，实现农民增产增收。第二，广大青壮年农民和初高中应届毕业生，要以农业项目为依托，以专业化的生产技术、生产经营管理及市场营销等知识为重点，对其开展系统化的免费职业技能培训，使其获得相应的职业技能资格证书。第三，对有一定文化基础的返乡创业农民工，可以采取半工半读的培训方式，吸引返乡农民工，为其提供正规、系统化的创业培训。

2. 重构农村职业教育培训方式，提升培训效果

（1）能人带动培训模式。能人带动培训模式是指从生产经营型、专业技能型及社会服务型三类新型职业农民中优先选择一批创业成功的能人作为榜样示范，引导广大农民根据自身实际情况找相应类型的"能人"学习农业生产、经营和管理技术，充分发挥"能人"的带头模范作用，提升农民的创新创业能力，促进农民增收，从而实现乡村振兴。这种培训模式更加符合农民的学习方式，便于农民接受，能起到事半功倍的培训效果。对此，农村职业院校可以根据地区产业特色，优先安排部分思维观念新、有一定农业生产经营经验的农民参加培训，并定期聘请涉农企业的负责人、农业合作社的技术

人员及田间地头的"土专家"给学生（农民）授课，以期实现"培训一人，带动百家""培训一群，富裕一方"的培训效果。

（2）现场教学培训方式。现场教学培训是指在农村的田间地头、涉农企业与农业示范基地等农业生产一线，为参训农民解决农业生产、经营及管理上的难题，同时，向农民推广农业新技术与应用。这种模式是有目的、有组织地对农民进行的无偿培训，其培训目标精准，培训内容简单易学，具有实用性和针对性；培训时间灵活，根据农民实际情况而定；而且，培训的师资具有丰富的实践经验，有利于提高学生（农民）的动手操作能力。

（3）"互联网+"培训方式。它是利用互联网技术对农民进行职业技能培训的一种教育服务供给方式。该模式可以实现基于"农民教育培训网站"的分级培训、基于"微型网络课程"的多样化培训、基于"移动终端"的个性化培训与基于"交易平台"的创业培训。[①] 对学生（农民）来说，"互联网+"职业教育培训可以冲破空间、时间的界限，实现"人人学、处处学、时时学"，满足受教育者对个性化、多样化和终身化学习的需求。

（4）改革校内管理体制，增强办学效益。要推行教师聘任制、校长选举制、财务独立公开制等。不断对师资队伍的组织结构和人员构成进行灵活、有效的动态调控，提高师资队伍的素质，充分调动教职工的工作积极性。另外，增强政府的施政智慧，政府要退出微观操作层次，实行宏观管理，并加强对自身的教育、监督和管理，以增强自身行为的合理性与合法性。

---

① 吕莉敏. 乡村振兴背景下新型职业农民培育策略研究［J］. 职教论坛，2018（10）：38-42.

参考文献

一、中文文献

1. 著作

[1] 恩格斯. 共产主义原理 [M]. 北京：人民出版社，1973：26.

[2] 杨鄂联. 职业教育概要 [M]. 上海：世界书局，1929：2.

[3] 刘春生. 职业技术教育导论 [M]. 长春：吉林科学技术出版社，1989：45.

[4] 张念红. 教育学辞典 [M]. 北京：北京出版社，1987：420.

[5] 何东昌. 中华人民共和国重要教育文献（1976—1997）[M]. 海口：海南出版社，1998：197-198，208，1359，1607，1612，1855-1856，2712，2805，2857，2877，2890，3223，3446-3447，3977，3986.

[6] 何东昌. 中华人民共和国重要教育文献（2003—2008）[M]. 北京：新世界出版社，2010：334，350，935，1156，1273，1385，1664.

[7] 白永红. 中国职业教育 [M]. 北京：人民出版社，2011：39.

[8] 王焕勋. 实用教育大辞典 [M]. 北京：北京师范大学出版社，1995：326.

[9] 滕纯. 中国农村教育综合改革 [M]. 西安：陕西人民教育出版社，1998：6.

[10] 叶敬忠，等. 中国农村教育：反思发展主义的视角 [M]. 北京：社会科学文献出版社，2015：5.

[11] 刘春生，王虹. 农村职业教育学 [M]. 北京：高等教育出版社，1992：1.

[12] 宋晓梧. 中国人力资源开发与就业 [M]. 北京：中国劳动出版社，1997：87-88.

[13] 西奥多·W·舒尔茨. 论人力资本投资 [M]. 吴珠华，等译. 北京：北京经济学院出版社，1990：13.

[14] 西奥多·W. 舒尔茨. 改造传统农业 [M]. 梁小民，译. 北京：商务印书馆，1987：146.

[15] 肖海涛，殷小平. 潘懋元教育口述史 [M]. 北京：北京师范大学出版社，2007：170.

[16] 潘懋元. 高等教育学及教育规律问题 [M]. 长沙：湖南大学出版社，1980：43.

[17] 潘懋元. 高等教育学讲座（增订本）[M]. 北京：人民教育出版社，1985：34.

[18] 中共中央文献研究室. 建国以来重要文献选编（2）[M]. 北京：中央文献出版社，1996：391.

[19] 中共中央文献研究室. 建国以来重要文献选编（4）[M]. 北京：中央文献出版社，1996：122.

[20] 中共中央文献研究室. 建国以来重要文献选编（6）[M]. 北京：中央文献出版社，1993：530.

[21] 中共中央文献研究室. 建国以来重要文献选编（13）[M]. 北京：中央文献出版社，1996：53.

[22] 中共中央文献研究室. 建国以来重要文献选编（17）[M]. 北京：中央文献出版社，1997：168.

［23］中共中央文献研究室. 建国以来重要文献选编（19）［M］. 北京：中央文献出版社，1998：39.

［24］中国教育年鉴编辑部. 中国教育年鉴（1949—1981）［M］. 北京：中国大百科全书出版社，1984：182-183，191，7254.

［25］中国教育年鉴编辑部. 中国教育年鉴（1982—1984）［M］. 长沙：湖南教育出版社，1986：95.

［26］中国教育年鉴编辑部. 中国教育年鉴（1991）［M］. 北京：人民教育出版社，1991：247.

［27］中国教育年鉴编辑部. 中国教育年鉴（2010）［M］. 北京：人民教育出版社，2011：318.

［28］刘英杰. 中国教育大事典（1949—1990）（上）［M］. 杭州：浙江教育出版社，1993：22.

［29］郑谦，张化. 毛泽东时代的中国（3）［M］. 北京：中共党史出版社，2003：184-185.

［30］有林. 中华人民共和国国史通鉴（3）（1966—1976）［M］. 北京：红旗出版社，1993：1115，1137.

［31］杨金土. 1979—2008年职业教育要事概录［M］. 北京：教育科学出版社，2011：67，72，883，894.

［32］李少元. 农村教育论［M］. 南京：江苏教育出版社，1996：41.

［33］孟广平. 面向21世纪我的教育观：职业技术教育卷［M］. 广州：广东教育出版社，2000：290.

［34］《教育规划纲要》工作小组办公室. 教育规划纲要辅导读本［M］. 北京：教育科学出版社，2010：24.

［35］何波，刘旭东. 中国西部民族地区职业教育研究［M］. 西宁：青海人民出版社，1996：7-12.

［36］日本世界教育史研究会. 六国技术教育史［M］. 李永连，等译. 北

京：教育科学出版社，1984：282.

[37] 邱永渠. 职业教育研究新进展 [M]. 厦门：厦门大学出版社，2010：179.

[38] 徐国庆. 职业教育课程论 [M]. 上海：华东师范大学出版社，2008：229.

[39] 曾湘泉. 劳动经济学 [M]. 上海：复旦大学出版社，2003：126.

[40] 姜大源. 职业教育学新论 [M]. 北京：教育科学出版社，2007：243.

[41] 陈恒礼. 苏北花开：从薄弱乡村到最美乡村 [M]. 南京：江苏人民出版社，2019：20.

[42] 邬志辉，秦玉友，等. 中国农村教育发展报告 2016 [M]. 北京：北京师范大学出版社，2017：163-164

[43] 马建富. 社会转型与中国农村职业教育发展道路的选择 [M]. 北京：知识产权出版社，2014：48.

[44] 高志敏. 终身教育终身学习与学习化社会 [M]. 上海：华东师范大学出版社，2005：58.

[45] 保罗·朗格朗. 终身教育导论 [M]. 北京：华夏出版社，1988：20.

[46] 王名. 非营利组织管理概论 [M]. 北京：中国人民大学出版社，2002：36.

[47] 黄建平. 高职院校涉农专业群的改革与建设——以广西职业技术学院为例 [M]. 北京：北京师范大学出版社，2012：4.

[48] 李继延. 中外职业教育体系建设与制度改革比较研究 [M]. 上海：复旦大学出版社，2014：33.

2. 期刊论文：

[1] 刘颖. 发达国家农村职业教育研究述评及对我国的启示 [J]. 职教

论坛，2015（18）：86.

[2] 张雅光. 法国农民培训与证书制度 [J]. 中国职业技术教育，2008（3）：27-28.

[3] 马吉帆，曹晔. 法国现代农业职业教育体系及对我国的启示 [J]. 教育与职业，2012（32）：19-22.

[4] 徐涵. 德国中等职业教育教材建设与管理及启示 [J]. 比较教育研究，2018，40（4）：101-107.

[5] 宋保兰. 澳大利亚TAFE职业教育对我国的启示 [J]. 教育与职业，2018（12）：110-112.

[6] 张能云. 美国中等农业职业教育的历史演进与发展模式 [J]. 继续教育研究，2018（4）：97-101.

[7] 杨文杰，祁占勇. 法国职业教育制度的发展历程、基本特征及启示 [J]. 教育与职业，2018（3）：30-36.

[8] 庹进烨. 对习近平乡村振兴战略思想理论渊源和时代基础的研究 [J]. 农业教育研究，2018（2）：6.

[9] 罗旋. 习近平关于乡村振兴战略重要论述的五维解读 [J]. 广西社会科学，2018（11）：1-6.

[10] 金盛先. 以习近平新时代"三农"思想引领乡村振兴 [J]. 上海农村经济，2018（4）：17.

[11] 龙晓柏，龚建文. 英美乡村演变特征、政策及对我国乡村振兴的启示 [J]. 江西社会科学，2018，38（4）：216-224.

[12] 叶裕民，戚斌，于立. 基于土地管制视角的中国乡村内生性发展乏力问题分析：以英国为鉴 [J]. 中国农村经济，2018（3）：123-137.

[13] 徐雪. 日本乡村振兴运动的经验及其借鉴 [J]. 湖南农业大学学报（社会科学版），2018，19（5）：62-67.

[14] 叶兴庆. 新时代中国乡村振兴战略论纲 [J]. 改革，2018（1）：

65-73.

　　[15] 陈文胜. 怎样理解"乡村振兴战略" [J]. 农村工作通讯, 2017 (21): 16-17.

　　[16] 黄祖辉. 准确把握中国乡村振兴战略 [J]. 中国农村经济, 2018 (4): 2-12.

　　[17] 张志增. 实施乡村振兴战略与改革发展农村职业教育 [J]. 中国职业技术教育, 2017 (34): 121-126.

　　[18] 雷世平. 乡村振兴战略视域下我国农村职业教育价值取向审视 [J]. 职教通讯, 2018 (9): 1-6.

　　[19] 孙莉. 乡村振兴战略下农村职业教育的改革与创新发展 [J]. 教育与职业, 2018 (13): 5-11.

　　[20] 钱俊. 乡村振兴发展战略下农村职业教育的使命及变革 [J]. 教育与职业, 2018 (22): 66-69.

　　[21] 张旭刚. 乡村振兴战略下我国农村职业教育的战略转型 [J]. 教育与职业, 2018 (21): 5-12.

　　[22] 唐龙. 产业体系的现代性特征和现代产业体系的架构与发展 [J]. 经济体制改革, 2014 (6): 92-96.

　　[23] 张军. 乡村价值定位于乡村振兴 [J]. 中国农村经济, 2018 (1): 2-10.

　　[24] 刘春生, 刘永川. "三农"背景下农村职业教育内涵探析 [J]. 职教通讯, 2015 (9): 6.

　　[25] 许璟, 卢曼萍. 农村职业教育的内涵、特征及战略定位研究 [J]. 科技经济市场, 2008 (12): 89.

　　[26] 潘懋元. 教育基本规律及其在高等教育研究与实践中的运用 [J]. 上海高教研究, 1997 (2): 3-9.

　　[27] 王道勇. 现代性延展与社会转型 [J]. 学习与实践, 2007

（2）：111.

[28] 贾兴民. 实施乡村振兴战略的"睢宁实践"[J]. 唯实，2018（6）：72-75.

[29] 唐冬生. 湖南农村职业教育发展的问题及对策探讨 [J]. 企业天地下半月刊（理论版），2010（1）：18-19.

[30] 郭智奇，齐国，杨慧，等. 培育新型职业农民问题的研究 [J]. 中国职业技术教育，2012（15）：7-13.

[31] 朱启臻，闻静超. 论新型职业农民及其培育 [J]. 农业工程，2012（1）：1-4.

[32] 王丽萍，周敏，张建. 农业现代化进程中新型职业农民培育问题研究 [J]. 教育与职业，2015（16）：15-18.

[33] 魏学文，刘文烈. 新型职业农民：内涵、特征与培育机制 [J]. 农业经济，2013（7）：73-75.

[34] 李华玲. 黔西南连片特困民族地区职业教育的成就、困境与对策 [J]. 教育与职业，2013（26）：24-25.

[35] 张水玲. 基于农民需求的新型职业农民精准教育培训研究 [J]. 成人教育，2017（5）：40-43.

[36] 车明朝. 寻找真问题破解真难题：《新型职业农民教育培养重大问题研究》课题研究取得丰硕成果 [J]. 中国职业技术教育，2017（13）：13.

[37] 梁国超. 职业教育办学成本分析 [J]. 职业技术教育，2008（28）：44-46.

[38] 周建松. 关于全面构建现代农村职业教育体系的思考 [J]. 中国高教研究，2011（7）：74.

[39] 霍丽娟. 终身教育理念下现代职业教育体系构建的思考 [J]. 中国职业技术教育，2015（15）：10-17.

[40] 刘更生，张彤. 职业教育混合所有制发展问题研究 [J]. 职教论

坛，2018（8）：14-20.

　　［41］胡秀锦，王伟杰. 上海职业培训的特征与趋势研究［J］. 职业技术教育，2006（25）：18-22.

　　［42］黎荷芳. 高职院校教师绩效评价制度有效性研究［J］. 重庆高教研究，2015，3（4）：75-79.

　　［43］覃兵，何维英，胡蓉. 基于乡村振兴战略的农村职业教育问题审视与路径构建［J］. 成人教育，2019，39（8）：60-64.

　　［44］吕莉敏. 乡村振兴背景下新型职业农民培育策略研究［J］. 职教论坛，2018（10）：38-42.

　　［45］石丹淅. 新时代农村职业教育服务乡村振兴的内在逻辑、实践困境与优化路径［J］. 教育与职业，2019（20）：5-11.

　　［46］冉光圭，朱静. 习近平扶贫思想及其在贵州的实践研究［J］. 贵州民族研究，2018（1）：1-8.

　　［47］刘月平. 欠发达地区脱贫攻坚的问题及其对策建议：基于江西3个贫困县的调查［J］. 江西农业学报，2018（2）：140-144.

　　［48］黄承伟. 习近平扶贫思想论纲［J］. 福建论坛（人文社会科学版），2018（1）：54-64.

　　［49］蒋永甫，莫荣妹. 干部下乡、精准扶贫与农业产业化发展——基于"第一书记产业联盟"的案例分析［J］. 贵州社会科学，2016（5）：162-168.

　　［50］左停，杨雨鑫，钟玲. 精准扶贫：技术靶向、理论解析和现实挑战［J］. 贵州社会科学，2015（8）：156-162.

　　［51］黄承伟. 中国扶贫开发道路研究：评述与展望［J］. 中国农业大学学报（社会科学版），2016（5）：5-17.

　　［52］陈辉，张全红. 基于多维贫困测度的贫困精准识别及精准扶贫对策：以粤北山区为例［J］. 广东财经大学学报，2016（3）：64-71.

　　［53］王雨磊. 数字下乡：农村精准扶贫中的技术治理［J］. 社会学研究，

2016（6）：119-142.

[54] 李俊衡，颜汉军. 乡村振兴战略下职业教育精准扶贫的机理、目标逻辑与路径 [J]. 教育与职业，2019（20）：12-18.

[55] 温涛，何茵. 新时代中国乡村振兴战略实施的农村人力资本改造研究 [J]. 农村经济，2018（12）：100-107.

[56] 胡艳华. 农民职业教育培训供给侧改革的背景、问题及策略 [J]. 职业技术教育，2019，40（1）：62-66.

[57] 张红，杨思洁. 历时性视角下农村职业教育与成人教育发展研究 [J]. 中国职业技术教育，2019（12）：57-62.

[58] 李松. 新中国成立70年我国农村教育：经验、问题与对策 [J]. 河北师范大学学报（教育科学版），2019，21（4）：46-53.

[59] 田真平，王志华. 乡村振兴战略下职业教育与农村三产融合发展的耦合 [J]. 职教论坛，2019（7）：19-25.

[60] 张旭刚. 乡村振兴战略下农村职业教育产教融合发展动力机制研究 [J]. 教育与职业，2019（20）：19-26.

[61] 刘奉越. 乡村振兴下职业教育与农村"空心化"治理的耦合 [J]. 国家教育行政学院学报，2018（7）：40-46.

[62] 廖其发. 多元一体：中国农村教育的价值取向 [J]. 中国农业大学学报（社会科学版），2015，32（1）：106-118.

[63] 熊惠平. 高等职业教育PPP模式的内涵、特征和产权设计 [J]. 高等教育研究，2016，37（11）：58-63.

[64] 周一波，储健. 培养新型职业农民的途径及政策保障 [J]. 江苏农业科学，2012，40（12）：403-405.

[65] 郭玉伟. 新型职业农民培养的路径探析 [J]. 继续教育研究，2016（6）：38-39.

[66] 赵帮宏，张亮，张润清. 我国新型职业农民培训模式的选择 [J].

高等农业教育，2013（4）：107-112.

[67] 蔡云凤，闫志利.中外新型职业农民培育模式比较研究 [J].教育探索，2014（3）：154-157.

[68] 张胜军，李翠珍.构建新型职业农民培训多中心治理模式探析 [J].职教论坛，2016（9）：57-63.

[69] 田书芹，王东强.论新型城镇化进程中新型职业农民社区教育模式创新 [J].继续教育研究，2016（6）：30-31.

[70] 郝志瑞.基于国际经验的新型职业农民培育创新路径研究 [J].世界农业，2015（12）：232-236.

[71] 李峻.三十年来农村职业教育政策评价与建议 [J].国家教育行政学院学报，2008（5）：38-41.

[72] 教育部，国家发展和改革委员会，科学技术部，等.教育部等九部门关于加快发展面向农村的职业教育的意见 [J].中国农村教育，2011（11）：7.

3. 网络资源、学位论文及其他：

[1] 新华社.中共中央 国务院印发《乡村振兴战略规划（2018—2022年）》[EB/OL].中国政府网，2018-09-26.

[2] 新华社.中央农村工作会议在北京举行 习近平作重要讲话 [EB/OL].中国政府网，2017-12-29.

[3] 胡锦涛在第十七次全国代表大会上的报告全文 [EB/OL].中国政府网，2007-10-24.

[4] 全国人大常委会.1956年到1967年全国农业发展纲要（修正草案）[EB/OL].中国人大网，1957-10-25.

[5] 国务院关于大力发展职业教育的决定 [EB/OL].中国政府网，2005-10-28.

[6] 教育部关于实施农村实用技术培训计划的意见 [EB/OL].中国政府

网，2005-03-17.

[7] 国务院关于加快发展现代职业教育的决定 [EB/OL]. 中国政府网，2014-05-02.

[8] 国务院办公厅转发教育部等部门关于实施教育扶贫工程意见的通知 [EB/OL]. 中国政府网，2013-07-29.

[9] 新华社. 中共中央 国务院关于打赢脱贫攻坚战的决定 [EB/OL]. 中国政府网，2015-12-07.

[10] 国务院扶贫办 教育部 人力资源和社会保障部关于加强雨露计划支持农村贫困家庭新成长劳动力接受职业教育的意见 [EB/OL]. 中华人民共和国教育部官网，2015-06-02.

[11] 教育部等六部门关于印发《教育脱贫攻坚"十三五"规划》的通知 [EB/OL]. 中华人民共和国教育部官网，2016-12-27.

[12] 教育部办公厅 国务院扶贫办综合司关于印发《贯彻落实〈职业教育东西协作行动计划（2016—2020年）〉实施方案》的通知 [EB/OL]. 中华人民共和国教育部官网，2017-06-02.

[13] 两部门关于印发《深度贫困地区教育脱贫攻坚实施方案（2018—2020年）》的通知 [EB/OL]. 中国政府网，2018-02-27.

[14] 中共中央办公厅 国务院办公厅印发《关于深化教育体制机制改革的意见》[EB/OL]. 中国政府网，2017-07-24.

[15] 中共中央国务院关于实施乡村振兴战略的意见 [EB/OL]. 中国政府网，2018-01-02.

[16] 中共中央办公厅 国务院办公厅印发《关于完善农村土地所有权承包权经营权分置办法的意见》[EB/OL]. 中国政府网，2016-10-30.

[17] 中共中央 国务院印发《关于加强和改进乡村治理的指导意见》[EB/OL]. 中国政府网，2019-06-23.

[18] 徐州市学习推广马庄经验 深化农村精神文明建设现场会 [EB/

OL]．搜狐网，2018-05-22.

[19] 科技部关于印发《创新驱动乡村振兴发展专项规划（2018—2022年）》的通知 [EB/OL]．中华人民共和国科学技术部官网，2019-01-21.

[20] 教育部关于2018年全国教育经费统计快报 [EB/OL]．中华人民共和国教育部官网，2019-04-30.

[21] 教育部关于印发《中等职业学校设置标准》的通知 [EB/OL]．中华人民共和国教育部官网，2010-07-06.

[22] 习近平：决胜全面建成小康社会 夺取新时代中国特色社会主义伟大胜利——在中国共产党第十九次全国代表大会上的报告 [EB/OL]．中国政府网，2017-10-27.

[23] 习近平出席中央扶贫开发工作会议并作重要讲话 [EB/OL]．央广网，2015-11-29.

[24] 贵州省统计局．2015年贵州省贫困现状分 [EB/OL]．遵义市商务局官网，2016-10-28.

[25] 国家统计局．中等职业学校农林牧渔类专业2011、2015年招生数和在校生数 [EB/OL]．国家统计局官网，2017-11-03.

[26] 中华人民共和国职业教育法 [EB/OL]．中华人民共和国教育部官网，1996-05-15.

[27] 国家教育体制改革领导小组办公室关于进一步扩大省级政府教育统筹权的意见 [EB/OL]．中华人民共和国教育部官网，2014-12-22.

[28] 国家中长期教育改革和发展规划纲要（2010-2020年）[EB/OL]．中华人民共和国教育部官网，2010-07-29.

[29] 国务院关于加快发展现代职业教育的决定 [EB/OL]．中国政府网，2014-05-02.

[30] 国务院关于鼓励社会力量兴办教育促进民办教育健康发展的若干意见 [EB/OL]．中国政府网，2016-12-29.

［31］教育部关于推进中等和高等职业教育协调发展的指导意见［EB/OL］.中华人民共和国官网，2011-08-30.

［32］刘永川."三农"问题背景下农村职业教育发展透视［D］.天津：天津大学，2005.

［33］刘建慧.2005—2014年我国农村职业教育研究的文献计量分析［D］.长春：东北师范大学，2015.

［34］张蕾.产教融合视域下我国职业教育课程转型路径研究［D］.重庆：重庆师范大学，2019.

［35］吕然.城镇化背景下的农村职业教育的新使命［D］.西安：陕西师范大学，2014.

［36］郝天.城镇化进程中农村职业教育发展困境及破解研究［D］.秦皇岛：河北科技师范学院，2017.

［37］刘炜杰.从单一走向多元：当前我国中等职业学校教育改革的方向与路径［D］.上海：华东师范大学，2017.

［38］郭涛.改革开放四十年我国终身教育价值取向的变迁研究［D］.上海：华东师范大学，2019.

［39］李楠.改革开放以来我国农村职业教育政策研究［D］.长春：东北师范大学，2013.

［40］柯婧秋.乡村振兴战略背景下县级职教中心的办学功能定位研究［D］.上海：华东师范大学，2019.

［41］韩娜.我国新型职业农民培育问题研究［D］.大连：大连海事大学，2013：168.

［42］王凤娇.吉林省新型职业农民培育问题研究［D］.长春：吉林农业大学，2013：23-27.

［43］黔西南州统计局.黔西南州2010年第六次人口普查主要数据公报［N］.黔西南日报，2011-08-03.

［44］丁哲学. 乡村振兴战略需要大力发展农村职业教育［N］. 黑龙江日报，2018-01-02.

［45］章苒，余晓洁，舒静.“顶层设计”：在高层次上寻求问题的解决之道［N］. 新华每日电讯，2011-03-14.

二、其他语言文献

［1］LEWIS W A. Economic Development with Unlimited Supplies of Labor ［J］. Manchester School，1954（22）：139-191.

［2］KRUGMAN P. Increasing Returns and Economic Geography ［J］. The Journal of Political Economy，1991，99（3）：483-499.

［3］CHRISTALLER W. Die Zentralen Orte in Suddeutschland（The Central Places in Southern Germany）［M］. Jena：Verlagvon CTUStav Fischer，1993.